21 世纪普通高等教育“十三五”规划教材·公共基础课系列

财经法规与会计职业道德

（第二版）

喻景忠 主编

上海财经大学出版社

图书在版编目(CIP)数据

财经法规与会计职业道德/喻景忠主编．—2版．—上海：上海财经大学出版社，2019.7
(21世纪普通高等教育“十三五”规划教材·公共基础课系列)
ISBN 978-7-5642-3310-5/F·3310

Ⅰ.①财… Ⅱ.①喻… Ⅲ.①财政法-中国-高等学校-教材②经济法-中国-高等学校-教材③会计人员-职业道德-高等学校-教材
Ⅳ.①D922.2②F233

中国版本图书馆CIP数据核字(2019)第141578号

□ 责任编辑 李宇彤
□ 封面设计 张克瑶

财经法规与会计职业道德

(第二版)

喻景忠 主编

上海财经大学出版社出版发行
(上海市中山北一路369号 邮编200083)
网 址：http://www.sufep.com
电子邮箱：webmaster@sufep.com
全国新华书店经销
上海天地海设计有限公司印刷装订
2019年7月第2版 2022年8月第3次印刷

787mm×1092mm 1/16 14.25印张 365千字
印数：12 001—13 500 定价：40.00元

21世纪普通高等教育“十三五”规划教材

21 SHIJI PUTONG GAODENG JIAOYU “SHISANWU” GUIHUA JIAOCAI

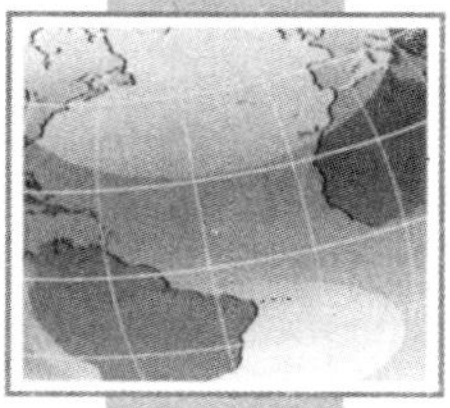

编委会

BIAN WEI HUI

再版前言

“财经法规与会计职业道德”是财务会计类专业基础核心课程。2019 年 1 月 1 日开始实施的《会计人员管理办法》要求会计人员从事会计工作，应当遵守《中华人民共和国会计法》和国家统一的会计制度等法律法规，具备良好的职业道德。根据财政部、人事部联合印发的《会计专业技术资格考试暂行规定》及其实施办法，报考初级资格、中级资格的人员，应“坚持原则，具备良好的职业道德品质”等，为了宣传财经法规，加强会计人员的职业道德教育，我们通过研讨，结合广大财经院校实际教学的需要编写了这本书。本书的特点如下：

1. 紧扣大纲，突出技能

本书根据最新考试大纲编写，并结合了多个省份的教材精华，使其具有广泛的实用性。本教材同传统教材相比增加了新的内容和章节，知识更加全面。本教材注重技能训练，使读者在掌握法规的同时，也具备相应的操作技能。

2. 体例新颖，引人入胜

本书在每章之后(除了第一章)都采用案例导入，选择较为新颖或者有代表性的案例来启发读者思考，使其身临其境，对本章内容有一个全面的感性认识。

3. 最新法规，语言简练

本书中涉及的相关会计法规都是国家最新颁布的财经法规，紧跟国家政策和法规改革的步伐。本书语言简练易懂却不失专业性，能够为准备从事会计行业工作的学员提供有效的执业指导。

本书由中南财经政法大学喻景忠副教授担任主编；中南财经政法大学已毕业研究生李玉龙、叶妮、邓悦、孙妍、熊晓颖、艾雨婷任编者。喻景忠负责编写大纲和编写要求，并编写了第一章；叶妮编写了第二章内容及相关案例分析；孙妍编写了第三章内容及相关案例分析；邓悦编写了第四章内容及相关案例分析；熊晓颖编写了第五章内容及相关案例分析；李玉龙编写了第六章内容及相关案例分析；艾雨婷编写了第七章内容及相关案例分析。李玉龙、叶妮和邓悦参与了校对及部分章节的分析改动工作。

再版由中南财经政法大学在读研究生徐胜男、李慧卿和杨宇豪任编者。杨宇豪负责第一章至第三章的修改，李慧卿负责第四章和第五章的修改，徐胜男负责第六章和第七章的修改并校对章节目录内容。最后由喻景忠总撰审阅定稿。

本书在编写过程中，参阅并吸收了许多同志的研究成果，在此一并感谢！

由于财经法规的不断发展及完善，加之作者水平有限以及时间仓促，书中出现不足之处在所难免，希望广大读者批评指正并提出宝贵意见，以便将来修正和改进。

编者

2019 年 5 月于武汉

目　录

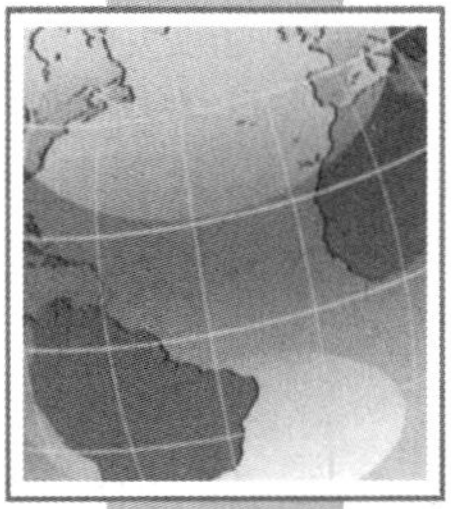

第一章 财经法规概述

第一节 法律的概念

一、法律的定义

法律是人类社会发展到一定阶段的产物，是对人类生活经验总结的基础上形成的，被特定人群共同认可并普遍适用的规则。法律是由国家制定或认可，体现统治阶级意志，并由国家强制力保证实施，赋予社会关系主体相应权利和义务的社会规范的总称。

二、法律的基本特征

(一)法律是由国家制定或认可的行为规范

法律是由国家制定或认可的行为规范，具有国家意志性。制定和认可是形成法律的基本方式。所谓由国家制定或认可，是指法律规范可由有权国家机关根据调整社会关系和规范人的行为的需要，依照一定的程序制定，也可由有权机关赋予既存的行为规则以法律效力。国家通过认可的方式制定法律，通常有三种情况：(1)赋予社会上早已存在的某些社会规则以法律效力，如习惯、道德、教义、礼仪等；(2)通过加入国际组织、承认或签订国际条约等方式，认可国际规范；(3)特定国家机关对具体案件的裁决做出概括，产生规则或原则，并赋予这种规则或原则以法律效力。

由于法律体现的是国家意志，因此法律具有权威性和统一性。

法律的权威性是指法律的不可违抗性，任何人都应遵守执行。

法律的统一性是指各个法律规范之间在根本原则上是一致的，除极特殊的情况外，一个国家只能有一个总的法律体系，且该法律体系内部各规范之间不能相互矛盾，在本国主权范围内具有普遍的约束力。

其他社会组织制定的行为规范以及没有上升为法律的习惯、教义、风俗等行为规范不属于法律的范畴。

(二)法律是规定权利和义务的行为规范

法是一种社会规范。法的特殊规范性具体体现在三个方面：(1)法对人们如何行为提出了明确的指示；(2)法的内容具有一般性和概括性；(3)法是反复适用的。

法律以权利和义务为机制，影响人们的行为动机，指引人们的行为，调节社会关系。法律所规定的权利和义务不仅指个人、组织(法人和其他组织)及国家(作为普通法律主体)的权利和义务,而且包括国家机关及其公职人员在依法执行公务时所行使的职权和职责。法律不仅规定义务,而且赋予权力或权利,这是与道德、习惯等社会规范不同的。

权利意味着人们可以做或不做一定行为以及可以要求他人做或不做一定行为。法律通过规定权利,使人们获得某些利益或者自由。义务意味着人们必须做或不做一定行为。义务包括作为义务和不作为义务两种。前者要求人们必须做出一定行为,如纳税义务;后者要求人们不得做出一定行为,如不得盗用他人注册商标的义务。

(三)法律是由国家强制力保证实施的行为规范

任何一种社会规范都有保证其实施的力量,具有强制性。然而,法律的强制性在性质、范围、层度和方式等方面与其他社会规范有很大不同,法律的强制性不同于其他社会规范。法是以国家强制力为后盾,由国家强制力保证实施的。法的强制性既表现为国家对违法行为的否定和制裁,也表现为国家对合法行为的肯定和保护;既表现为国家机关依法行使权力,也表现为公民可以依法请求国家保护其合法权利。

从以上法律的特征可以看出,法律实际上是反映一定物质条件下的统治阶级意志,由国家制定和认可,并由国家强制力保证实施,赋予社会关系的主体相应权利和义务的社会规范的总称。在调整人的行为和社会关系的社会规范中,除了法律规范外,还有道德规范、宗教规范、风俗习惯等。其中,道德规范是不同于法律但又与法律规范最具密切联系的一种社会规范。道德规范是维系一个社会的最基本的规范体系,没有道德规范,整个社会就会分崩离析。法律与道德是互相交叉与渗透的两种行为规范:法律意识与道德观念具有同一属性而相互联系;法律规范与道德规范的调控范围有所重叠而相互包容。一般来说,凡是法律所禁止和制裁的行为,也是道德所禁止和谴责的行为;凡是法律所要求和鼓励的行为,也是道德所培养和倡导的行为。但是,法律与道德也存在区别:法律属于社会制度的范畴,道德则属于社会意识形态的范畴;法律规范的内容主要是权利与义务,并且强调两者之间的平衡;道德则强调对他人和对社会集体履行义务、承担责任;法律规范是由国家的强制力保证实施的,而道德规范则主要凭借社会舆论、人们的内心观念、宣传教育以及公共谴责等手段来实现。

三、法律的产生与本质

法律是随着阶级社会的产生而产生,法律体现的是统治阶级国家意志。只有统治阶级才能通过国家机关制定法律,将本阶级意志作为国家意志表现出来,迫使全体社会成员一致遵守。这是法律的阶级本质,也是法律的根本特征。

法律是随着阶级社会的发展而发展的。法律与其他体现统治阶级意志的意识形态不同,它是被提升为国家意志的统治阶级意志。国家通过法律来调整社会关系,将人们的行为纳入统治阶级规定的轨道,引导人们按照统治阶级规定的方向去行为,在法律和秩序的范围内活动,使社会朝着符合统治阶级利益和意志的方向去发展。

四、法律的分类

从不同的角度可以对法律规范进行不同的分类。

(一)授权性规范与义务性规范

按照规范的内容不同,法律规范可以分为授权性规范和义务性规范。授权性规范是规定人们可以做出一定行为或者要求别人做出一定行为的法律规范,其在立法中的用语表达式为

“有权……”“享有……权利”“可以……”等。义务性规范是指规定人们必须做出某种行为或不做出某种行为的法律规范。义务性规范可分为命令性规范和禁止性规范两种。命令性规范是指规定人们的积极义务，即人们必须或应当做出某种行为的规范，其在立法中的用语表达式为“有……义务”“须得……”“应……”“必须……”等。禁止性规范，是指规定人们的消极义务（不作为义务），即禁止人们做出一定行为的规范，其在立法中的用语表达式为“禁止……”“不准……”“不得……”“严禁……”等。

（二）强行性规范与任意性规范

按照规范对人们行为规定或限定的范围或者程度的不同，法律规范可分为强行性规范与任意性规范。强行性规范是指所规定的义务具有确定的性质，不允许任意变动和伸缩的法律规范。义务性规范属于强行性规范。任意性规范是指在法定范围内允许行为人自行确定其权利义务具体内容的法律规范。它允许人们自行选择或协商确定为与不为、为的方式以及法律关系中权利义务的具体内容。在授权性规范中，就有大量的任意性规范存在。

（三）确定性规范、委任性规范与准用性规范

按照规范内容的确定性程度不同，可以把法律规范分为确定性规范与非确定性规范。确定性规范是指内容已经完备明确，无须再援引或参照其他规范来确定其内容的法律规范。绝大多数法律规范属于此种规范。非确定性规范是指没有明确具体的行为模式或法律后果，需要引用其他法律规范来说明或补充的规范，具体包括委任性规范与准用性规范。委任性规范是指内容尚未确定，而只规定某种概括性指示，由相应国家机关通过相应途径或程序加以确定的法律规范。准用性规范是指内容本身没有规定人们具体的行为模式，而是可以援引或参照其他相应内容规定的法律规范。如我国《合同法》第一百八十四条规定：“供用水、供用气、供用热力合同，参照供用电合同的有关规定。”此规定即属于准用性规范。

五、法律体系

所谓法律体系，是指一个国家的全部法律规范按照一定的原则和要求，根据法律规范的调整对象和调整方法的不同，划分为若干法律门类，并由这些法律门类及其所包含的不同法律规范形成的有机联系的统一整体。我国的法律体系是以宪法为核心，以法律为主干而形成的法律体系。按照我国法律体系中的法律部门作以下划分：宪法及宪法相关法、刑法、行政法、民商法、经济法、社会法、诉讼与非诉讼程序法七个法律部门。

（一）宪法及宪法相关法

宪法是国家的根本大法，规定国家的根本制度和根本任务、公民的基本权利和义务等内容。宪法相关法是与宪法相配套、直接保障宪法实施和国家政权运作等方面的法律规范总和，主要包括四个方面：有关国家机构的产生、组织、职权和基本工作制度的法律；有关民族区域自治制度、特别行政区制度、基层群众自治制度的法律；有关维护国家主权、领土完整和国家安全的法律；有关保障公民基本政治权利的法律。

（二）刑法

刑法是规范犯罪、刑事责任和刑事处罚的法律规范的总称。刑法是一个传统的法律门类，与其他法律门类相比，它具有两个显著特点：一是所调整的社会关系极其广泛。不论哪一方面的社会关系，只要发生了构成犯罪的行为，都受刑法调整。二是强制性最突出。所有法律都有强制性，但刑法的强制性最为突出。刑法是保证其他法律有效实施的后盾。

(三)行政法

行政法是规范行政管理活动的法律规范的总称,包括有关行政主体、行政行为、行政程序、行政监督以及国家公务员制度等方面的法律规范。行政法调整的是行政机关与行政管理相对人(公民、法人和其他组织)之间因行政管理活动而发生的法律关系,是一种纵向的法律关系,行政机关与行政管理相对人的关系具有从属性、服从性的特点,二者的地位是不平等的。行政行为由行政机关单方面依法做出,不需要与行政管理相对人平等协商。

(四)民商法

民商法是规范民事、商事活动的法律规范的总称,调整的是自然人、法人和其他组织之间基于平等地位发生的各种法律关系。民法和商法是分立还是合一,各国的做法不尽相同,从我国的立法模式来看,采取的是民商合一制度。民法作为一个传统的法律门类,主要包括物权、债权、知识产权、婚姻、家庭、收养、继承等方面的法律规范。商法是在适应现代商事活动需要的基础上,从民法中分离而逐渐发展起来的法律部门,主要包括公司、破产、证券、期货、保险、票据、海商等方面的法律规范。

(五)经济法

经济法是调整政府对市场经济活动实行干预、管理、调控所产生的法律关系的法律规范的总称。经济法是在政府干预市场活动过程中逐渐发展起来的一个法律门类,一方面与行政法的联系密切,另一方面又与民法、商法的联系密切。经济法既有调整纵向关系的法律规范,又有调整横向关系的法律规范。经济法是公法,侧重于平衡协调经济生活中发生的政府与商事主体间的关系,强调政府与商事主体间责、权、利、效的一致性。

(六)社会法

社会法是规范劳动关系、社会保障、社会福利和特殊群体权益保障方面法律关系的法律规范的总称。社会法是在政府干预社会生活过程中逐渐发展起来的一个法律门类,所调整的是政府与社会之间、社会不同部门之间的法律关系。社会法包括两个方面:一是有关劳动关系、劳动保障和社会保障方面的法律,如劳动法、工会法等;二是有关特殊社会群体权益保障方面的法律,如未成年人保护法、妇女权益保障法等。

(七)诉讼与非诉讼程序法

诉讼与非诉讼程序法是规范解决社会纠纷的诉讼活动与非诉讼活动的法律规范的总称。我国已经制定了刑事诉讼法、民事诉讼法和行政诉讼法,分别对三种诉讼活动进行规范。此外,针对海事诉讼的特殊性,制定了海事诉讼特别程序法,作为对民事诉讼法的补充。为了处理国与国之间的犯罪引渡问题,制定了引渡法,作为对刑事诉讼法的补充。此外,我国还制定了仲裁法、劳动争议调解仲裁法等非诉讼程序法。

六、法律形式

法律形式是指法律具体的外部表现形态,即法律是由何种国家机关,依照什么方式或程序创制出来的,并表现为何种形式,具有何种效力等级的法律文件。我国法律的形式主要有以下几种:

(一)宪法

宪法是国家的根本大法,是特定社会政治经济和思想文化条件综合作用的产物,它集中反映各种政治力量的实际对比关系。

(二)法律

法律是国家制定或认可的,由国家强制力保证实施的,以规定当事人权利和义务为内容的具有普遍约束力的社会规范。法律是人类社会发展过程的产物,从人类社会早期的行为和社会关系的习惯法的产生,到国家的诞生、诉讼与审判的出现,再到权利和义务的区别,法律是被国家赋予的强制性社会规范。

(三)行政法规

行政法规是国务院领导和管理国家各项行政工作,根据宪法和法律,并且按照《行政法规制定程序暂行条例》的规定而制定的政治、经济、教育、科技、文化、外事等各类法规的总称。《中华人民共和国宪法》第八十九条第一款明确规定,作为最高国家行政机关,国务院可以"根据宪法和法律,规定行政措施,制定行政法规,发布决定和命令"。

(四)地方性法规

地方性法规是指省、自治区、直辖市人民代表大会及其常委会在与法律、行政法规不相抵触的前提下制定的地方性法规,也是我国法律制度的重要组成部分。

(五)规章

规章是行政性法律规范文件。规章主要指国务院组成部门及直属机构,省、自治区、直辖市人民政府及省、自治区政府所在地的市和经国务院批准的较大的市的人民政府,在它们的职权范围内,为执行法律、法规,需要制定的事项或属于本行政区域的具体行政管理事项而制定的规范性文件。

第二节　财经法规制度

财经法规制度是指国家权力机关和行政机关制定的各种会计及相关规范性文件的总称,包括会计法律、法规及制度,金融法律制度,税收法律制度等。它是调整财经关系的法律规范。任何一个经济组织的活动都不是独立存在的。财务工作是单位内部的一项经济管理活动,是对本单位的经济活动进行核算和监督。在处理经济业务事项中,必然会涉及、影响有关方面的经济利益,如供销关系、债权债务关系、信贷关系、分配关系、税款征纳关系、管理与被管理关系等。要科学合理地处理好上述各种经济关系,就必须要有财经法律制度来规范。

一、会计法律、法规及制度

(一)会计法律

会计法有广义和狭义之分。广义的会计法是指国家权力机关和行政机关制定的各种会计法规性文件,包括会计法律、会计行政法规、国家统一的会计制度、地方性会计法规等。狭义的会计法仅指国家最高权力机关通过一定的立法程序,颁布施行的会计法律,《中华人民共和国会计法》就是狭义的会计法。

会计基本法律是指国家以法律形式对会计行为所作的规范,其中最主要的是由全国人民代表大会及其常委会经过一定立法程序制定、通过的《中华人民共和国会计法》(以下简称《会计法》)。《会计法》是会计法律制度中层次最高的法律规范,是制定其他会计法规的依据,也是指导会计工作的最高准则。《会计法》作为我国会计工作的根本大法,概括性地规范了会计核算、会计监督的内容和要求,会计机构和会计人员的设置,相关会计行为的法律责任等。

除了《会计法》以外,规范会计行为的专业基本法律还包括《中华人民共和国注册会计师法》《中华人民共和国审计法》等。

(二)会计行政法规

会计行政法规是指调整我国经济生活中某些方面会计关系的法律规范。会计行政法规是由国务院制定颁布,或者由国务院有关部门拟定经国务院批准颁布。会计行政法规的制定依据是《会计法》。会计行政法规主要指的是由国务院颁布的《企业财务会计报告条例》等。

为了实现"规范企业财务会计报告,保证财务会计报告的真实、完整"这一立法初衷,该条例对资产、负债、所有者权益、收入、费用、利润六大会计要素进行了定义,并且就财务会计报告的编制、对外提供以及在报告编制、对外提供过程中的法律责任等问题做出了规定。作为《会计法》的配套法规,《企业财务会计报告条例》对《会计法》中有关财务会计报告的内容进行了较为详细的规定,同时也为进一步完善会计准则和会计制度奠定了基础。

(三)会计制度

会计制度是指国务院财政部门根据《会计法》制定的关于会计核算、会计监督、会计机构和会计人员以及会计工作管理的制度。它包括会计部门规章和会计规范性文件。会计部门规章是根据《中华人民共和国立法》规定的程序,由财政部制定,并由部门首长签署命令予以公布的制度办法。例如,2012 年 12 月 5 日以财政部令 72 号修订通过的《事业单位会计准则》和 2006 年 1 月 15 日以财政部第 33 号部长令签发的《企业会计准则——基本准则》(该准则已于 2014 年 7 月 23 日财政部令第 76 号修订并重新颁布)等。会计规范性文件是指主管全国会计工作的行政部门即国务院财政部门以文件形式印发的制度办法。例如,2006 年 2 月 15 日,财政部在多年会计改革经验积累的基础上印发的《企业会计准则第 1 号——存货》等 38 项具体准则及财政部与国家档案局联合发布的《会计档案管理办法》等。会计规范性文件的制定依据是会计法律、会计行政法规和会计规章。

(四)其他会计法规

其他会计法规包括综合性会计规范、地方性会计法规等。

综合性会计规范主要指会计工作的基本制度,它规定了从事会计工作所必须遵循的基本原则和基本规程,主要包括财政部颁布的《会计基础工作规范》《内部会计控制规范》《会计档案管理办法》等。

地方性会计法规是指省、自治区、直辖市人民代表大会及其常委会在与会计法律、会计行政法规不相抵触的前提下制定的仅限本行政辖区内有法律效力的规范性文件,如《××市会计人员管理办法》。

二、金融法律制度

(一)金融法律制度的概念

金融,即货币资金的融通,一般是指与货币流通、货币信用和银行信用有关的经济活动。它包括货币的发行与回笼,存款的吸收与付出,贷款的发放与收回,内外汇兑往来,金银、外汇买卖,有价证券的发行与交易,国内、国际的货币支付结算,票据的贴现和银行同业拆借,各种财产的人身保险,信托投资,融资租赁,等等。

金融法律制度是国家权力机关和行政机关制定的各种金融规范性文件的总称,是调整金融关系的法律规范。金融关系是银行或者其他金融机构在从事金融管理和金融经营活动过程中,与其他政府机构、市场主体和社会个人之间发生的经济关系的法律规范的总称。金融法律制度调整的金融关系一般可分为两类:一类是金融管理关系,主要是指中央银行在对各类金融机构和各种金融活动实施监督、管理的过程中，以及金融机构内部的管理中发生的经济关系；另一类是金融经营关系，即主要指以金融企业为中心的在金融市场的各项融资活动中发生的经济关系。

（二）我国金融法律制度的构成

我国金融法律制度目前已基本上形成了一个较完整的金融法律制度体系，主要包括以下制度。

1. 金融机构组织法律制度

金融机构组织法律制度是规范和调整我国金融机构组织关系法律规范的总称，它的外在表现形式主要体现在《中华人民共和国中国人民银行法》《中华人民共和国商业银行法》《中华人民共和国外资金融机构管理条例》等法律和行政法规之中。

2. 银行业务法律制度

银行业务法律制度是调整银行业务关系的金融法律规范的总称，是金融法律制度最基本的内容。如《中华人民共和国中国人民银行法》《中华人民共和国商业银行法》《现金管理暂行条例》《金银管理条例》《储蓄管理条例》等。

3. 外汇管理法律制度

外汇管理法律制度是调整外汇管理关系和外汇流通关系金融法律规范的总称，主要规定外汇收支、外汇兑换和外汇进出国境等内容，如《中华人民共和国外汇管理条例》等。

4. 票据法律制度

票据法律制度是调整票据管理和票据流通关系的金融法律规范的总称，主要规范票据种类、签发、转让、结算和票据当事人权利义务等票据行为和事项，如《中华人民共和国票据法》《支付结算办法》等。

5. 证券法律制度

证券法律制度是调整证券管理关系和证券业务关系的金融法律规范的总称，主要规范证券发行、证券交易、上市公司收购、证券交易所、证券公司、证券监督管理等证券行为，如《中华人民共和国证券法》等。

6. 信托法律制度

信托法律制度是调整信托关系的金融法律规范的总称，主要规范信托财产范围、信托关系的权利义务、信托机构设立与运作程序等行为。

7. 保险法律制度

保险法律制度是调整在保险活动中形成的保险关系的金融法律规范总称，主要规范保险合同、保险公司、保险经营、保险业监管、代理人和保险经纪人等行为。如《中华人民共和国保险法》等。

（三）我国金融体系的构成

随着我国金融体制改革的不断深化和发展，我国目前已形成一个以中央银行即中国人民银行为核心，以国有商业银行为主体，政策性银行与商业银行相分离，多种金融机构并存与分工协作的新的金融体系。我国金融体系的构成如下：

1. 中央银行

中央银行是指国家控制与调节货币流通和信用的中心机构，是我国金融体系的核心，享有国家法律赋予的各种特权，是国家的货币发行银行、银行的银行和政府银行，负责制定和执行国家金融方针、政策和法令，并对国内整个金融体系和金融活动实行管理和监督。根据《中华人民共和国中国人民银行法》的规定，中国人民银行是我国的中央银行，在国务院的领导下制定和实施货币政策，实施金融监督管理。

2. 政策性银行

政策性银行是指由政府设立的、专门从事某一方面政策性货币信用业务的、不以营利为目的的金融机构。我国的政策性银行（包括国家开发银行、中国农业发展银行和中国进出口银行）是具有法人资格的国有银行，直属国务院领导，其业务受中国人民银行的监督，主要任务是贯彻国家产业政策，支持国家区域发展战略。其资金和财产主要由政府财政部门拨付，并坚持自担风险、保本经营、不与商业性银行竞争的原则。

3. 商业银行

商业银行是指以获得利润为目的并以追求利润最大化为目标，以吸收公众存款、发放短期和中期及长期贷款、办理国内外结算和票据贴现、发行金融债券、代理发行和代理兑付及承销政府债券、买卖政府债券、从事同业拆借、买卖和代理买卖外汇、提供保管箱服务等为其业务的，具有法人资格的金融机构，是国家金融体系的主体。

为了打破中国商业银行业单元国有垄断，实现金融机构多元化，2014 年 7 月 25 日，银监会于 2014 年上半年全国银行业监督管理工作会议上正式批准三家民营银行的筹建申请。与国有商业银行相比，民营银行具有两个十分重要的特征：一是自主性，即民营银行的经营管理包括人事管理等不受任何政府部门的干涉和控制，完全由银行自主决定；二是私营性，即民营银行的产权结构主要以非公有制经济成分为主，并以此最大限度地防止政府干预行为的发生。作为金融市场的重要组成部分，民营金融机构特殊的产权结构和经营形式决定了其具有机制活、效率高、专业性强等一系列优点。因此，民营银行是中国国有金融体制的重要补充。

4. 非银行金融机构

非银行金融机构是指中央银行、政策性银行和商业银行以外的，具有一定资金融通职能，其业务被限定在一定范围内，并担负某一专项社会职能的其他金融机构。非银行金融机构的经营范围和业务种类由中国人民银行、中国证券监督管理委员会、中国人民保险监督管理委员会依法加以规定，并依据经济形势的变化进行调整。我国非银行金融机构主要包括农村信用社、保险公司、信托投资公司、财务公司、租赁公司、证券公司等。

5. 境内外资金融机构

境内外资金融机构是指外资金融机构在我国境内设立的代表处、营业性外国银行分行、中外合资银行、外资独资银行、外资保险公司、中外合资保险公司、中外合资投资银行等。这些金融机构已成为我国金融机构体系中的一支重要力量，是我国引进外资的一个重要途径。

三、税收法律

（一）税收

税收是政府为满足社会公共需要，凭借政治权力，强制、无偿地取得财政收入的一种形式。税收的性质具有以下几个重要方面：

1. 税收是国家取得财政收入的一种重要工具，其本质是一种分配关系

在社会再生产过程中，分配是连接生产与消费的必要环节，在市场经济条件下，分配主要是对社会产品价值的分割。税收解决的是分配问题，处于社会再生产的分配环节，因而它体现的是一种分配关系。

2. 国家征税的依据是政治权力，它有别于按要素进行的分配

国家与纳税人之间形成的分配关系与社会再生产中的一般分配关系不同。分配问题涉及两个基本问题：一是分配的主体；二是分配的依据。税收分配是以国家为主体进行的分配，而一般分配则是以各要素的所有者为主体进行的分配；税收分配是国家凭借其政治权力进行的分配，而一般分配则是基于生产要素进行的分配。

3. 征税的目的是满足社会公共需要

国家在履行其公共职能过程中必然会有一定的公共支出。公共产品提供的特殊性决定了公共支出一般情况下不能由公民个人、企业采取自愿出价的方式，而只能采取由国家(政府)强制征税的方式，由经济组织、单位和个人来负担。国家征税的目的是满足国家提供公共产品的需要，其中包括政府弥补市场失灵、促进公平分配等需要。同时，国家征税也要受到所提供公共产品规模和质量的制约。

4. 税收具有无偿性、强制性和固定性的形式特征

税收特征，亦称"税收形式特征"，是指税收分配形式区别于其他财政分配形式的质的规定性。税收特征是由税收的本质决定的，是税收本质属性的外在表现，是区别税与非税的外在尺度和标志，也是古今中外税收的共同特征。税收的形式特征通常概括为税收"三性"，即无偿性、强制性和固定性。

(二)税法

1. 税法的概念

税法是国家制定的用以调整国家与纳税人之间在征纳税方面权利与义务关系的法律规范的总称。它是国家及纳税人依法征税、依法纳税的行为准则，其目的是保障国家利益和纳税人的合法权益，维护正常的税收秩序，保证国家的财政收入。税法具有义务性法规和综合性法规的特点。

从法律性质上看，税法属于义务性法规，以规定纳税人的义务为主。税法属于义务性法规，并不是指税法没有规定纳税人的权利，而是指纳税人的权利是建立在其纳税义务的基础之上，处于从属地位。税法属于义务性法规的这一特点是由税收的无偿性和强制性特点所决定的。税法的另一个特点是具有综合性，它是由一系列单行税收法律法规及行政规章制度组成的体系，其内容涉及课税的基本原则、征纳双方的权利和义务、税收管理规则、法律责任、解决税务争议的法律规范等。税法的综合性特点是由税收制度所调整的税收分配关系和税收法律关系的复杂性决定的。

2. 税法的作用

由于税法调整的对象涉及社会经济活动的各个方面，与国家的整体利益及企业、单位、个人的直接利益有着密切的关系，并且在建立和发展我国社会主义市场经济体制中，国家将通过制定实施税法加强对国民经济的宏观调控，因此税法的地位越来越重要。我国税法的重要作用主要有以下几方面：

(1)税法是国家组织财政收入的法律保障。为了维护国家机器的正常运转、促进国民经济健康发展，必须筹集大量的资金，即组织国家财政收入。为了保证税收组织财政收入职能的发挥，必须通过制定税法，以法律的形式确定企业、单位和个人履行纳税义务的具体项目、数额和纳税程序，惩治偷逃税款的行为，防止税款流失，保证国家依法征税，及时足额地取得税收收入。

(2)税法是国家宏观调控经济的法律手段。我国建立和发展社会主义市场经济体制，一个

重要的改革目标，就是国家从过去习惯于运用行政手段直接管理经济，向主要运用法律、经济的手段宏观调控经济转变。税收作为国家宏观调控的重要手段，通过制定税法，以法律的形式确定国家与纳税人之间的利益分配关系，调节社会成员的收入水平，调整产业结构和社会资源的优化配置，使之符合国家的宏观经济政策；同时，以法律的平等原则，公平纳税人的税收负担，鼓励平等竞争，为市场经济的发展创造良好条件。

(3)税法对维护经济秩序有重要作用。由于税法的贯彻执行涉及从事生产经营活动的每个单位和个人，一切经营单位和个人通过办理税务登记、建账建制、纳税申报，其各项经营活动都将纳入税法的规范制约和管理范围，都将较全面地反映出纳税人的生产经营情况。这样，税法就确定了一个规范有效的纳税秩序和经济秩序，监督经营单位和个人依法经营，加强经济核算，提高经营管理水平；同时，税务机关按照税法规定对纳税人进行税务检查，严肃查处偷逃税款及其他违反税法规定的行为，也将有效地打击各种违法经营活动，为国民经济的健康发展创造一个良好、稳定的环境秩序。

(4)税法能有效地保护纳税人的合法权益。税法在确定税务机关征税权力和纳税人履行纳税义务的同时，相应规定了税务机关必尽的义务和纳税人享有的权利，如纳税人享有延期纳税权、申请减税免税权、多缴税款要求退还权、不服税务机关的处理决定申请复议或提起诉讼权等；税法还严格规定了对税务机关执法行为的监督制约制度，如进行税收征收管理必须按照法定的权限和程序行事，造成纳税人合法权益损失的要负赔偿责任等。所以，税法不仅是税务机关征税的法律依据，同时也是纳税人保护自身合法权益的重要法律依据。

(5)税法是维护国家权益、促进国际经济交往的可靠保证。在国际经济交往中，任何国家对在本国境内从事生产、经营的外国企业或个人都拥有税收管辖权，这是国家权益的具体体现。我国在建立和完善涉外税法的同时，还同 80 多个国家签订了避免双重征税的协定。这些税法规定既维护了国家的权益，又为鼓励外商投资、保护国外企业或个人在华合法经营、发展国家间平等互利的经济技术合作关系，提供了可靠的法律保障。

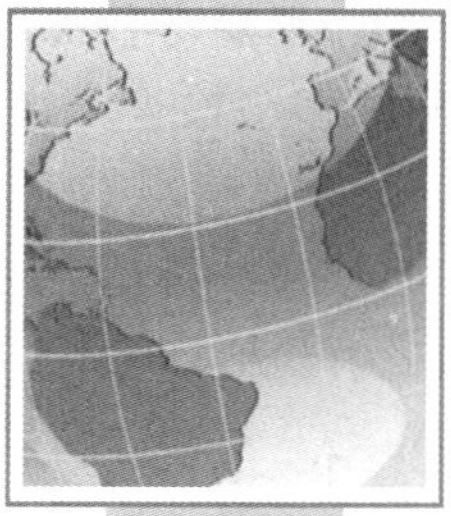

第二章 会计法律制度

第一节　会计法律制度概述

一、会计法律制度的概念和特征

（一）会计法律制度的概念

会计法律制度是指国家权力机关和行政机关制定的关于会计工作的各种会计规范性文件，通常简称会计法规。会计法律制度是调整会计关系的法律规范，会计关系是会计机构和会计人员在办理会计事务过程中以及国家在管理会计工作过程中发生的经济关系。为了保证会计工作有序进行，国家通过制定一系列会计法律制度来调整和规范各种会计关系，包括针对会计工作、会计核算、会计监督、会计人员、会计档案管理等所制定的规范性文件。

（二）会计法律制度的特征

会计法律制度是我国整个法律体系中的一个重要分支，与整个法律体系紧密相连，对规范我国经济体制发挥着重要作用。会计法律制度作为法律体系的重要组成部分，除了具有法律规范的国家意志性、普遍约束性、国家强制性、明确公开性和权利义务性等一般性特征外，也具有自身的特征，主要表现在以下方面。

1. 专业性

所谓会计法律制度的专业性，是指会计法律制度有自己独特的调整对象，即会计行为与会计法律关系。会计法律制度是为了规范和加强会计工作，保障会计人员依法行使职权，发挥会计核算和会计监督在维护社会市场经济秩序、加强经济管理、提高经济效益中的作用而制定的。

2. 技术性

会计法律制度的技术性特征，是会计法律制度区别于其他法律制度的最主要的特征。会计法律制度中相当多的内容为会计核算的技术、方法和程序的规定，它们体现了会计核算工作的内在要求，属于技术性法律规范。

3. 协调性

会计法律制度的协调性特征包括两方面内容。一方面是指会计法律制度的内容与其他经济法规的内容必须相互协调。会计工作是经济管理的基础性工作，会计作为一种管理活动被广泛应用于各个部门、各个单位。会计的这种基础性作用，决定了会计法律制度的内容应当与其他经济法规(税法、公司法、证券法等)的内容协调一致,才能使会计法律制度得到有效的贯彻执行。另一方面则表现为对会计监督权限的协调。由于财政、税务、审计、中国人民银行、证券监管等部门都有权对会计信息的真实性进行检查监督,因此会计法律制度有必要对各部门监督权限的协调进行规定,以避免各部门对企事业单位的会计行为进行重复或多头检查。

二、会计法律制度的构成

会计法律制度由会计法律、会计行政法规、国家统一的会计制度、地方性会计法规构成。

(一)会计法律

会计法律是指由全国人民代表大会及其常务委员会经过一定立法程序制定的有关会计工作的法律。我国目前有两部会计法律:《中华人民共和国会计法》(以下简称《会计法》)和《中华人民共和国注册会计师法》(以下简称《注册会计师法》)。

1.《会计法》

《会计法》颁布于 1985 年,为适应改革开放和经济发展的需求,1993 年、1999 年和 2017 年全国人大常委会曾三次对《会计法》进行了修订。目前施行的是 2017 年 11 月 4 日修订后重新颁布的《会计法》,包括总则、会计核算、公司和企业会计核算的特别规定、会计监督、会计机构和会计人员、法律责任、附则七章共 52 条。修订后的《会计法》突出了规范会计行为、保证会计信息质量的立法宗旨,明确了会计工作在社会主义市场经济中的地位和职能作用,取消了会计从业资格证书,特别强调了单位负责人对本单位会计工作和会计资料真实性、完整性的责任以及会计从业人员的专业能力和职业道德的重要性,加大了对违法会计行为的惩治力度。《会计法》是我国会计工作的根本性法律,也是制定其他会计法规的依据。

2.《注册会计师法》

《注册会计师法》颁布于 1993 年,是我国中介行业的第一部法律,目前施行的是 2014 年 8 月 31 日修订后重新颁布的《注册会计师法》。《注册会计师法》对注册会计师行业的管理体制、注册会计师考试和注册、会计师事务所组织形式和业务范围及法律责任等进行了系统规范,为注册会计师行业发展提供了有力的法律保障。

(二)会计行政法规

会计行政法规是指由国务院制定颁布或者由国务院有关部门拟定并经国务院批准颁布的、用于调整经济生活中某些方面会计关系的法律规范。我国当前施行的会计行政法规有两部,即由国务院颁布的《总会计师条例》和《企业财务会计报告条例》。

1.《总会计师条例》

1990 年 12 月 31 日,国务院颁布了《总会计师条例》,对总会计师的地位、作用、职责、权限、任免与奖惩等做出了全面、系统的规范。该条例规定全民所有制大、中型企业应当设置总会计师,同时规定设置总会计师的单位在单位行政领导中不得设置与总会计师职权重叠的副职。1999 年修订后的《会计法》对设置总会计师的范围进行了扩充,即“国有的和国有资产占控股地位或者主导地位的大、中型企业必须设置总会计师”。2011 年修订后的《总会计师条例》将第十条第二款中的“总会计师应当依照《中华人民共和国会计法》第十九条的规定执行”修改为“总会计师应当依照《中华人民共和国会计法》的有关规定执行”。

2.《企业财务会计报告条例》

2000 年 6 月 21 日国务院颁布了《企业财务会计报告条例》,于 2001 年 1 月 1 日施行。《企业财务会计报告条例》共六章、46 条,主要对企业财务会计报告的构成、编制、对外提供和法律责任等进行了规范，明确规定企业负责人对本企业财务会计报告的真实性和完整性负责；强调企业不得编制和对外提供虚假或者隐瞒重要事实的财务会计报告。它是对《会计法》中有关财务会计报告规定的细化。

(三)国家统一的会计制度

国家统一的会计制度是指国务院财政部门根据《会计法》制定的关于会计核算、会计监督、会计机构和会计人员以及会计工作管理的制度，包括会计部门规章和会计规范性文件。

1. 会计部门规章

会计部门规章是根据《立法法》规定的程序，由财政部制定并以财政部部长签署命令的形式予以公布的有关会计工作的制度办法。如《财政部门实施会计监督办法》(财政部令第 10 号)、《代理记账管理办法》(财政部令第 27 号)、《企业会计准则——基本准则》(财政部令第 33 号)、《注册会计师全国统一考试违规行为处理办法》(财政部令第 40 号)等。

2. 会计规范性文件

会计规范性文件是主管全国会计工作的财政部制定并发布的有关会计工作的制度办法。制定会计规范性文件的目的在于促进会计法律、法规和会计规章的贯彻执行。会计规范性文件涉及会计工作的各个方面，如《企业会计准则第 1 号——存货》等 38 项具体准则及《企业会计准则——应用指南》《小企业会计制度》《行政单位会计制度》《民间非营利组织会计制度》《会计基础工作规范》《会计档案管理办法》《会计人员继续教育规定》等，均属于会计规范性文件。

(四)地方性会计法规

地方性会计法规是指省、自治区、直辖市人民代表大会及其常务委员会在与会计法律、会计行政法规不相抵触的前提下，根据本地区情况制定、发布的地方性会计法规。如 2002 年 11 月 29 日湖南省第九届人民代表大会常务委员会第三十二次会议通过，2003 年 3 月 1 日施行的《湖南省实施〈中华人民共和国会计法〉办法》。

三、会计法律制度的调整对象

会计法律制度的调整对象是会计行为与会计法律关系。会计行为是指在会计法律关系中进行的，会计人员处理会计信息、业务经办人员提供经济往来业务的原始凭证、单位负责人决策资金运用等会计法律关系参与者的行为，具体包括会计核算、会计监督和会计管理三类行为。会计核算行为是指运用会计的专门方法，对经济业务事项进行确认、记录、计量和报告，为经济管理提供信息的行为；会计监督行为是指会计人员通过会计工作对经济组织活动的合法性、合理性和有效性进行检查，使其达到预期目标的活动。会计法律制度首先是规范会计行为，它为各类经济业务事项的具体核算、实施会计监督及会计管理提供法律指南。会计法律关系是指国家机关、社会团体、公司、企业、事业单位，以及外国在我国常驻机构等其他组织在会计活动中发生的受会计法律规范调整的具体经济关系，它是会计主体在按照会计法律规范进行会计核算和财务管理时所形成的权利与义务关系。与其他法律相比，会计法律关系具有只产生于会计活动之中，与货币计量、资金运动密不可分的特点。

四、会计法律关系

(一)法律关系与会计法律关系

法律关系是法律规范在调整人们行为过程中形成的以权利和义务为内容的特殊的社会

关系。

法律关系由法律关系主体、法律关系内容和法律关系客体三个要素构成。其中，法律关系主体是指法律关系的参加者，即法律关系权利的享有者和义务的承担者。法律关系内容是指法律关系主体享有的法律权利和承担的法律义务。法律权利是指法律关系主体享有的法律确认和保障以某种正当利益为追求的行为自由。法律义务则是指法律关系主体根据法律的规定必须承担的作为或不作为的责任。法律关系客体是指法律关系主体的权利和义务所共同指向的对象，又称权利客体和义务客体，它是将法律关系主体间的权利和义务联系在一起的客观基础，包括物、非物质财富（即精神财富）和行为。

法律关系是体现意志性的特殊社会关系。这是因为，首先，任何法律关系都表现着统治阶级的意志；其次，每一具体的法律关系，通常总是通过该法律关系的所有参与者或其中一方的意思表示而产生，即使有某些情况是由于某种法律文件的规定或某一事件的出现而产生，这一法律关系体系中所确定的权利和义务也必须通过该法律关系参与者的意志行为才能完成。

应当指出的是，法律关系是以法律规范为前提而形成的，它与法律规范有着不可分割的联系。一方面，社会关系纷繁复杂，并不是所有的社会关系都能成为法律关系，法律关系只选择那些应该调整而且可以调整的社会关系进行调整，使之变为法律关系。另一方面，法律规范只有在具体的法律关系中才能得以实现，才能对社会生活起调整作用。一般来说，法律规范本身并不直接导致具体的法律关系的产生、变更和消灭，只是为这种关系的产生、变更或消灭提供一种模式，只有当作为法律规范适用条件的法律事实出现时，才引起具体的法律关系的产生、变更或消灭。

会计法律规范是专门用来调整会计法律关系的。在我国，会计法律关系是指国家机关、社会团体、公司、企业、事业单位，以及外国在我国常驻机构等其他组织在会计活动中发生的受会计法律规范调整的具体经济关系，它是会计主体在按照会计法律规范进行会计核算和财务管理时所形成的权利与义务关系。

（二）会计法律关系的构成要素

会计法律关系由会计法律关系主体、会计法律关系内容和会计法律关系客体三个要素构成，三个要素缺一不可，缺少任何一个要素，法律关系都无法成立。

1. 会计法律关系的主体

会计法律关系的主体是指会计法律关系的参加者，即在会计法律关系中权利的享有者和义务的承担者。它是会计法律关系的三要素之一，没有会计法律关系主体，也就不存在会计法律关系。

会计法律关系的参加者是多种多样的，既可以是自然人，也可以是法人，还可以是不具备法人资格的其他组织。在我国，会计法律规范的调整对象是会计信息的提供者（单位负责人、会计机构、会计人员、其他人员等）和会计信息的需要者（包括投资者、社会管理机构等）双方的法律关系以及上述部门、人员与会计主管机关及有关机关之间的监督管理关系。根据《中华人民共和国会计法》的有关规定，其主要适用于两大类主体：一是办理会计事务的单位和个人，包括国家机关、社会团体、公司、企业、事业单位以及外国在我国的常驻机构等其他组织；二是会计主管机关和其他有关机关，包括县级以上财政部门和审计、税务、中国人民银行、证券监管和保险监管等部门。在会计法律关系中，会计法律关系主体的权利是受到法律保护的，表现为法律允许其采用一定的会计核算、会计监督和财务管理的方法，同时，会计法律关系主体的义务也是被法律要求要履行的，其履行方式则表现为被要求依法进行会计核算和会计监督。

2. 会计法律关系的内容

任何法律关系都是在法律关系主体之间形成的权利和义务关系，因此权利和义务就构成了法律关系的内容。离开了特定的权利和义务，任何法律关系都不可能存在。会计法律关系也不例外，其内容是指在会计法律中会计法律关系主体享有的经济权利和承担的经济义务。

权利是会计法律规范允许会计法律关系主体做出或不做出一定行为的许可和保障，是权利人为了满足自身利益而采取的、并由其他人的法律义务所保证的、被允许的行为尺度。依法进行会计核算、会计监督和财务管理是会计法律关系主体的重要权利。会计主体可以根据资本保全、资本增值和经营管理的需要，对本主体的经济活动进行事前、事中和事后的监督，并进行会计核算业务的处理及日常的财务管理。这是法律关系最主要也是最经常行使的会计法律关系所赋予的权利。在会计核算和会计监督中，为了保证会计核算和会计监督得以实现，会计法律关系还赋予了会计机构和会计人员一定的职责权限，如《中华人民共和国会计法》第十四条规定："会计机构、会计人员必须按照国家统一的会计制度的规定对原始凭证进行审核，对不真实、不完整的原始凭证予以退回，并要求按照国家统一的会计制度的规定更正、补充。"会计人员受单位负责人的委托对本单位经济活动进行事前、事中和事后的检查、核算、监督和管理，保证各项经济活动符合国家有关法律、法规的规定，限制和制止违法的经济活动和其他活动。除了上述经常行使的权利外，当会计法律关系主体的权利受到侵犯时，会计法律关系主体还享有向有关行政机关、仲裁机关及法院要求伸张自己的权利。

根据权利与义务对称的原则，会计法律关系主体除了享有经济权利之外，也将承担相应的经济义务。义务是会计法律规范规定会计法律关系主体必须为或不为某种行为的责任，它是给义务人规定的必要的行为尺度。义务人必须按照权利人的要求，遵守这种行为尺度，以满足权利人的要求。会计法律关系中的义务主要是严格遵守会计法律规范的规定。会计法律关系主体在进行会计核算、会计监督和财务管理时，必须严格遵守《中华人民共和国会计法》以及根据《中华人民共和国会计法》制定的国家统一的会计制度中的各项规定，严格履行职责权限。单位负责人、总会计师、会计机构负责人或会计主管人员、会计人员及其他人员在具体会计与财务工作中都应认真履行自己的职责，不得失职。各级财政部门以及审计、税务、银行监管、证券监管、保险监管等机关应当履行好有关法律、行政法规规定的职责，对有关单位的会计资料实施检查监督的义务。上述义务是会计法律关系主体的经常性义务，当会计法律关系中各主体间发生纠纷、争论时，对方可以到有关行政机关、仲裁机关及法院要求伸张自己的权利，有关行政机关、仲裁机关及法院一经受理，开始调解、仲裁和审理时，被起诉方还应履行应诉的义务。

3. 会计法律关系的客体

会计法律关系的客体是指会计法律关系主体的权利和义务所共同指向的对象。客体是会计法律关系构成的一个必不可少的基本要素，它是将会计法律关系主体间的权利和义务联系在一起的客观基础，没有客体为中介，主体就没有了依据，会计法律关系也就无法形成。根据在具体的法律关系中主体所享有的相应权利和承担的义务不同，可将客体分为物、货币、非物质财富和行为。作为会计法律关系客体的物是指能够在会计法律关系中充当权利和义务对象的一定价值的物品或其他财富，如固定资产、原材料、库存商品、周转材料、半成品等都可以构成会计法律关系的客体。

货币是商品社会中物的价值的直接表现，它更是经常地作为会计法律关系的客体，主要包括现金、银行存款和其他货币资金。

作为法律关系客体的非物质财富是人们智力创造的结晶，如商标、专利、著作、人格、名誉等，作为会计法律关系客体的非物质财富则主要指无形资产、商誉等。

法律上的行为是指权利主体的权利和义务所共同指向的作为或不作为。作为是指积极行为，不作为是指消极行为或抑制一定行为。法律行为是在社会活动中引起法律关系产生、变更和消灭的最经常的事实，其成立必须具备下列条件：第一，必须出于人们自觉的作为和不作为。无意识能力的未成年人、神经病患者以及一般人在胁迫下的作为和不作为都不能被视为法律行为；第二，必须是基于当事人的意思而具有外部表现的举动，单纯心理上的活动不产生法律上的后果，如有犯罪意思而无犯罪行为的，不能视为犯罪，也不能视为法律行为；第三，必须为法律规范所确认而发生法律效力的行为，不由法律调整、不发生法律效力的，如通常的社交、恋爱就不是法律行为。会计行为作为法律关系的客体，具有较强的普遍性。在会计核算、会计监督和财务管理中，审核原始凭证、登记记账凭证、建立账户、审核记账凭证、登记账簿、对账、编制财务会计报告、建立和运行财务管理制度、制止和揭露违法犯罪事件等都是会计行为。

第二节　会计管理体制

会计管理体制是指一国对会计工作进行管理的制度安排，包括会计工作的管理、会计规范的制定、会计人员的管理等几个方面。

一、会计工作管理体制

会计工作管理体制是划分会计管理工作职责权限的制度，包括会计工作管理组成形式、管理权限划分、管理机构设置等内容。我国会计工作管理体制实行“统一领导，分级管理”的原则，这一原则是划分会计工作管理权责的重要原则，具体反映在会计工作的管理部门与会计制度的制定权限两个方面。

（一）会计工作的管理部门

《中华人民共和国会计法》第七条规定：“国务院财政部门主管全国的会计工作，县级以上地方各级人民政府财政部门管理本行政区域内的会计工作。”这一规定明确了我国会计工作由财政部门管理，并在管理体制上遵循“统一领导，分级管理”的原则。

1. 国务院财政部门主管全国的会计工作

国务院财政部门主管全国的会计工作，一方面是从国家机构的设置和权责归属来考虑的，另一方面也是根据以往的实践和所累积的经验来确定的。新中国成立以来，全国的会计工作一直是由财政部门管理，这是因为财务会计工作与国家财政收支的关系十分密切，是财政工作的一项基础工作，财政部门管理会计工作，有利于相互结合、相互促进，更好地为财政工作服务，国务院财政部门主管全国的会计工作，不仅是一种权力，更是一种法律赋予的责任。国务院财政部门抓好会计这项基础性工作，就能从宏观上掌握和控制财政的收支情况，搞好增收节支，维护财经秩序；反之，会计工作混乱，财政制度得不到贯彻执行，必然会造成财政收入流失，支出失控，进而影响整个国家的财政计划。因此，各地会计机构和会计人员都应当依照法律规定，服从国务院财政部门的统一领导，落实法律所规定的各项职责。财政部门履行的会计行政管理职能主要有以下几项：

(1)会计准则制度及相关标准规范的制定和组织实施。会计准则制度及相关标准规范主要包括企事业单位会计准则和会计制度、企事业单位内部控制规范和会计信息化标准等。会计准则制度及相关标准规范的制定和组织实施，是财政部门对会计工作实施行政管理的最基本职能。

(2)会计市场管理。对会计市场的管理包括会计市场的准入管理、过程的监管和会计市场退出管理三个方面。会计市场准入包括会计师事务所的设立、代理记账机构的设立等。对会计培训市场的管理也属于会计市场管理。

我国有1 000多万会计从业人员,《中华人民共和国会计法》规定,会计从业人员从事会计工作应当具备从事会计工作所需要的专业能力,担任单位会计机构负责人(会计主管人员)的,应当具备会计师以上专业技术职务资格或者从事会计工作三年以上经历。

注册会计师是依法取得注册会计师证书、成为执业人员,接受委托从事独立审计和会计咨询服务的执业人员,其以第三者身份独立、客观、公正地对会计信息质量出具鉴证报告,对维护市场经济秩序起着重要作用。注册会计师要执行业务,必须加入会计师事务所。会计师事务所的设立,由省级财政部门依据《会计师事务所审批和监督暂行办法》审批,审批后须报财政部备案。

《中华人民共和国会计法》规定,各单位应当依法设置会计账簿,但不具备设置会计机构或会计人员条件的单位,应当委托代理记账机构办理会计业务。申请设立除会计师事务所以外的代理记账机构,由所在地县级以上财政部门批准,并领取由财政部门统一印制的代理记账许可证书。

(3)会计专业人才评价。会计专业人才是国家人才战略的重要组成部分,科学、客观、公正地选拔、评价会计专业人才是财政部门的重要职责。会计专业人才评价主要包括会计专业技术资格、会计领军(后备)人才培养、会计人员表彰奖励、继续教育。

目前,我国阶梯式的会计专业人才评价机制已经形成,包括初级、中级、高级会计人才的评价机制和会计领军人才评价机制。

我国对初级、中级、高级会计人才的评价,主要通过会计专业技术资格考试进行。对初级、中级、高级三种级别的会计专业技术资格考试,由财政部门组织实施,人力资源和社会保障部门负责监督指导,对高级会计专业资格实行考试评聘结合。取得会计专业技术资格的会计人员,表明其已具备担任相应级别会计专业技术职务的任职资格。为贯彻实施人才强国战略,切实加强对高层次会计人才的选拔、评价,财政部于2005年正式启动了会计领军(后备)人才培养工程,计划通过10年努力,分企业类、行政事业类、注册会计师类和学术类,培养近千名具有国际视野、战略思维和国际竞争力的复合型高层次会计人才。财政部负责组织全国范围内的会计领军(后备)人才培养工作,地方财政部门和中央各单位负责组织本地区、本部门、本系统内的会计领军(后备)人才培养工作。

(4)会计监督检查。财政部组织实施对全国的会计信息质量检查,并对违法行为实施行政处罚;县级以上财政部门组织实施本行政区域内的会计信息质量检查,并依法对本行政区域内单位或人员的违法会计行为实施行政处罚。

财政部组织实施全国会计师事务所的执业质量检查,并对违反《中华人民共和国注册会计师法》的行为实施行政处罚;省、自治区、直辖市人民政府财政部门组织实施本行政区域内的会计师事务所执业质量检查,并依法对本行政区域内会计师事务所或注册会计师违反《中华人民共和国注册会计师法》的行为实施行政处罚。此外,财政部还负责对会计行业自律组织的监督指导,包括对中国注册会计师协会、中国会计学会等组织的监督指导。

2. 地方各级财政部门管理本行政区域内的会计工作

我国财政部门管理会计工作,一直遵循的是“统一领导,分级管理”的原则,具体做法是:在国务院财政部门统一规划、统一领导全国会计工作的前提下，充分发挥地方各级人民政府财政部门管理会计工作的积极性，县级以上地方各级人民政府财政部门应当积极配合国务院财政部门管理好本行政区域内的会计工作，要根据上级财政部门的规划和要求，根据本行政区域的实际情况，与各有关部门相互配合，管理好本行政区域内的会计工作。

此外，应当指出，财政部门管理会计工作，并不排除业务主管部门以及税务、审计等有关部门在会计管理工作中的作用，对于会计工作的监管，不仅要发挥财政部门的作用，还要发挥业务主管部门以及政府其他管理部门的作用。

3. 会计工作的自律管理

行业自律是相对于行政管理的一种管理模式。行政管理是国家行政机关依法对国家和社会公共事务进行管理；行业自律是指行业协会根据会员一致的意愿，自行制定规则，并据此对各成员进行管理，以促进成员之间的公平竞争和行业的有序发展。会计行业自律管理制度是对行政管理制度的一种有益补充，有助于督促会计人员依法开展会计工作，树立良好的行业风气，促进行业的发展。本教材主要介绍中国注册会计师协会和中国会计学会履行的行业自律职能。

(1)中国注册会计师协会。中国注册会计师协会是由注册会计师组成的社会团体，履行行业自律管理职能。中国注册会计师协会是注册会计师行业的全国组织，省、自治区、直辖市注册会计师协会是注册会计师行业的地方组织。中国注册会计师协会的主要职责是：制定行业自律管理规范，对违反行业自律管理规范的行为予以惩戒；对注册会计师任职资格和职业情况进行年度检查；组织和推动会员培训工作；协调行业内、外部关系，支持会员依法执业，维护会员合法权益等。

(2)中国会计学会。中国会计学会是由全国会计领域各类专业组织及个人自愿结成的学术性、专业性、非营利性社会组织。各省、自治区、直辖市和计划单列市会计学会和全国性专业会计学会可申请成为中国会计学会的会员。其主要职责是：组织协调全国会计科研力量，开展会计理论研究和学术交流，促进科研成果的推广；总结我国会计工作和会计教育经验，研究和推动会计专业的教育改革；发挥学会的智力优势，开展多层次、多形式的智力服务工作，包括组织开展中高级会计人员培养、会计培训和会计咨询与服务等；开展会计领域国际学术交流与合作等。

(二)会计制度的制定权限

会计制度是政府管理部门对于处理会计事务所制定的规章、准则、办法等规范性文件的总称，包括为会计工作、会计核算、会计监督、会计机构、会计人员和会计档案等方面所制定的规范性文件。会计制度既是各单位组成会计管理工作和产生相互可比、口径一致的会计信息的依据，也是国家财政经济政策在会计工作中的具体体现。因此，为了规范各单位的会计核算，保证真实、完整地提供会计信息，《中华人民共和国会计法》第八条对会计制度的制定做出了明确规定："国家实行统一的会计制度。"国家统一的会计制度由国务院财政部门依据本法制定并公布。国务院有关部门可以依照《中华人民共和国会计法》和国家统一的会计制度，制定对会计核算和会计监督有特殊要求的行业实施国家统一的会计制度的具体办法或者补充规定，报国务院财政部门审核批准。中国人民解放军总后勤部可以依照《中华人民共和国会计法》和国家统一的会计制度制定军队实施国家统一的会计制度的具体办法，报国务院财政部门备案。

1. 国务院财政部门制定国家统一的会计制度

根据《中华人民共和国会计法》的这一规定，在全国范围内实施的、内容上必须统一规范的会计制度，由国务院财政部门制定。这是为了保证会计制度的统一性，也便于《中华人民共和国会计法》的实施。在会计制度制定权限上坚持必要的统一，是我国会计工作管理实践的一个重要经验，将这一经验规定在法律中，既肯定了会计制度应当进行必要的统一原则，又向国务院财政部门作了明确的立法授权。依据这一授权，国务院财政部门有权根据管理会计工作的需要，按照《中华人民共和国会计法》所确立的基本原则和要求，制定国家统一的会计制度。国家统一的会计制度包括国家统一的会计核算制度、国家统一的会计监督制度、国家统一的会计机构和会计人员制度、国家统一的会计工作管理制度等具体内容。

2. 国务院其他部门制定各行业特殊要求的补充规定

有的行业对会计核算和会计监督有特殊的要求，并且一个行业对会计核算和会计监督的特殊要求又是其他行业所没有的，而国家统一的会计制度并没有对每个行业的特殊要求做出具体的规定，因此，《中华人民共和国会计法》对有特殊要求的行业实施国家统一的会计制度的具体办法或者补充规定的制定也进行了规定：在制定主体上，国家统一的会计制度由国务院财政部门制定，而对会计核算和会计监督有特殊要求的行业实施国家统一的会计制度的具体办法和补充规定，则由财政部门以外的国务院其他部门制定；在适用范围上，国务院有关部门制定的具体办法或补充规定，只能对会计核算和会计监督有特殊要求的行业适用，即这些具体办法或补充规定仅适用于本行业范围；在制定程序上，国务院其他部门制定的具体办法或补充规定必须报国务院财政部门审核批准，只有经过国务院财政部门审核批准后才能实施，否则不能实施。

3. 中国人民解放军总后勤部制定军队实施的具体办法

军队与地方相比，在会计工作管理方面有一定的特殊性，所以《中华人民共和国会计法》对军队实施国家统一的会计制度的具体办法的制定权限单独进行了规定：由中国人民解放军总后勤部负责制定军队实施国家统一的会计制度的具体办法，该具体办法的适用范围限于军队范围内；并且，在制定程序上，军队制定的、在军队实施的国家统一的会计制度的具体办法不同于国务院其他部门制定的实施具体办法或补充规定，只需报国务院财政部门备案即可，不需要经审核批准即可执行。

需要强调的是，国务院其他部门以及我国人民解放军总后勤部制定的具体办法或补充规定的内容必须依照《中华人民共和国会计法》和国家统一的会计制度的规定，不得与其相抵触。

二、会计人员管理体制

会计工作是一项专业性和政策性很强的技术工作，为保证会计工作的质量和会计工作秩序，《中华人民共和国会计法》还对具体办理会计业务的会计人员的从业资格及管理进行了规定。

（一）会计从业资格管理

为了保证会计核算和会计监督的质量，使会计人员能够胜任各会计岗位，《中华人民共和国会计法》第三十八条规定："会计人员应当具备从事会计工作所需要的专业能力。担任单位会计机构负责人（会计主管人员）的，应当具备会计师以上专业技术职务资格或者从事会计工作三年以上经历。本法所称会计人员的范围由国务院财政部门规定。"

会计机构负责人（会计主管人员）对其所属单位的会计工作负有管理和领导的责任，对其任职资格要求应当高于一般的会计人员，他（她）必须熟悉所在单位的会计工作程序和特点，具有一定的会计理论与实务水平，而对这种水平与能力的检验方式，一是通过国家统一的会计专业技术职务资格考试进行，根据要求应当通过会计师以上专业技术职务资格考试；二是通过对其工作经历的考察进行，当其从事会计工作三年以上时，就具备了担任会计机构负责人（会计主管人员）的任职资格。

《总会计师条例》中还对总会计师必须具备的条件进行了规定，其中包括“取得会计任职资格后，主管一个单位或者单位内一个重要方面的财务工作时间不少于三年”。

（二）会计人员的管理

会计人员的管理主要是对会计人员的从业管理和人事管理。根据《中华人民共和国会计法》和有关法规的规定，财政部门负责会计人员的业务管理，包括会计从业资格管理、会计专业技术资格管理、会计人员评优表彰奖惩，以及会计人员继续教育管理等。

《会计人员管理办法》对会计人员的从业资格管理进一步明确规定：会计人员具有会计类专业知识，基本掌握会计基础知识和业务技能，能够独立处理基本会计业务，表明具备从事会计工作所需要的专业能力。单位应当根据国家有关法律法规和本办法有关规定，判断会计人员是否具备从事会计工作所需要的专业能力。县级以上地方人民政府财政部门、新疆生产建设兵团财政局、中央军委后勤保障部、中共中央直属机关事务管理局、国家机关事务管理局应当采用随机抽取检查对象、随机选派执法检查人员的方式，依法对单位任用（聘用）会计人员及其从业情况进行管理和监督检查，并将监督检查情况及结果及时向社会公开。

会计人员的人事管理主要是指会计人员的任免，属于单位内部事务，在满足会计从业资格的前提下，由会计人员所在单位按照有关规定进行。

三、单位内部的会计工作管理

（一）单位负责人的会计责任

单位负责人是指单位法定代表人或者法律、行政法规规定代表单位行使职权的主要负责人。单位负责人负责单位的会计工作管理，应当保证会计机构、会计人员依法履行职责，不得授意、指使、强令会计机构和会计人员违法办理会计事项。《中华人民共和国会计法》第四条规定：“单位负责人对本单位的会计工作和会计资料的真实性、完整性负责。”这一规定明确了单位负责人是本单位会计行为的责任主体，应当对本单位的会计工作全面负责。《中华人民共和国会计法》将单位负责人作为会计责任的主体，并不意味着在一切情形下，主要的会计责任都由单位负责人来承担。单位负责人并没有直接参与具体会计业务的处理，其对单位会计工作秩序的责任主要是一种领导责任。单位负责人应当建立健全有效的内部控制制度、内部制约机制，明确会计工作相关人员的职责权限、工作规程和纪律要求，并按正常途径了解上述制度的执行情况和会计工作相关人员履行职责的情况，保证其管理意志在各个环节得以实施，保证会计工作相关人员按照单位负责人认可的程序、要求办理会计事务，保证会计事务的规则程序能够有效防范和控制违法、舞弊等会计行为的发生。

（二）会计机构、会计人员的职责

《中华人民共和国会计法》规定单位负责人为本单位会计行为的责任主体，并不排斥会计人员和其他人员的职能作用，这与发挥单位其他人员的职能作用并不矛盾。单位作为一个社会组织，应当是职责明确、相互制约、各司其职、有序运转、共同为实现单位目标而努力的群体，而单位负责人应当是该群体的管理者、指挥者、协调者和督促者。《中华人民共和国会计法》第五条规定：“会计机构、会计人员依照本法规定进行会计核算，实行会计监督。”会计人员是指企事业单位和其他组织所设置的会计机构中，或者在国家机关、社会团体中从事会计工作的人员，其主要职责是：执行《中华人民共和国会计法》，依法进行会计核算，监督财务收支，拟定经济业务计划，测试分析预算、财务计划的执行情况以及办理其他会计事务。进行会计核算、实行会计监督是会计机构、会计人员最基本的职责。

会计机构、会计人员进行会计核算、实行会计监督，还需要单位负责人、单位的其他人员和其他单位的有关人员的支持与配合，他们也应有责任和义务保证会计机构、会计人员依法履行职责，不能阻碍会计机构、会计人员依法行使职权，因此，《中华人民共和国会计法》第五条还规定："任何单位或者个人不得以任何方式授意、指使、强令会计机构、会计人员伪造、变造会计凭证、会计账簿和其他会计资料，提供虚假财务会计报告。任何单位或者个人不得对依法履行职责、抵制违反本法规定行为的会计人员实行打击报复。"

第三节　会计核算

一、会计核算的含义、内容及一般要求

（一）会计核算的含义

《中华人民共和国会计法》第九条规定：各单位必须根据实际发生的经济业务事项进行会计核算，填制会计凭证，登记会计账簿，编制财务会计报告。任何单位不得以虚假的经济业务事项或者资料进行会计核算。

会计核算是会计的一项基本职能，其基本内涵是以货币为计量单位，运用专门的会计方法，对生产经营活动或预算执行过程及其结果进行全面、系统、连续的记录、计算、分析，定期编制财务会计报告和其他一系列内部管理所需要的会计资料，为经营决策和宏观经济管理提供信息和资料的一项会计活动。会计核算主要有会计确认、计量、记录和报告四个环节。会计核算需要做的工作主要有记账、算账、报账。会计核算的方法有设置会计科目、账户、复式记账、填制和审核会计凭证、登记账簿、成本计算、财产清查以及编制会计报表。由此可见，会计核算的内容几乎包括了所有能够用货币计量的经济活动，通过会计核算，可以及时、正确地反映单位经济活动的全貌及结果，为调整和控制经济管理活动提供可靠的数据资料。会计核算是会计信息系统中一系列重要程序的结合，其基本程序有三个重要环节，即填制会计凭证、登记会计账簿和编制财务会计报告。在这三个环节中，会计核算对象的确定、会计方法的选择、会计数据的搜集等，都以会计核算的基本前提为依据。会计核算的基本前提包括会计主体、持续经营、会计分期和货币计量。

（二）会计核算的内容

一个经济组织在生产经营和业务活动中会产生各种经济业务事项。经济业务事项一般包括经济业务和经济事项两类。经济业务是指一个经济组织与其他经济组织和个人之间发生的各种经济利益交换，如产品销售；经济事项是指在一个经济组织内部发生的具有经济影响的各类事件，如计提折旧。《会计法》规定，下列经济业务事项应当办理会计手续，进行会计核算。

1. 款项和有价证券的收付

款项是指作为支付手段的货币资金，一般包括现金、银行存款以及其他视同现金和银行存款使用的外埠存款、银行汇票存款、银行本票存款、在途货币资金、信用证存款、保函押金和各种备用金等。有价证券是指表示一定财产拥有权或支配权的证券，如国库券、股票、企业债券和其他债券等。款项和有价证券是各单位流动性最强的资产，由于其具有高度的流动性，故在

会计核算过程中容易出现这样或那样的问题。因此，加强对款项和有价证券的管理与控制是非常重要的。各单位要按照国家统一会计制度的规定，真实、及时地对款项和有价证券进行核算，以保证这类资产的安全与完整。

2. 财物的收发、增减和使用

财物是单位财产物资的简称，是一个单位进行或维持经营管理活动的具有实物形态的经济资源，财物一般包括原材料、燃料、包装物、低值易耗品、在产品、商品等流动资产和房屋、建筑物、机器、设备、设施、运输工具等固定资产。这类资产涉及各单位生产过程中的劳动资料、劳动工具和劳动手段，是任何一个经济组织都不可或缺的。这些资产的价值一般较大，也是会计核算中的经常性业务活动，如果这些资产在会计核算中出现问题，就会直接影响生产经营活动的正常进行。因此，各单位必须加强对单位财物收发、增减和使用环节的管理，严格按照国家统一会计制度的规定进行核算，维护单位正常的生产经营秩序和会计核算程序。

3. 债权、债务的发生和结算

债权是单位收取款项的权利，一般包括各种应收和预付款项等。债务则是指单位承担的、能以货币计量的、需要以资产或劳务偿付的义务，一般包括各项借款、应付和预收款项以及应交款项等。随着商品经济的发展、商业信用程度的加强，各单位之间发生的债权和债务活动是不可避免的经济业务事项，必须进行会计核算。因此，各单位要加强对债权、债务的核算，及时、真实、完整地核算和反映单位的债权、债务，处理好与其他部门和个人之间的财务关系，以防范非法行为在债权、债务环节发生。

4. 资本、基金的增减

会计核算中的资本是指所有者权益中的投入资本。基金是指各单位按照法律、法规的规定而设置或筹集的、具有特定用途的专项资金，如社会保险基金、教育基金等。资本、基金增减的会计核算，要遵循国家有关的法律、法规进行，它具有很强的政策性，要严格按照合同、协议、董事会决议或政府部门的有关文件等办理。

5. 收入、支出、费用、成本的计算

收入是指企业在销售商品、提供劳务及让渡资产使用权等日常活动中所形成的经济利益的总流入。支出是行政事业单位或社会团体在履行法定职能、发挥特定功能时所发生的各项开支，以及企业在正常生产经营活动以外的支出和损失。费用是指企业在销售商品、提供劳务等日常活动中所发生的经济利益流出。费用通常包括生产成本和期间费用。成本是指企业为生产某种产品而发生的费用，它与一定种类和数量的产品相联系，是对象化了的费用。收入、支出、费用、成本都是计算和判断单位经营成果和盈亏状况的主要依据。各单位应当重视收入、支出、费用、成本环节的管理，按照国家统一会计制度的规定，正确核算收入、支出、费用、成本。

6. 财务成果的计算和处理

财务成果主要是指企业和企业化管理的事业单位在一定时期内通过从事经营活动而在财务上所取得的结果，具体表现为盈利或亏损。财务成果的计算和处理一般包括利润的形成和利润的分配两个部分，它涉及企事业单位、国家等各方面的经济利益，因此，各单位必须严格按照国家统一的规定，正确计算处理财务成果。

7. 其他事项

其他事项是指除上述六项经济业务事项以外的、按照国家统一会计制度规定应办理会计手续和进行会计核算的其他经济业务事项。随着我国经济的不断发展，新的会计业务不断出现，有关会计制度不可能对所有未来发生的会计事项都做出规定，但对这些新出现的会计事项，也必须进行会计核算和反映。

（三）会计核算的一般要求

1. 会计核算依据

《会计法》第九条规定：各单位必须根据实际发生的经济业务事项进行会计核算，填制会计凭证，登记会计账簿，编制财务会计报告。任何单位不得以虚假的经济业务事项或者资料进行会计核算。

（1）会计核算必须以实际发生的经济业务事项为依据。以实际发生的经济业务事项为依据进行会计核算，是填制会计凭证、登记会计账簿、编制财务会计报告的基础，是会计资料质量得以保障的关键。

（2）以虚假的经济业务事项或资料进行会计核算，是一种严重的违法行为。没有经济业务事项，会计核算也就失去了对象；以不真实甚至虚拟的经济业务事项为核算对象，据此提供的会计资料不仅没有可信度，相反会误导使用者，扰乱社会经济秩序。以虚假的经济业务事项或资料为依据进行会计核算，是一种严重的违法行为，将受到法律的严厉制裁。

2. 对会计资料的基本要求

会计资料是在会计核算过程中形成的、记录会计核算过程和结果的载体，是反映单位财务状况、经营成果、现金流量及评价企业经营业绩的重要依据，包括会计凭证、会计账簿、财务会计报告和其他会计资料等。《会计法》规定：会计凭证、会计账簿、财务会计报告和其他会计资料，必须符合国家统一的会计制度的规定。使用电子计算机进行会计核算的，其软件及其生成的会计凭证、会计账簿、财务会计报告和其他会计资料，也必须符合国家统一的会计制度的规定。任何单位和个人不得伪造、变造会计凭证、会计账簿及其他会计资料，不得提供虚假的财务会计报告。对会计资料的基本要求是：

（1）会计资料必须符合国家统一的会计制度规定。会计资料质量关系到会计秩序和社会经济秩序，为保证会计资料质量，财政部门对会计资料的基本规范制定了一系列规章制度，包括设置会计科目、填制会计凭证、登记会计账簿、编制会计报告以及会计档案管理规定等。

（2）不得伪造、变造会计资料，不得提供虚假的财务会计报告。《会计法》在规定生成和提供会计资料“应当怎么做”的同时，也明确规定了“禁止做什么”，《会计法》第十三条规定：“任何单位和个人不得伪造、变造会计凭证、会计账簿及其他会计资料，不得提供虚假的财务会计报告。”伪造、变造会计资料，提供虚假财务会计报告是一种严重的违法行为，要承担相应的法律责任。

（3）会计电算化使用软件及生成资料必须合法。会计电算化主要是应用电子计算机代替人工记账、算账、报账以及替代部分由大脑完成的对会计信息的处理和分析的过程，是以电子计算机为主的当代电子和信息技术应用到会计工作中的简称。国家关于会计核算的规定，适用于手工记账，同时也适用于电算化的会计核算。实行会计电算化的单位填制会计凭证和登记会计账簿的有关要求，应当符合财政部《会计电算化管理办法》《会计电算化工作规范》《会计核算软件基本功能规范》等有关规定。这些法规对会计电算化的基本要求为：一是电子计算机进行会计核算的单位使用的会计软件应当符合国家统一的会计制度的规定；二是用电子计算机生成的会计资料应当符合国家统一的会计制度的要求。

二、会计信息质量要求

会计信息质量要求是会计核算必须遵循的一般原则，是进行会计核算的指导思想和衡量会计工作成败的标准。它体现着社会化大生产对会计核算的基本要求，反映着市场经济条件下会计核算的基本规律。财政部于 2006 年颁布的《企业会计准则——基本准则》中规定了八项会计信息质量要求。

1. 可靠性

可靠性是指企业应当以实际发生的交易或者事项为依据进行会计确认、计量和报告，如实反映符合确认和计量要求的各项会计要素及其他相关信息，保证会计信息真实可靠、内容完整。可靠性要求做到内容真实、数字准确、资料可靠。《会计法》规定：各单位必须根据实际发生的经济业务事项进行会计核算，填制会计凭证，登记会计账簿，编制财务会计报告。任何单位不得以虚假的经济业务事项或者资料进行会计核算。

2. 相关性

相关性也称有用性，是指企业提供的会计信息应当与财务会计报告使用者的经济决策需要相关，有助于财务会计报告使用者对企业过去、现在或者未来的情况作出评价或者预测。

3. 可理解性

可理解性是指企业提供的会计信息应当清晰明了，便于财务会计报告使用者理解和使用。

4. 可比性

可比性是指企业提供的会计信息应当具有可比性。同一企业不同时期发生的相同或者相似的交易或者事项，应当采用一致的会计政策，不得随意变更。确需变更的，应当在附注中说明。不同企业发生的相同或者相似的交易或者事项，应当采用规定的会计政策，确保会计信息口径一致、相互可比。

5. 实质重于形式

实质重于形式是指企业应当按照交易或者事项的经济实质进行会计确认、计量和报告，不应仅以交易或者事项的法律形式为依据。

6. 重要性

重要性是指企业提供的会计信息应当反映与企业财务状况、经营成果和现金流量等有关的所有重要交易或者事项。对于在会计核算过程中的交易或事项应当区别其重要程度，采用不同的核算方式。对资产、负债、损益等有较大影响，并进而影响财务会计报告使用者据以作出合理判断的重要会计事项，必须按照规定的会计方法和程序进行处理，并在财务会计报告中充分、准确地予以披露；对于次要的会计事项，在不影响会计信息真实性和不至于误导财务会计报告使用者作出正确判断的前提下，可适当简化处理。

7. 谨慎性

谨慎性也称稳健性，是指企业对交易或者事项进行会计确认、计量和报告应当保持应有的谨慎，不应高估资产或者收益、低估负债或者费用。

8. 及时性

及时性是指企业对于已经发生的交易或者事项，应当及时进行会计确认、计量和报告，不得提前或者延后。

三、会计年度和记账本位币

(一)会计年度的规定

《会计法》规定，会计年度自公历 1 月 1 日起至 12 月 31 日止。按照持续经营原则，通常情况下，一个单位的业务经营活动，总是连续不断地进行的。而按照会计上的会计分期原则，又必须对企业的业务活动进行分期核算，以考核企业在一定期间的财务成果。因此，在会计核算中就必须将连续不断的经营过程人为地划分为若干相等的时期，分期进行结算，分期编制财务会计报告，分期反映单位的财务状况和经营成果。这种分期进行会计核算的时间区间，在会计上称为会计期间。《企业财务会计报告条例》规定，会计期间分为年度、半年度、季度和月度，以满足单位经营管理和投资者对会计资料的需要。

世界各国对会计分期的规定是有区别的。我国的会计年度采用公历制，这是为了与我国的财政、计划、统计、税务等年度保持一致，以便于国家宏观经济管理，因为各单位按年度提供的会计资料是国家宏观调控的重要依据。

（二）记账本位币的规定

《会计法》规定，会计核算以人民币为记账本位币。业务收支以人民币以外的货币为主的单位，可以选定其中一种货币作为记账本位币，但是编报的财务会计报告应当折算为人民币。货币作为商品的一般等价物，是衡量一般商品价值的共同尺度。各单位日常的生产经营活动错综复杂，使用实物的计量单位千差万别，无法在量上进行比较，也不便于实物管理和会计计量、计算。因此，会计核算选择了货币作为计量单位。

四、填制与审核会计凭证

（一）会计凭证的种类及填制要求

填制、审核会计凭证是会计核算工作的首要环节。办理须进行会计核算的经济业务事项必须填制或者取得原始凭证并及时送交会计机构；会计机构、会计人员必须按照国家统一的会计制度的规定对原始凭证进行审核。记账凭证应当根据经过审核的原始凭证及有关资料编制。

1. 会计凭证的种类

会计凭证是指具有一定格式，用以记录经济业务事项发生和完成情况的书面证明。各单位按照有关规定办理会计手续、进行会计核算时，必须以会计凭证为依据。因此，会计凭证是会计资料的重要组成部分，是形成其他会计资料的来源。按其来源和用途，会计凭证分为原始凭证和记账凭证两种。原始凭证又称单据，是指在经济业务发生时，由业务经办人员取得或者填制，用以证明某项经济业务已经发生或完成情况，明确有关经济责任，作为记账原始依据的一种会计凭证，它是会计核算的原始依据，来源于实际发生的经济业务事项。原始凭证按其取得的来源不同，可分为一次性原始凭证、累计原始凭证和汇总原始凭证；按其经济业务类别，可分为款项收付业务原始凭证、出入库业务原始凭证、成本费用原始凭证、购销业务原始凭证、固定资产业务原始凭证、转账业务原始凭证等。记账凭证又称传票，是指根据审核无误的原始凭证或原始凭证汇总表编制的用来确定会计分录，作为记账直接依据的一种会计凭证。它在会计资料的形成过程中起着便于记账，减少差错，保证记账质量的作用。记账凭证按其反映的经济业务是否与货币有关可以分为收款凭证、付款凭证和转账凭证；按其填制方式不同可分为复式记账凭证和单式记账凭证。

2. 填制会计凭证的要求

根据《会计基础工作规范》第五十二条规定，填制会计凭证，字迹必须清晰、工整，并符合下列要求：

第一，阿拉伯数字应当一个一个地写，不得连笔写。阿拉伯数字金额前面应当书写货币币种符号或者货币名称简写和币种符号。币种符号与阿拉伯金额之间不得留有空格。凡阿拉伯数字前写有币种符号的，数字后面不再写货币单位。

第二，所有以元为单位的阿拉伯数字，除表示单价的情况外，一律填制到角分；无角分的，角位和分位可写成“00”，或者符号“—”；有角无分的，分位应当写“0”，不得用符号“—”代替。

第三，汉字大写金额数字如零、壹、贰、叁、肆、伍、陆、柒、捌、玖、拾、佰、仟、万、亿等，一律用正楷或者行书体书写，不得用〇、一、二、三、四、五、六、七、八、九、十等简化字代替，不得任意自造简化字。大写金额数字到元或者角为止，在“元”或者“角”字后应当写“整”字或者“正”字；大写金额数字有分的，“分”字后面不写“整”字或“正”字。

第四，大写金额数字前未印有货币名称的，应当加填货币名称，货币名称与金额之间不得留有空格。

第五，阿拉伯数字中间有“0”时，汉字大写金额要写“零”字；阿拉伯数字金额中间连续有几个“0”时，汉字大写金额中可以只写一个“零”字；阿拉伯金额数字元位是“0”，或者数字中间连续有几个“0”、元位也是“0”但角位不是“0”时，汉字大写金额可以只写一个“零”字，也可以不写“零”字。

（二）原始凭证的填制、取得与审核

1. 原始凭证的基本要求

原始凭证是会计核算的起点和基础，是记账的原始依据。因此，原始凭证必须真实、准确、完整地记录和反映每一项经济业务事项，如果原始凭证填制错误，或者原始凭证被伪造，就会破坏经济业务的本来面貌。为了保证原始凭证能够正确、及时、清晰地反映经济业务的真实情况，原始凭证的填制必须记录真实、内容完整、填制及时、书写清楚。除此之外，《会计基础工作规范》第四十八条还规定了原始凭证的基本要求。

第一，原始凭证的内容必须包含：凭证的名称；填制凭证的日期；填制单位名称或者填制人姓名；经办人员的签名或者盖章；接受凭证单位名称；经济业务内容；数量、单价和金额。

第二，从外单位取得的原始凭证，必须盖有填制单位的公章；从个人取得的原始凭证，必须有填制人的签名或者盖章；自制原始凭证必须有经办单位领导人或者其指定人员签名或者盖章；对外开出的原始凭证，必须加盖本单位公章。

第三，凡填有大写和小写金额的原始凭证，大写与小写金额必须相符。购买实物的原始凭证，必须有验收证明。支付款项的原始凭证，必须有收款单位和收款人的收款证明。

第四，一式几联的原始凭证，应当注明各联的用途，只能以一联作为报销凭证。一式几联的发票和收据，必须用双面复写纸（发票和收据本身具有复写纸功能的除外）套写，并连续编号。作废时应当加盖“作废”戳记，连同存根一起保持，不得撕毁。

第五，发生销货退回的，除填制退货发票外，还必须有退货验收证明；退款时，必须取得对方的收款收据或者汇款银行的凭证，不得以退货发票代替收据。

第六，职工公出借款凭证，必须附在记账凭证之后。收回借款时，应当另开收据或者退还借据副本，不得退还借款收据。

第七，经上级有关部门批准的经济业务，应当将批准文件作为原始凭证附件。如果批准文件需要单独归档的，应当在凭证上注明批准机关名称、日期和文件字号。

2. 原始凭证的审核及处理

审核原始凭证，是确保会计信息质量的重要措施之一，也是会计机构、会计人员的法定职责。审核重点包括两方面：一是审核原始凭证的真实性和合法性。真实性是指原始凭证上表述的经济内容确实是经济业务事项的本来面貌，没有掩盖、歪曲和编造；合法性是指原始凭证所表述的经济业务事项符合有关法律、法规、规章、制度的规定。二是审核原始凭证的准确性和完整性。准确性是指原始凭证准确地记录了经济业务事项的真实情况，有关数量单价和金额计算无误；完整性是指原始凭证应具备的各项内容都齐全，手续都完整。

只有经过严格审核无误的原始凭证，才能作为编制记账凭证的依据，这是保证会计核算真实、完整的基础。《中华人民共和国会计法》第十四条规定："会计机构、会计人员必须按照国家统一的会计制度的规定对原始凭证进行审核，对不真实、不合法的原始凭证有权不予接受，并向单位负责人报告；对记载不准确、不完整的原始凭证予以退回，并要求按照国家统一的会计制度的规定更正、补充。"这是对经审核发现问题的原始凭证的处理做出的规定。不真实的原始凭证是指原始凭证所记录和反映的经济业务事项虚假或者根本不存在；不合法的原始凭证是指原始凭证所记录和反映的经济业务事项违反国家有关法律、法规和国家统一的会计制度的规定。对于不真实、不合法的原始凭证，会计机构、会计人员有权不予接受，这是会计机构、会计人员的一项权利，同时为了保证单位负责人及时了解情况或者及时纠正违法行为，应当将这个情况及时报告单位负责人。记载不准确的原始凭证是指原始凭证的内容记载有误；不完整的原始凭证是指原始凭证的填写有遗漏或者省略。对于记载不准确、不完整的原始凭证，会计机构、会计人员应予以退回，并要求更正或补充。因为记载不准确、不完整的原始凭证只是内容有填写错误或不齐全、手续不完备，所以在处理上与前种情况有所不同，不应当简单地拒绝接受，而是将其退回，并要求有关经济业务事项的经办人员按照国家统一的会计制度的规定进行更正、补充，待内容补充完整、齐备后再予办理。

为了明确相关人员的经济责任，防止利用原始凭证徇私舞弊，《中华人民共和国会计法》第十四条规定："原始凭证记载的各项内容均不得涂改；原始凭证有错误的，应当由出具单位重开或者更正，更正处应当加盖出具单位印章。原始凭证金额有错误的，应当由出具单位重开，不得在原始凭证上更正。"按照这一规定，原始凭证一经填制，就得保持其原状，不得擅自涂改、挖补。但是，实务中要求所有的单位填制的原始凭证都没有任何错误是不可能的，因此，又进一步对原始凭证的更正进行了规定：原始凭证记载的内容有错误的，应当由出具单位重开或更正，更正工作必须由出具单位进行，并在更正处加盖出具单位印章；原始凭证金额出现错误的不能更正，只能由原始凭证出具单位重新开具。同时也要求原始凭证出具单位应当开具准确无误的原始凭证，对于填制有误的原始凭证，负有更正和重新开具的法律义务，不得拒绝。

（三）记账凭证的填制与审核

1．记账凭证的填制

编制记账凭证是会计核算过程中非常重要的环节，是会计准确提供信息的关键，根据《会计基础工作规范》的规定，记账凭证必须具备如下内容：填制凭证的日期；凭证编号；经济业务的摘要；会计科目；金额；所附原始凭证张数；填制凭证人员；稽核人员；记账人员；会计机构负责人；会计主管人员签名或者盖章。收款和付款记账凭证还应当由出纳人员签名或者盖章。以自制的原始凭证或者原始凭证汇总表代替记账凭证的，也必须具备记账凭证应有的要素。

在实际填制记账凭证的过程中，还应注意以下几个方面：

第一，填制记账凭证时，应当对记账凭证进行连续编号。一笔经济业务需要填制两张或两张以上记账凭证的，可以采用分数编号法编号。

第二，记账凭证可以根据每一张原始凭证填制，或者根据若干张同类原始凭证汇总填制，也可根据原始凭证汇总表填制。但不得将不同内容和类别的原始凭证汇总填制在一张记账凭证上。

第三，除结账和更正错误的记账凭证可以不附原始凭证外，其他记账凭证必须附有原始凭证。如果一张原始凭证涉及几张记账凭证，可以把原始凭证附在一张主要的记账凭证后面，并在其他记账凭证上注明附有该原始凭证记账凭证的编号或者附原始凭证的复印件。一张原始凭证所列支出需要几个单位共同负担的，应当将其他单位负担的部分，开给对方原始凭证分割单，进行核算。原始凭证分割单必须具备原始凭证的基本内容：凭证名称；填制凭证日期；填制凭证单位名称或者填制人姓名；经办人的签名或者盖章；接受单位名称；经济业务内容；数量、单价、金额和费用分摊情况；等等。

第四，如果在填制记账凭证时发生错误，应当重新填制。已经登记入账的记账凭证，在当年内发现填写错误时，可以用红字填写一张与原内容相同的记账凭证，在摘要栏注明"注销某月某日某号凭证"字样，同时再用蓝字填写一张正确的记账凭证，注明"订正某月某日某号记账凭证"字样。如果会计科目没有错误，只是金额错误，也可以将正确数字与错误数字之间的差额，另编一张调整的记账凭证，调整金额用蓝字，调减金额用红字。发现以前年度记账凭证有错误的，只需用蓝字填写一张更正的记账凭证即可。

第五，记账凭证填制完经济业务事项后，如有空行，应当自金额栏最后一笔金额数字下的空行处至合计数上的空行处划线注销。

2. 记账凭证的审核

记账凭证是根据审核无误的原始凭证或原始凭证汇总表编制的，对其审核，实际上是对原始凭证的再审核，主要包括以下几个方面：

第一，审核记账凭证是否附有原始凭证，记录的事项与所附原始凭证的内容是否相同。

第二，审核会计分录是否正确，即所运用的科目名称、记账方向和金额是否正确。

第三，审核记账凭证内容是否完整，如摘要填写是否清楚、准确，日期是否正确，数字和文字的填写是否清晰、规范，有关人员是否签章等。

审核后，如发现错误，应按规定的方法及时更正。只有审核无误的记账凭证才能作为登记账簿的依据。

五、会计账簿

(一)会计账簿及种类

会计账簿是指全面记录和反映一个单位经济业务事项，把大量分散的数据或资料进行归类整理，逐步加工成有用的会计信息的簿籍。它是记录会计核算过程和结果的载体，是编制财务会计报告的重要依据。会计账簿的建立、登记、核对、结账，是会计工作的重要一环，是如实记录和反映经济活动的重要前提。

会计账簿包括总账、明细账、日记账和其他辅助性账簿。

总账也称总分类账，是指根据会计科目开设的账簿，用来分类登记全部经济业务事项，提供资产、负债、所有者权益、收入、费用、成本、利润等总括核算的资料。总账一般有订本式和活页式两种。各单位应根据所采用的记账方法和财务处理程序的需要设置总账。

明细账也称明细分类账，是指根据总账科目所属的明细科目设置的账簿，用于分类登记某一经济业务事项，提供有关明细核算资料。利用明细账，有利于了解会计资料的形成，可以对经济业务事项有关信息和数据作进一步的加工整理和分析。明细账一般采用活页式。

日记账也称序时账，是指按照经济业务事项发生时间的先后顺序，逐日逐笔进行登记的账簿，包括现金日记账和银行存款日记账。现金日记账和银行存款日记账必须采用订本式账簿，不得采用活页式或卡片式账簿。日记账是各单位加强库存现金和银行存款管理的重要账簿。

其他辅助性账簿也称备查账，是指对无法在上述账簿中登记的经济业务事项进行补充记录的账簿，主要包括各种租借设备及物资的辅助登记、应收及应付款项的备查登记、担保及抵押备查登记等。设置备查簿，可以提供会计核算的参考资料，便于日后有关事项的核查。

（二）会计账簿的启用

各单位应当按照国家统一的会计制度的规定和会计业务的需要设置会计账簿。启用会计账簿时，应当在账簿封面上写明单位名称和账簿名称。在账簿扉页上应当附启用表，内容包括启用日期、账簿页数、记账人员和会计机构负责人、主管人员姓名，并加盖名章和单位公章。记账人员或者会计机构负责人、会计主管人员调动工作时，应当注明交接日期、接办人员或者监交人员姓名，并由交接双方人员签名或者盖章。启用订本式账簿，应当从第一页到最后一页顺序编定页数，不得跳页、缺号。使用活页式账页，应当按账户顺序编号，并须定期装订成册。装订后再按实际使用的账页顺序编定页码，另加目录，记明每个账户的名称和页次。

（三）会计账簿的登记

会计人员应当根据审核无误的记账凭证登记会计账簿。登记账簿的基本要求主要有以下几个方面：

（1）登记会计账簿时，应当将会计凭证日期、编号、业务内容摘要、金额和其他有关资料逐项记入账内，做到数字准确、摘要清楚、登记及时、字迹工整。

（2）登记完毕后，要在记账凭证上签名或者盖章，并注明已经登账的符号，表示已经记账。

（3）账簿中书写的文字和数字上要留有适当空格，不得写满格，一般应占格距的1/2。

（4）登记账簿要用蓝黑墨水或者碳素墨水书写，不得使用圆珠笔（银行的复写账簿除外）或者铅笔书写。

（5）下列情况可以用红色墨水记账：用于冲销错误记录的红字冲账记账凭证；用于在不设借贷等栏的多栏式账页中登记减少数；用于未印明余额方向的三栏式账户余额栏内登记负数余额；根据国家统一的会计制度的规定可以用红字登记的其他会计记录。

（6）各种账簿按页次顺序连续登记，不得跳行、隔页。如果发生跳行、隔页，应当将空行、空页划线注销，或者注明“此行空白”“此页空白”字样，并由记账人员签名或者盖章。

（7）凡需要结出余额的账户，结出余额后，应在“借或贷”等栏内写明“借”或者“贷”等字样。没有余额的账户，应当在“借或贷”等栏内写“平”字，并在余额栏内用“0”表示。现金日记账和银行存款日记账必须逐日结出余额。

（8）每一账页登记完毕结转下页时，应当结出本页合计数及余额，写在本页最后一行和下页第一行有关栏内，并在摘要栏内分别注明“过次页”和“承前页”字样；也可以将本页合计数及金额只写在下页第一行有关栏内，并在摘要栏内注明“承前页”字样。

对需要结计本月发生额的账户，结计“过次页”的本页合计数应当为自本月初起至本页末止的发生额合计数；对需要结计本年累计发生额的账户，结计“过次页”的本页合计数应当为自年初起至本页末止的累计数；对既不需要结计本月发生额也不需要结计本年累计发生额的账户，可以只将每页末的余额结转次页。

实行会计电算化的单位，总账和明细账应当定期打印。发生收款和付款业务的，在输入收款凭证或付款凭证的当天必须打印出现金日记账和银行存款日记账，并与库存现金核对无误。

对于账簿登记发生的错误，不准涂改、挖补、刮擦或用化学药水清除字迹，不准重新抄写，应根据错误的具体情况按照下列方法更正：

第一，登记账簿时发生错误，应当将错误的文字或者数字划红线注销，但必须使原有字迹仍可辨认；然后在划线上方填写正确的文字或者数字，并由记账人员在更正处盖章。对于错误的数字，应当全部划红线更正，不得只更正其中的错误数字。对于文字错误，可只划去错误的部分。

第二，由于记账凭证错误而使账簿记录发生错误，应当按更正的记账凭证登记账簿。

（四）会计账簿的核对

会计账簿的核对，又称对账，是指在结账前，将账簿记录与货币资金、往来结算、财产物资等进行相互核对，保证账证相符、账账相符、账实相符和账表相符。

1. 账证核对

账证核对，是核对会计账簿记录与原始凭证、记账凭证的时间、凭证字号、内容、金额是否一致，记账方向是否相符。

2. 账账核对

账账核对，是核对不同会计账簿之间的账簿记录是否相符，包括总账与有关账户余额的核对，总账与明细账的核对，总账与日记账的核对，会计部门的财产物资明细账与财产物资保管和使用部门的有关明细账的核对等。

3. 账实核对

账实核对，是核对会计账簿记录与财产等实有数额是否相符。包括现金日记账账面余额与现金实际库存数相核对，银行存款日记账账面余额与银行对账单相核对，各种财物明细账账面余额与财物实存数额相核对，各种应收、应付款明细账账面余额与有关债务、债权单位或者个人相核对等。

4. 账表核对

账表核对，是核对会计账簿记录与会计报表有关内容是否相符，主要将会计报表各项目的数据与会计账簿相关数据进行核对。

（五）结账

结账，就是在将一定时期内所发生的经济业务事项全部登记入账的基础上，结计出各个账户的“本期发生额”和“期末余额”，并将余额结转下期或转入新账。结账分为月结、季结和年结。

结账前，必须将本期内所有发生的各项经济业务全部登记入账。

结账时，应当结出每个账户的期末余额。需要结出当月发生额的，应当在摘要栏内注明“本月合计”字样，并在下面通栏划单红线；需要结出本年累计发生额的，应当在摘要栏内注明“本年累计”字样，并在下面通栏划单红线；十二月末的“本年累计”就是全年累计发生额。全年累计发生额下面应当通栏划双红线。年度终了时，所有总账账户都应当结出发生额和年末余额。

年度终了，要把各账户的余额结转到下一会计年度，并在摘要栏注明“结转下年”字样；在下一会计年度新建有关会计账簿的第一行余额栏内填写上年结转的余额，并在摘要栏注明“上年结转”字样。

六、财务会计报告

（一）财务会计报告的含义及构成

财务会计报告，也称财务报告、会计报告，是指单位对外提供的反映单位某一特定日期的财务状况和某一期间经营成果、现金流量的文件。企业财务会计报告按编制时间分为年度、半年度、季度和月度财务会计报告。年度、半年度财务会计报告应当包括会计报表、会计报表附注、财务情况说明书。

会计报表是财务会计报告的重要内容，它以报表的形式传递会计信息。会计报表主要根据会计账簿记录，按照会计报表的固定格式和项目编制。企业对外提供的会计报表主要包括资产负债表、利润表、现金流量表、资产减值准备明细表、利润分配表、股东权益增减变动表、分布报表、其他相关附表等。这些报表分别从不同侧面反映了某一企业的财务状况、经营成果和理财过程，它们之间存在着相互衔接的关系。

会计报表附注是为了便于会计报表使用者理解会计报表的内容而对会计报表的编制基础、编制依据、编制原则和方法及项目等所作的解释。会计报表附注至少应当包括下列内容：不符合基本会计假设的说明；重要会计政策和会计估计及其变更情况、变更原因对财务状况和经营成果的影响；或有事项和资产负债表日后事项的说明；关联方关系及其交易说明；重要资产转让及其出售情况；企业合并、分立；重大投资、金融活动；会计报表中重要项目的明细资料；有助于理解和分析会计报表需要说明的其他事项。

财务情况说明书是对单位一定会计期间财务、成本等情况进行分析总结的书面文字报告，也是财务会计报告的重要组成部分。财务情况说明书全面提供公司、企业和其他单位生产经营活动情况，分析总结经济业绩和存在的不足，是财务会计报告使用者，特别是单位负责人和国家有关管理部门了解和测试有关单位生产经营和业务活动开展情况的重要资料。财务情况说明书至少应当对下列情况作出说明：企业生产经营的基本情况；利润实现和分配情况；资金增减和周转情况；对企业财务情况、经营成果和现金流量有重大影响的其他事项。

（二）财务会计报告的编制

1. 财务会计报告的编制依据

按照规定，财务会计报告应当依据经过审核的会计账簿记录和有关资料编制，并做到数字真实、计算准确、内容完整、说明清楚，依据经过审核的会计账簿记录和有关资料编制财务会计报告，是保证财务会计报告的重要环节。任何单位和个人不得授意、指使、强令他人违反规定，改变财务会计报告的编制基础、编制依据、编制原则和方法。

2. 财务会计报告的编制要求符合法律、行政法规和国家统一的会计制度规定

会计报表之间、会计报表各项目之间，凡有对应关系的数字，应当相互一致；会计报表中本期与上期有关数字应当相互衔接；会计报表附注的财务情况说明书应当按照规定，对会计报表中需要说明的事项做出真实、完整、清楚的说明。

（三）财务会计报告的对外提供

各单位应当按照国家统一的会计制度的规定认真编制财务会计报表、会计报表附注及财务情况说明书，做到项目齐全、内容完整。

各单位应当按照国家规定的期限对外报送财务会计报告。月度中期财务会计报告应当于月度终了后 6 天内（节假日顺延，下同）对外提供；季度中期财务会计报告应当于季度终了后 15 天内对外提供；半年度中期财务会计报告应当于年度中期结束后 60 天内对外提供；年度财

务会计报告应当于年度终了后4个月内对外提供。

对不同的会计信息使用者提供财务报告，其编制依据应当一致。

对报送的财务会计报告应当依次编定页数，加具封面，装订成册，加盖公章。封面上注明单位名称、单位统一代码、组织形式、地址、报表所属年度或者月份、报出日期，并由单位负责人和主管会计工作的负责人、会计机构负责人（会计主管人员）签名并盖章，设置总会计师的企业，还应当由总会计师签名并盖章。

单位负责人对财务会计报告的合法性、真实性、完整性负法律责任。

根据法律和国家有关规定应当对财务会计报告进行审计的，财务会计报告编制单位应当先行委托注册会计师进行审核，并将注册会计师出具的审核报告随同财务会计报告按照规定的期限报送有关部门。如果发现对外报送的财务会计报告有错误，应当及时办理更正手续。除更正本单位留存的财务报告外，还应同时通知接受财务会计报告的单位更正。错误较多的，应重新编制。

七、财产清查

财产清查是会计核算工作的一项重要程序，特别是在编制年度财务会计报告之前，必须进行财产清查，并对账实不符等问题根据国家统一的会计制度的规定进行会计处理，以保证财务会计报告反映的会计信息真实、完整。财产清查制度是通过定期或不定期、全面或部分地对各项财产物资进行实地盘点和对库存现金、银行存款、债权债务进行清查核实的一种制度。通过清查，可以发现财产管理工作中存在的问题，以便查清原因、改善经营管理、保护财产的完整和安全；可以确定各项财产的实存数，以便查明实存数与账面数是否相符，并查明不符的原因和责任，制定相应措施，做到账实相符，保证会计资料的真实性。《会计法》规定，各单位应当定期将会计账簿记录与实物、款项及有关资料相互核对，保证会计账簿记录与实物及款项的实有数额相符。

八、会计档案管理

会计档案包括会计凭证、会计账簿、财务会计报告和其他会计资料等会计核算专业资料。各单位的预算、计划、制度等文件属于文书档案，不属于会计档案，应当执行文书档案的管理规定。

会计档案包括的范围：会计凭证类，包括原始凭证、记账凭证、汇总凭证和其他会计凭证等；会计账簿类，包括总账、明细账、日记账、固定资产卡片、备查账、其他会计账簿等；财务会计报告类，包括月度、季度、半年度、年度会计报表及相关文字分析材料等；其他类，包括银行对账单、银行存款余额调节表、会计档案移交清册、会计档案保管清册、会计档案销毁清册等。

1. 会计档案应当妥善保管

会计档案由单位会计机构负责整理归档，并保管1年期满后，移交单位的会计档案管理机构或指定专人继续保管；单位会计档案不得借出，如有特殊需要，经本单位负责人批准后可以提供查阅或者复制原件。采用电子计算机进行会计核算的单位，应当保存打印出的纸质会计档案。

2. 会计档案保管的期限

会计档案保管期限分为永久和定期两类。定期保管期限分为3年、5年、10年、15年和25年五类。企业会计档案保管期限见表2－1。

表 2—1　　企业会计档案保管期限

序号	档案名称	保管期限	备　注
一	会计凭证类		
1	原始凭证	15 年	
2	记账凭证	15 年	
3	汇总凭证	15 年	
二	会计账簿类		
4	总账	15 年	包括日记总账
5	明细账	15 年	
6	日记账	15 年	现金和银行存款日记账保管 25 年
7	固定资产卡片账		固定资产报废清理后保管 5 年
8	辅助账簿	15 年	
三	财务报告类		包括各级主管部门汇总财务报告
9	月、季度财务报告	3 年	包括文字分析
10	年度财务报告(决算)	永久	包括文字分析
四	其他类		
11	会计移交清册	15 年	
12	会计档案保管清册	永久	
13	会计档案销毁清册	永久	
14	银行余额调节表	5 年	
15	银行对账单	5 年	

会计档案保管期限从会计年度终了后第一天算起。

3. 会计档案应当按规定程序销毁

保管期满的会计档案，应由单位档案管理机构提出销毁意见，会同会计机构共同鉴定，报单位负责人批准后，由单位档案管理机构和会计机构共同派员监销；保管期满但未结清的债权债务原始凭证及其他未了事项的原始凭证，不得销毁，应当单独抽出立卷，保管到未了事项完结时为止；项目正在建设期间的建设单位，其保管期满的会计档案不得销毁。

第四节　会计监督

一、会计监督的含义

所谓会计监督，是指单位内部的会计机构和会计人员以及依法享有经济监督检查职权的政府有关部门和依法经批准成立的社会中介组织，对国家机关、社会团体、企事业单位和其他组织经济活动的合法性、合理性和会计资料的真实性、完整性以及本单位内部预算执行情况所进行的监督。

会计监督是会计的基本职能之一，是我国经济监督体系的重要组成部分。有效发挥会计监督职能，不仅可以维护财经纪律和社会经济秩序，对健全会计基础工作、建立规范的会计工作秩序也能起到重要作用。目前，我国已形成三位一体的会计监督体系。三位一体是指单位内部监督、国家监督和社会监督相互联系、相互协调形成一个有机整体。

二、单位内部会计监督

单位内部会计监督是指为了保护单位资产的安全、完整，保证其经营活动符合国家法律、法规和内部有关管理制度，提高经营管理水平和效率，而在单位内部采取的一系列相互制约、相互监督的制度和方法。各单位应当建立健全本单位内部会计监督制度和内部控制制度。

（一）单位内部会计监督的主体和对象

1．单位内部会计监督的主体是各单位的会计机构和会计人员

单位内部会计监督制度的实施部门为单位的会计机构，具体操作者为单位的会计人员。

2．单位内部会计监督的对象是单位的经济活动

虽然单位内部会计监督的主体是各单位的会计机构和会计人员，但内部会计监督不只是会计机构和会计人员的事情，单位负责人应负责对内部会计监督制度的组织实施，对本单位内部会计监督制度的建立及有效实施承担最终责任。

（二）单位内部会计监督制度的基本要求

单位内部会计监督制度应当符合以下基本要求：

1．各类会计人员的职责权限应当明确，并相互分离和制约

办理经济业务、进行会计核算涉及诸多人员，包括经济业务事项的审批人员、经办人员、财物保管人员以及负责会计事项处理的记账人员等。各类经济业务和会计事项的相关人员应有明确的职责权限，并实行职务分离，不能交叉任职、职责权限混淆不清。

2．各类重大经济业务事项的决策和执行程序应当明确，并相互监督和制约

重大对外投资、资产处置、资金调度等经济业务事项是各单位重大的经济活动，是单位财务管理的重点。因此，各单位的重大对外投资、资产处置、资金调度和其他重要经济业务事项，应当有明确的决策和执行程序，并遵循相互监督、相互制约的法律原则，实行有效的监督和控制，可以减少盲目决策，防止程序混乱、内部失控造成的损失。

3．财产清查的范围、期限和组织程序应当明确

财产清查是单位内部会计监督制度的重要内容之一。通过财产清查，可以保护资产的安全与完整，完善企业的经营管理。为保障财产清查制度的有效实施，各单位应当建立财产清查制度，规范财产清查工作，并对财产清查的范围、期限和组织程序做出明确的规定。

4．对会计资料定期进行内部审计的办法和程序应当明确

内部审计是指由本单位内部机构和人员进行的，对其内部经济活动的合法性、财务信息的真实性、内部控制的有效性及经营活动的效果等进行审核、鉴定、评价的一种经济监督活动。内部审计可以对单位会计工作进行控制和再监督，是保证会计资料真实、完整的重要措施。各单位应当依法设置内部审计机构或内部审计人员，对会计资料进行内部审计。内部审计的办法和程序应当制度化、规范化。没有专门设置内部审计机构或人员的单位，可以委托其他监督机构、人员代行内部审计的职能。

（三）会计机构和会计人员在单位内部会计监督的职权

1．依法监督

对违反《会计法》和国家统一的会计制度规定的会计事项，有权拒绝办理或按照职权予以纠正。

2. 实施监督职权的范围是本单位内部的会计资料和财产物资

如果发现会计账簿记录与实物、款项及有关资料不相符的，按照国家统一的会计制度的规定有权自行处理的，应当及时处理；无权处理的，应当立即向单位负责人报告，请求查明原因，作出处理。

三、会计工作的政府监督

（一）会计工作的政府监督的概念

会计工作的政府监督主要是指财政部门代表国家对单位中相关人员的会计行为实施的监督检查，以及对发现的违法会计行为实施的行政处罚，是一种外部监督。会计工作的政府监督是我国会计监督体系一个重要组成部分，属于最高监督。

（二）会计工作的政府监督主体

1. 县级以上财政部门

各单位会计工作监督检查部门，对各单位会计行为行使监督权，对违法的会计行为实施行政处罚。

2. 其他部门

即审计、税务、中国人民银行、证券保险、保险监管等部门依照有关法律、行政法规规定的职责和权限，也可以对有关单位的会计资料实施监督检查。例如，《税收征收管理法》规定，税务机关有权检查纳税人的账簿、记账凭证、报表和有关资料。

需要注意的是，政府监督的主体虽然包括财政部门和其他部门，但两者在检查范围和目的等方面有着明显的区别。财政部门依法对所有单位的会计行为进行检查，目的是规范会计行为，保证会计信息的真实完整，并对违法的会计行为依法进行处罚；而其他部门的监督只是在其行政职权范围内对有关单位的会计资料进行监督检查，监督检查的范围和权限有限。

（三）财政部门实施会计监督的对象和内容

1. 监督的对象

财政部门实施会计监督检查的对象是会计行为，并对发现的有违法会计行为的单位和个人实施行政处罚。违法会计行为是指公民、法人和其他组织违反《会计法》和其他有关法律、行政法规、国家统一的会计制度的行为。

2. 监督的内容

财政部门对各单位下列事项实施监督：（1）对单位依法设置会计账簿的检查；（2）对单位会计资料真实性、完整性的检查；（3）对单位会计核算情况的检查；（4）对单位会计人员从业资格和任职资格的检查；（5）对会计师事务所出具的审计报告的程序和内容的检查，即财政部门依法对注册会计师、会计师事务所和注册会计师协会进行监督指导，同时还要对会计师事务所出具的审计报告的程序和内容进行监督。

3. 被检查单位的要求

《会计法》第三十五条规定："各单位必须依照有关法律、行政法规的规定，接受有关监督检查部门依法实施的监督检查，如实提供会计凭证、会计账簿、财务会计报告和其他会计资料及有关情况，不得拒绝、隐匿、谎报。"

四、会计工作的社会监督

(一)会计工作的社会监督的概念

会计工作的社会监督主要是指由注册会计师及所在的会计师事务所依法对委托单位的经济活动进行审计、鉴证,并据实做出客观评价的一种监督制度。它是一种外部监督。此外,单位和个人检举违反《会计法》和国家统一的会计制度规定的行为,也属于会计工作社会监督的范畴。

(二)内部审计与注册会计师审计的关系

内部审计是由各部门、各单位内部设置的专门机构或人员实施的审计;注册会计师审计是由经政府审核批准的注册会计师组成的会计师事务所进行的审计。内部审计与注册会计师审计都是现代审计体系的组成部分,两者既有区别又有联系。

1. 区别

(1)审计目标不同。内部审计主要是对组织内部的经营活动和内部控制的适当性、合法性进行审计;注册会计师审计主要是对被审计单位的会计报表的合法性、公允性和有效性进行审计。

(2)独立性不同。内部审计独立性较弱,主要为组织内部服务,接受总经理或董事会的领导;注册会计师审计独立性较强,主要为需要可靠信息的第三者提供服务,不受被审计单位管理当局的领导和制约。

(3)接受审计的自愿程度不同。内部审计作为内部控制的重要组成部分,是代表总经理或董事会实施的组织内部监督,单位内部组织必须接受内部审计人员的监督;注册会计师审计是以独立的第三方对被审计单位进行审计,委托人可自由选择会计师事务所。

(4)审计标准不同。内部审计人员遵循的是内部审计准则;注册会计师审计遵循的是注册会计师审计准则。

(5)审计时间不同。内部审计通常采用定期或不定期审计,可随时进行审计,时间安排比较灵活;注册会计师审计通常是定期审计,每年对被审计单位的会计报表审计一次。

2. 联系

由于内部审计是单位内部控制的一部分,外部审计就需要对内部审计的设置和工作情况进行了解,同时内部审计与外部审计在工作上具有一致性,注册会计师审计可利用内部审计工作的成果来提高审计效率。

(三)会计师事务所的业务范围

1. 审计业务

(1)审查企业会计报表,出具审计报告。

(2)验证企业资本,出具验资报告。

(3)办理企业合并、分立、清算事宜中的审计业务,出具有关的报告。

(4)法律、行政法规规定的其他审计业务。注册会计师依法执行审计业务出具的报告具有证明效力。

2. 会计咨询和会计服务业务

会计咨询和会计服务业务主要包括资产评估、代理记账、税务代理、投资咨询、治理咨询、设计财务会计制度、制定会计政策、培训财务会计人员和审计人员等。

第五节　会计机构与会计人员

会计机构是各单位办理会计事务的职能部门，会计人员是直接从事会计工作的专业人员。为保障会计工作的顺利开展和会计职能作用得以发挥，各单位应当建立健全会计机构，并配备一定数量素质较好的、具备从业资格的会计人员。

一、会计机构的设置

《会计法》第三十六条规定："各单位应该根据会计业务的需要，设置会计机构，或者在有关机构中设置会计人员并指定会计主管人员；不具备设置条件的，应当委托经批准设立从事会计代理记账业务的中介机构代理记账。"会计机构的设置主要有以下三种情况：

1. 根据业务需要设置会计机构

一个单位应当设置会计机构还是在有关机构中设置专职会计人员，由各单位根据会计业务的繁简和实际需要来决定，既要满足经济管理的需要，又要避免人浮于事，应当讲求实效。

单位是否单独设置会计机构取决于：(1)单位规模的大小；(2)经济业务和财务收支的繁简；(3)经营管理的要求。

一般来说，实行企业化管理的事业单位、大中型企业(包括集团公司、股份有限公司、有限责任公司等)，应当设置会计机构；业务较多的行政单位、社会团体和其他组织也应设置会计机构。而对那些规模很小的企业、业务和人员都不多的行政单位，可以将业务并入其他职能部门，或者实行代理记账。

2. 不设置会计机构的应设置会计人员并指定会计主管人员

因财务收支数额不大、会计业务比较简单、不设置财务会计机构，而在有关机构中设置若干办理会计工作的专职会计人员的岗位，单位行政领导人应当在这些会计人员或在该机构的负责人中，指定一人为会计主管人员，负责组织管理会计事务，行使会计机构负责人职权。

3. 可以实行代理记账

根据企业实际情况及业务需要，可以委托经批准设立从事会计代理记账业务的中介机构代理记账。

申请设立的代理记账机构，应当经所在地的县级以上人民政府财政部门批准，并领取由财政部统一印制的代理记账许可证书。

设立代理记账机构，除国家法律、行政法规另有规定外，应当符合下列条件：(1)3名以上持有会计资格证书的专职从业人员；(2)主管代理记账业务的负责人具有会计师以上专业技术职务资格；(3)有固定的办公场所；(4)有健全的代理记账业务规范和财务会计管理制度。

二、会计工作岗位设置

会计工作岗位是指单位会计机构内部根据业务分工而设置的职能岗位。设置会计工作岗位，有利于明确分工、确定岗位职责、建立岗位责任制；有利于会计人员钻研业务，提高工作效率和工作质量；有利于会计工作的程序化和规范化，加强会计基础工作；有利于强化会计管理职能，充分发挥会计工作的作用。

(一)设置会计工作岗位的基本原则

对于会计工作岗位的设置,《会计基础工作规范》提出了如下示范性要求:

(1)根据本单位会计业务的需要设置会计工作岗位。

(2)符合内部牵制制度的要求。根据规定,会计工作岗位可以一人一岗、一人多岗或者一岗多人,但出纳人员不得兼管稽核、会计档案保管以及收入、费用、债权债务账目的登记工作。

(3)对会计人员的工作岗位要有计划地进行轮换,以促进会计人员全面熟悉业务和不断提高业务素质。

(4)要建立岗位责任制。

(二)主要会计工作岗位

会计工作一般包括以下岗位:

(1)会计机构负责人(会计主管人员)岗位。

(2)出纳岗位。

(3)稽核岗位。

(4)资本、基金核算岗位。

(5)收入、支出、债权债务核算岗位。

(6)工资核算、成本费用核算、财务成果核算岗位。

(7)财产物资的收发、增减核算岗位。

(8)总账岗位。

(9)财务会计报告编制岗位。

(10)会计机构内会计档案管理岗位。

下列岗位不属于会计工作岗位:(1)会计档案移交后会计档案管理岗位。对于会计档案管理岗位,在会计档案正式移交档案管理部门前,属于会计岗位;会计档案正式移交档案管理部门后,会计档案管理工作不再属于会计岗位。档案管理部门的人员管理会计档案,不属于会计岗位。(2)医院门诊收费员、住院处收费员、药房收费员、药品库房记账员、商场收费(银)员所从事的工作不属于会计岗位。(3)单位内部审计、社会审计、政府审计工作不属于会计岗位。

三、会计人员的任职资格

《会计法》第三十八条规定:"担任单位会计机构负责人(会计主管人员)的,应当具备会计师以上专业技术职务资格或者从事会计工作三年以上经历。"这是对单位会计机构负责人(会计主管人员)任职资格做出的特别规定。

1. 会计机构负责人(会计主管人员)的概念

会计机构负责人(会计主管人员)是指在一个单位内具体负责会计工作的中层领导人员。在单位负责人的领导下,会计机构负责人(会计主管人员)负有组织、管理本单位所有会计工作的责任,其工作水平的高低、质量的好坏,直接关系到整个单位会计工作的水平和质量。

2. 会计机构负责人(会计主管人员)的任职资格

担任单位会计机构负责人(会计主管人员),应当具备会计师以上专业技术职务资格或者从事会计工作三年以上经历。会计机构负责人的任职资格和条件,应根据各单位经济性质、经营规模来具体掌握。不同规模的单位对会计机构负责人(会计主管人员)的要求是不一样的,所具备的人才基础也不一样。如大型国有企业,其会计机构负责人(会计主管人员)可能须具备高级会计师资格;而小规模民营企业只需要熟悉会计业务的人就可以担任会计机构负责人

(会计主管人员)。

四、会计专业职务与会计技术资格

会计工作的专业性要求会计人员必须具备一定的专业知识和专业技能。设置会计专业职务、举办会计专业技术资格考试,可以考核和确认会计人员的专业知识和业务技能,鼓励会计人员提高职业道德和专业素质。

(一)会计专业职务

会计专业职务是区别会计人员业务技能的技术等级。会计专业职务分为高级会计师、会计师、助理会计师和会计员。高级会计师为高级职务,会计师为中级职务,助理会计师和会计员为初级职务。会计专业职务,由各单位根据会计工作需要,在规定的限额和批准的编制内设置。

国家对不同级别会计专业职务的任职条件及其基本职责都有明确规定。如会计员的基本职责是负责具体审核和办理财务收支、编制记账凭证、登记会计账簿、编制财务会计报告和办理其他会计事项;助理会计师的基本职责是负责草拟单位内部一般性的财务会计制度、规定、办法,分析检查某一方面或某些项目的财务收支和预算的执行情况等。

(二)会计专业技术资格

会计专业职务、会计专业技术资格是两个不同的概念。会计专业职务是一种技术职称;会计专业技术资格是担任会计专业职务的任职资格。具有会计知识基础且符合报考条件的人员可以参加会计专业技术资格考试,取得会计专业技术资格后通过单位聘任或任命才能担任会计专业职务。

会计专业技术资格分为初级资格、中级资格和高级资格三个级别,分别对应助理会计师或会计员、会计师和高级会计师。初级、中级会计资格的取得实行全国统一考试制度;高级会计师资格实行考试与评审相结合的制度。会计专业技术资格证是证明会计技能的水平证书,具有初、中、高级技术资格证说明具备相应级别的会计技能水平。

初级会计资格的考试科目是初级会计实务和经济法基础;中级会计资格的考试科目是中级会计实务、财务管理和经济法。全部考试科目通过后,取得相应的会计资格。取得初、中级会计资格表明其已具备担任相应级别会计专业职务的任职资格,可以被单位聘任或任命为会计员、助理会计师、会计师。

凡申请参加高级会计师资格评审的人员,须经过考试合格后,方可参加评审。考试科目为高级会计实务。高级会计师考试实行国家统一考试,考试大纲由财政部制定并公布。参加国家统一考试并达到合格标准的人员,由全国会计专业技术资格考试办公室核发高级会计师资格考试成绩合格证,该证书在全国范围内3年有效。考试合格并符合规定条件的可在考试合格成绩有效期内,向所在省、自治区、直辖市或中央单位会计专业高级职务评审委员会申请进行评审,通过后即表示其已具备担任高级会计师的资格,经单位聘任或任命后担任高级会计师。

五、会计人员回避制度

回避制度是我国人事管理的一项重要制度,同时也是会计工作的一项重要制度。会计工作实行回避制度,是由会计工作的特殊性质决定的。会计工作是单位经济活动的重要组成部分,直接关系到国家、单位和个人的切身利益。如果单位负责人直接兼任本单位某些会计岗位或与本单位会计人员存在亲属关系，单位总会计师、会计机构负责人、会计主管人员和出纳的配偶、直系血亲、三代以内旁系血亲以及近姻亲在本单位从事会计工作，则容易发生贪污、挪用单位资金、侵吞单位资产等违法违纪问题，使单位的会计牵制、稽核等制度流于形式，国家和集体的利益受到损害。因此，《会计基础工作规范》等法律法规对会计人员回避制度都做了严格规定。

国家机关、国有企业、事业单位任用会计人员应当实行回避制度。单位负责人的直系亲属不得担任本单位的会计机构负责人、会计主管人员，会计机构负责人、会计主管人员的直系亲属不得在本单位会计机构中担任出纳工作。

直系亲属包括配偶、直系血亲关系、三代以内旁系血亲以及近姻亲关系。

(1)配偶，指法律上认可的具备夫妻关系的一方。

(2)直系血亲关系，指有直接血缘关系的亲属，即生育自己和自己所生的上下各代亲属。前者如父母、祖父母、外祖父母；后者如子女、孙子女、外孙子女等，包括拟制血亲，如养父母与养子女，继父母与继子女。

(3)三代以内旁系血亲，指从自己上溯至同一血源的亲属，再向下数三代。例如，计算男方本人同表妹属于第几代旁系血亲，可先由个人经过母亲上溯至与表妹同一个血缘的外祖父母。外祖父母为第一代向下数至表妹的母亲，即本人的姨母为第二代，再向下数至表妹，为第三代。男方本人与表妹即属三代以内旁系血亲。按此计算，凡兄弟姐妹、表兄弟姐妹以及姑侄舅甥女等均属三代以内旁系血亲。

(4)近姻亲，指因婚姻而产生的比较亲近的亲属关系，如岳父母、儿女亲家、女婿、媳妇等。

六、会计人员工作交接

会计人员的工作交接，是指会计人员调动或者离职时，就其所承担的各项工作、所持有的各项会计数据资料，按照规定转交给接替其工作的其他会计人员，并明确各自责任的一种工作程序。会计人员的工作交接是会计工作中的一项重要制度，也是会计基础工作的重要内容。《会计法》第四十一条规定：会计人员调动工作或者离职，必须与接管人员办清交接手续。

(一)交接的范围

根据有关规定，会计人员发生下列情况之一者，必须将本人所经管的会计工作全部移交给接替人员，没办清手续的不得离职：(1)工作调动；(2)因病不能工作超过 3 个月；(3)因故临时离职超过 3 个月；(4)撤销会计职务；(5)单位撤销(向上级主管部门移交)；(6)单位合并(被合并单位向合并单位办理交接手续)；(7)单位分立(被分立单位向分出单位办理交接手续)。

如遇上述情况，单位领导人应当督促经办人员及时办理移交手续。

(二)交接的程序

1. 交接前的准备工作

(1)已经受理的经济业务尚未填制会计凭证的应当填制完毕。(2)尚未登记的账目应当登记完毕，结出余额，并在最后一笔余额后加盖经办人印章。(3)整理好应该移交的各项资料，对未了事项和遗留问题要写出书面说明材料。(4)编制移交清册，列明应该移交的会计凭证、会计账簿、财务会计报告、公章、现金、有价证券、支票簿、发票、文件、其他会计资料和物品等内容；实行会计电算化的单位，从事该项工作的移交人员应在移交清册上列明会计软件及密码、会计软件数据盘、磁带等内容。(5)会计机构负责人(会计主管人员)移交时，应将财务会计工作、重大财务收支问题和会计人员的情况等向接替人员介绍清楚。

2. 按照移交清册逐项移交

移交人员离职前，必须将本人经管的会计工作在规定的期限内，全部向接管人员移交清楚。接管人员应认真按照移交清册逐项点收。其具体要求是：(1)现金要根据会计账簿记录余额进行当面点交，不得短缺，接管人员发现不一致或"白条抵库"现象时，移交人员在规定期限内负责查清处理。(2)有价证券的数量要与会计账簿记录一致，由于一些有价证券如债券、国库券等面额与发行价格可能不一致，因此，在对这些有价证券的实际发行价格、利(股)息等按照会计账簿余额进行交接的同时，应对上述有价证券的数量(如张数等)也按照有关会计账簿记录点交清楚。(3)会计凭证、会计账簿、财务会计报告和其他会计资料必须完整无缺，不得遗漏。如有短缺，必须查清原因，并在移交清册中加以说明，由移交人负责。(4)银行存款账户余额要与银行对账单核对相符，如有未达账项，应编制银行存款余额调节表调节相符；各种财产物资和债权债务的明细账户余额，要与总账有关的余额核对相符；对重要实物要实地盘点，对余额较大的往来账户要与往来单位、个人核对。(5)公章、收据、空白支票、发票、科目印章以及其他物品等必须交接清楚。(6)实行会计电算化的单位，交接双方应在电子计算机上对有关数据进行实际操作，确认有关数字正确无误后，方可交接。

3. 专人负责监交

为了明确责任，会计人员办理工作交接时，必须有专人负责监交。通过监交，保证双方都按照国家有关规定认真办理交接手续，防止流于形式，保证会计工作不因人员变动而受影响，保证交接双方处在平等的法律地位上享有权利和承担义务，不允许任何一方以大压小，以强凌弱，或采取非法手段进行威胁。移交清册应当经过监交人员审查和签名、盖章，作为交接双方明确责任的证件。(1)一般会计人员办理交接手续，由会计机构负责人(会计主管人员)监交。(2)会计机构负责人(会计主管人员)办理交接手续，由单位负责人监交，必要时主管单位可以派人会同监交。

4. 交接后的有关事宜

(1)会计工作交接完毕后，交接双方和监交人在移交清册上签名或盖章，并应在移交清册上注明：单位名称，交接日期，交接双方和监交人的职务、姓名，移交清册页数以及需要说明的问题和意见等。(2)接管人员应继续使用移交前的账簿，不得擅自另立账簿，以保证会计记录前后衔接，内容完整。(3)移交清册一般应填制一式三份，交接双方各执一份，存档一份。

(三)交接人员的责任

在会计工作交接中，合理、公正地区分移交人和接替者的责任是非常必要的。交接工作完成后，移交人员所移交的会计凭证、会计账簿、财务会计报告和其他会计资料是在其经办会计工作期间内发生的，应当对这些会计资料的真实性、完整性负责，即便接替人员在交接时因疏忽没有发现所接会计资料在真实性、完整性方面的问题，如事后发现仍应由原移交人负责，原移交人员不应以会计资料已移交为由而推脱责任。

七、代理记账

代理记账，是指由社会中介机构即会计咨询服务机构、会计师事务所接受委托代替独立核算单位办理记账、算账、报账业务。《会计法》规定，对不具备设置会计机构条件的单位可以委托经批准设立的从事代理记账的中介机构代理记账，从而确立了代理记账业务的法律地位。为了具体规范代理记账业务，财政部于 2005 年 1 月 22 日颁布了《代理记账管理办法》。

(一)代理记账的业务范围

代理记账机构可以根据委托人的委托,办理下列业务:

(1)根据委托人提供的原始凭证和其他资料,按照国家统一会计制度的规定,进行会计核算,包括审核原始凭证、填制记账凭证、登记会计账簿、编制财务会计报告。

(2)对外提供财务会计报告。代理记账机构为委托人编制的财务会计报告,经代理记账机构负责人和委托人签名并盖章后,按照有关法律、行政法规和国家统一的会计制度的规定对外提供。

(3)向税务机构提供税务资料。

(4)委托人委托的其他会计业务。

(二)委托代理记账的委托人的义务

(1)对本单位发生的经济业务事项,应当填制或者取得符合国家统一的会计制度规定的原始凭证。

(2)应当配备专人负责日常货币收支和保管。

(3)及时向代理记账机构提供真实、完整的凭证和其他相关资料。

(4)对于代理记账机构退回的要求按照国家统一会计制度的规定进行更正、补充的原始凭证,应当及时予以更正、补充。

(三)代理记账机构及从业人员的义务

(1)按照委托合同办理代理记账业务,遵守有关法律、行政法规和国家统一的会计制度的规定。

(2)对在执行业务中知悉的商业秘密应当保密。

(3)委托人示意要求作出的会计处理,提供不实会计资料,以及其他不符合法律、行政法规和国家统一的会计制度规定的要求的,应当拒绝。

(4)对委托人提出的有关会计处理原则问题应当予以解释。

委托人对代理记账机构在委托合同约定范围内的行为承担责任,代理记账机构对其专职从业人员和兼职从业人员的业务活动承担责任。代理记账机构在执行业务过程中违反《中华人民共和国会计法》和国家统一的会计制度规定的,由财政部依照有关法律、行政法规的规定处理。代理记账机构违反《代理记账管理暂行办法》和国家有关规定造成委托人会计核算混乱、损害国家和委托人利益的,委托人故意向代理记账机构隐瞒真实情况或委托人伙同代理记账机构共同提供不真实会计资料的,应当承担相应的法律责任。

第六节　会计法律责任

一、会计法律责任概述

法律责任,是指违反法律规定的行为应当承担的法律后果,是对违法者的制裁。

法律责任分为民事责任、行政责任和刑事责任。民事责任是指平等主体之间违反民事法律规范而应当承担的法律责任;行政责任是指单位或个人违反民事行政管理方面的法律规定而应当承担的法律责任;刑事责任是指因违反刑事法律规范而应当承担的法律责任。

《会计法》规定,单位或者个人违反《会计法》关于会计核算、会计监督、会计机构、会计人员的有关规定,应当承担法律责任。会计违法行为涉及的法律责任包括两类:一是行政责任,二是刑事责任。具体处罚形式有：责令限期改正、罚款、吊销其资格证书、行政处分及追究刑事责任等。

二、不依法设置会计账簿等会计违法行为的法律责任

会计违法行为的法律责任主要是通过《会计法》《刑法》等相关的法律法规进行规范的。如《会计法》的第六章法律责任，针对应承担法律责任的会计违法行为及其应承担的法律责任进行了明确、具体的规定，是会计法律责任的集中体现。

(一)违反会计制度规定应承担法律责任的会计违法行为

根据《会计法》的规定，应承担法律责任的违法会计行为包括：

(1)不依法设置会计账簿的行为。该行为是指依法应当设置会计账簿的单位不设置会计账簿或者未按规定的种类、形式及要求设置会计账簿的行为。

(2)私设会计账簿的行为。私设会计账簿，是指未将企业实际发生的经济业务在依法设置的会计账簿上统一登记核算，而是另外私设会计账簿进行登记核算的行为，即“账外账”或“小金库”。

(3)未按规定填制、取得原始凭证或者填制、取得的原始凭证不符合规定的行为。

(4)以未经审核的会计凭证为依据登记会计账簿或者登记会计账簿不符合规定的行为。

(5)随意变更会计处理方法的行为。

(6)向不同的会计资料使用者提供的财务会计报告编制依据不一致的行为。

(7)未按照规定使用会计记录文字或者记账本位币的行为。

(8)未按照规定保管会计资料，致使会计资料毁损、灭失的行为。

(9)未按照规定建立并实施单位内部会计监督制度，或者拒绝依法实施的监督，或者不如实提供有关会计资料及有关情况的行为。

(10)任用会计人员不符合《会计法》规定的行为。

《会计法》规定，各单位应当建立健全本单位内部会计监督制度，并接受有关监督检查部门依法实施的监督检查，如实提供会计凭证、会计账簿、财务会计报告和其他会计资料以及有关情况，不得拒绝、隐匿、谎报。

(二)违反会计制度规定行为应承担的法律责任

根据《会计法》的规定，上述各种违法行为应承担以下法律责任：

1. 责令限期改正

责令限期改正，是指要求违法行为人在一定期限内停止违法行为并将其违法行为恢复到合法状态。如私设会计账簿的单位，应当取消私设的会计账簿，并依据实际发生的经济业务，把在私设会计账簿上登记的会计事项转移到依法设置的会计账簿上，统一进行登记、核算。

2. 罚款

县级以上人民政府财政部门根据违法行为人的违法性质、情节以及危害程度，在责令限期改正的同时，有权对违法单位并处 3 000 元以上 5 万元以下的罚款；对其直接负责的主管人员和其他直接责任人员，处 2 000 元以上 2 万元以下的罚款。

3. 给予行政处分

对上述违法行为直接负责的主管人员和其他直接责任人员中的国家工作人员，视其情节轻重，由其所在单位或者有关单位依法给予警告、记过、降级、降职、撤职、留用察看和开除等行政处分。

4. 取消从业资格

会计人员有上述所列行为之一且情节严重的，五年内不得从事会计工作。

此外，《会计法》第四十条规定：因有提供虚假财务会计报告，做假账，隐匿或故意销毁会计凭证、会计账簿、财务会计报告，贪污，挪用公款，职务侵占等与会计职务有关的违法行为被依法追究刑事责任的人员，不得再从事会计工作。

5. 依法追究刑事责任。

有上述所列行为之一且情节严重、构成犯罪的，依法追究刑事责任。

三、其他会计违法行为的法律责任

(一)伪造、变造会计凭证、会计账簿，编制虚假财务会计报告的法律责任

伪造，是指以虚假经济业务编制不真实的会计凭证和会计账簿的行为。变造，是指用涂改、挖补等手段来改变会计凭证和会计账簿等的真实内容、歪曲事实真相的行为。编制虚假财务会计报告，是指通过伪造、变造会计资料，或篡改财务报告上的数据，使财务报告不真实、不完整，借以误导、欺骗会计报告使用者的行为。

《会计法》规定：伪造、变造会计凭证、会计账簿，编制虚假财务会计报告，构成犯罪的，依法追究刑事责任。有前款行为，尚不构成犯罪的，由县级以上人民政府财政部门予以通报，可以对单位并处 5 000 元以上 10 万元以下的罚款；对其直接负责的主管人员和其他直接责任人员，可以处 3 000 元以上 5 万元以下的罚款；属于国家工作人员的，还应当由其所在单位或者有关单位依法给予撤职直至开除的行政处分；其中的会计人员，五年内不得从事会计工作。

(二)隐匿或者故意销毁依法应保存的会计资料的法律责任

隐匿，是指故意转移、隐藏应当保存的会计凭证、会计账簿、财务会计报告的行为。销毁，是指故意将依法应当保存的会计凭证、会计账簿、财务会计报告予以毁灭的行为。

依据《会计法》规定：隐匿或者故意销毁依法应当保存的会计凭证、会计账簿、财务会计报告，构成犯罪的，依法追究刑事责任。有前款行为，尚不构成犯罪的，由县级以上人民政府财政部门予以通报，可以对单位并处 5 000 元以上 10 万元以下的罚款；对其直接负责的主管人员和其他直接责任人员，可以处 3 000 元以上 5 万元以下的罚款；属于国家工作人员的，还应当由其所在单位或者有关单位依法给予撤职直至开除的行政处分；其中的会计人员，五年内不得从事会计工作。

(三)授意、指使、强令会计机构、会计人员及其他人员伪造、变造会计凭证、会计账簿，编制虚假财务会计报告或者隐匿、故意销毁依法应当保存的会计资料的法律责任

授意，是指暗示他人按其意思行事。指使，是指通过明示方式，指示他人按其意思行事。强令，是指明知其命令是违反法律的仍强迫他人执行其命令的行为。

根据《会计法》的规定：授意、指使、强令会计机构、会计人员及其他人员伪造、变造会计凭证、会计账簿，编制虚假财务会计报告或者隐匿、故意销毁依法应当保存的会计凭证、会计账簿、财务会计报告，构成犯罪的，依法追究刑事责任。尚不构成犯罪的，可以处 5 000 元以上 5 万元以下的罚款；属于国家工作人员的，还应当由其所在单位或者有关单位依法给予降级、撤职、开除的行政处分。

(四)单位负责人对依法履行职责、抵制违反《会计法》规定行为的会计人员实行打击报复的法律责任

会计人员依法进行会计核算和监督，抵制会计违法行为，可能会损害某些人的个人利益，

从而遭受打击报复。为保护会计人员的合法权益，鼓励会计人员坚持原则依法做好本职工作，我国通过相关法律规定任何单位和个人都不得对依法履行职责、抵制违法行为的会计人员实行打击报复。

《会计法》规定：单位负责人对依法履行职责、抵制违反本法规定行为的会计人员以降级、撤职、调离工作岗位、解聘或者开除等方式实行打击报复，构成犯罪的，依法追究刑事责任；尚不构成犯罪的，由其所在单位或者有关单位依法给予行政处分。对受打击报复的会计人员，应当恢复其名誉和原有职务、级别。

此外，我国《刑法》规定：公司、企业、事业单位、机关、团体的领导人对依法履行职责、抵制违反《会计法》规定行为的会计人员实行打击报复，情节恶劣的，构成打击报复会计人员罪。对犯打击报复会计人员罪的，处三年以下有期徒刑或者拘役。

案例分析

一、案例综述

2017 年 11 月，某市财政局派出检查组对某国有大型企业甲（以下简称“甲企业”）的会计工作进行检查。检查中了解到以下情况：

(1)该企业同时设置两套账簿，一套账用于对外报送财务数据，另一套账用于内部核算。

(2)受金融危机影响，该企业亏损较大，为达到预期业绩目标，单位负责人张某授意会计人员李某通过伪造会计凭证，虚增利润 100 万元。为了掩盖不法事实，张某指使会计机构负责人刘某，将以前年度伪造的有关会计资料予以销毁。

(3)企业的现金日记账有时使用钢笔书写、有时用圆珠笔书写，并且存在隔页、缺页和跳行的现象。

以上三种行为分别属于什么行为？应如何处理？

二、分析与提示

分析：行为(1)属于违反《会计法》的私设账簿行为。行为(2)属于违反《会计法》的编造虚假利润、损毁会计资料和单位负责人授意、指使会计人员伪造会计凭证的行为。行为(3)属于违反《会计法》的“登记会计账簿不符合规定”的行为。

对于行为(1)，根据《会计法》第四十二条，由县级以上人民政府财政部门责令限期改正，可以对单位并处 3 000 元以上 5 万元以下的罚款；对其直接负责的主管人员和其他直接责任人员，可以处 2 000 元以上 2 万元以下的罚款；属于国家工作人员的，还应当由其所在单位或者有关单位依法给予行政处分。

对于行为(2)中伪造会计凭证虚增利润和销毁会计凭证的行为，根据《会计法》第四十三条和第四十四条，构成犯罪的，依法追究刑事责任；尚不构成犯罪的，由县级以上人民政府财政部门予以通报，可以对单位并处 5 000 元以上 10 万元以下的罚款；对其直接负责的主管人员和其他直接责任人员，可以处 3 000 元以上 5 万元以下的罚款；属于国家工作人员的，应当由其所在单位或者有关单位给予撤职直至开除的行政处分；其中的会计人员，五年内不得从事会计工作。对于单位负责人授意、指使会计人员伪造会计凭证的行为，根据《会计法》第四十五条，构成犯罪的，依法追究刑事责任；尚不构成犯罪的，可以处 5 000 元以上 5 万元以下的罚款；属于国家工作人员的，还应当由其所在单位或者有关单位依法给予降级、撤职、开除的行政处分。

对于行为(3)，根据《会计法》第四十二条，一是责令限期改正；二是由县级以上人民政府财政部门根据该行为的性质、情节及危害程度，在责令限期改正的同时，可以对单位并处 3 000 元以上 5 万元以下的罚款，对其直接负责的主管人员和其他直接责任人员，可以处 2 000 元以上 2 万元以下的罚款；三是对直接负责的主管人员和其他直接责任人员中的国家工作人员，视情节轻重，由其所在单位或者有关单位给予行政处分；四是情节严重的，其会计人员五年内不得从事会计工作；五是构成犯罪的，依法追究刑事责任。

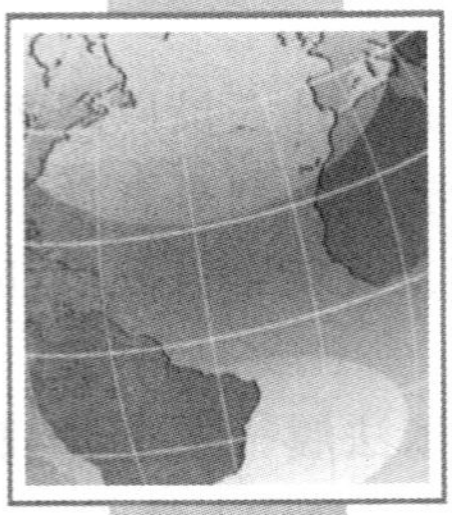

第三章 金融法律制度

第一节　金融法律概述

一、金融法律制度的概念

金融是指货币资金的融通，通常指与货币流通、货币信用和银行信用有关的经济活动。一般来讲，金融的范围主要包括：货币的发行与回笼；存款的吸收与付出；贷款的发放与回收；现金流通与转账结算；金银、外汇的买卖；有价证券的发行与交易；国内、国际货币支付结算；票据贴现和银行同业拆借；信托投资；财产和人身保险；融资租赁；等等。

金融法律制度，是国家权力机关和行政机关制定的调整货币流通和信用等金融活动以及在金融管理中发生的经济关系的各种金融规范性文件的总称，是调整金融关系的法律规范。金融关系是银行或者其他金融机构在从事金融管理和金融经营活动过程中与其他政府机构、市场主体和社会个人之间发生的经济关系。

金融法律制度调整的金融关系一般分为两类：一是金融管理关系，主要指中央银行对各类金融机构和各种金融活动实施的监督、管理过程中，以及金融机构内部管理中发生的经济关系；二是金融经营关系，主要指以金融企业为中心在金融市场的各项融资活动中发生的经济关系。

二、金融法律制度的构成

1979 年以来，我国陆续制定了一系列金融法律、法规和规章，金融法律制度得到了不断的发展和完善，基本上形成了一个有机统一的金融法律制度体系。

(一)从层次上看我国的金融法律制度构成

1. 全国人大及其常委会颁布的重要法律

如《中华人民共和国中国人民银行法》(以下简称《中国人民银行法》)、《中华人民共和国商业银行法》(以下简称《商业银行法》)、《中华人民共和国票据法》(以下简称《票据法》)、《中华人民共和国证券法》(以下简称《证券法》)、《中华人民共和国保险法》(以下简称《保险法》)等。

2. 国务院颁布的重要行政法规

如《金银管理条例》《现金管理暂行条例》《储蓄管理条例》《企业债券管理条例》《中华人民共和国外资金融机构管理条例》《中华人民共和国外汇管理条例》(以下简称《外汇管理条例》)

以及《股票发行与交易管理暂行条例》等。

3. 国务院有关部委和地方政府颁布的行政规章与地方法规

如中国人民银行颁布的《支付结算办法》、国务院证券委员会颁布的《禁止证券欺诈行为暂行办法》等。

(二)从内容上看我国的金融法律制度构成

1. 金融机构组织法律制度

即规范和调整我国金融机构组织关系的法律规范。我国没有专门的金融机构组织法，它主要散见于《中国人民银行法》《商业银行法》《中华人民共和国外资金融机构管理条例》等法律、行政法规之中。

2. 银行业务法律制度

即调整银行业务关系的金融法律规范，是金融法律制度最基本的内容，如《中国人民银行法》《商业银行法》《现金管理暂行条例》《金银管理条例》《储蓄管理条例》等。

3. 外汇管理法律制度

即调整外汇管理关系和外汇流通关系的金融法律规范，如《外汇管理条例》等。

4. 票据法律制度

即调整票据管理和票据流通关系的金融法律规范，如《票据法》《支付结算办法》等。

5. 证券法律制度

即调整证券管理关系和证券业关系的金融法律规范，如《证券法》等。

6. 保险法律制度

即调整在保险活动中形成的保险关系的金融法律规范，如《保险法》等。

7. 信托法律制度

即调整信托关系的金融法律规范，我国目前对信托业没有完整统一的法律规定。

三、金融体系的构成

金融机构是指依法设立的从事金融业务活动的各类银行和信用机构，主要包括各类银行、信用合作社、保险公司、信托投资公司、财务公司、租赁公司、证券公司、互助基金、投资基金、金融公司等。对上述各金融机构的组织及其管理关系，就形成了金融体系。

改革开放以来，由于经济的放开与搞活，推动了我国金融体制改革的不断深化和发展。目前，我国已初步形成了一个以中央银行(中国人民银行)为核心、以国有商业银行为主体、政策性银行与商业银行相分离、多种金融机构并存与分工协作的金融体系。我国金融体系的构成如下：

第一，中央银行。中央银行是国家控制与调节货币流通和信用的中心机构，是我国金融体系的核心，享有国家法律赋予的各种职责，并对国内整个金融体系和金融活动进行监督管理。根据《中华人民共和国中国人民银行法》的规定，中国人民银行是国家的中央银行，在国务院领导下制定和实施货币政策，实施金融监督管理。其具体职责包括：依法制定和执行货币政策；发行人民币，管理人民币流通；按照规定审批、监督管理金融机构；按照规定监督管理金融市场；发布有关金融监督管理和业务的命令及规章；持有、管理、经营国家外汇储备、黄金储备；经理国库；维护支付、清算系统的正常运行；负责金融业的统计、调查、分析和预测；作为国家的中央银行，从事有关的国际金融活动等国务院规定的其他职责。

第二，政策性银行。是指由政府设立的专门从事某一方面政策性金融业务的非营利性金融机构。我国的政策性银行是具有法人资格的国有银行，直属于国务院领导，其业务受中国人民银行的监督，主要任务是贯彻国家产业政策，支持国家区域发展战略。政策性银行的资金和财产主要由政府财政部门拨付，并坚持自担风险、保本经营、不与商业性银行竞争的原则。目前我国的政策性银行主要有国家开发银行、中国农业发展银行和中国进出口银行。

第三，商业银行。是指以获取利润为目的开展各种金融业务具有法人资格的金融机构，是我国金融体系的主体。根据《商业银行法》的规定，商业银行是企业法人，是市场经营活动主体，其经营范围包括：吸收公众存款；发放短期、中期及长期贷款；办理国内外结算和票据贴现；发行金融债券；代理发行、代理兑付及承销政府债券；买卖政府债券；从事同业拆借；买卖和代理买卖外汇；提供信用证服务及担保；提供保管箱等经中国人民银行批准的其他服务。根据我国金融体制改革的要求，目前我国的商业银行主要有中国工商银行、中国银行、中国农业银行、中国建设银行、交通银行、中信实业银行、中国光大银行、城市商业银行、华夏银行、招商银行、深圳发展银行、上海浦东发展银行、中国民生银行等。

第四，非银行金融机构。是指中央银行、政策性银行和商业银行以外的，具有一定的资金融通职能，其业务被限定在一定的范围内，并担负某一专项社会职能的其他金融机构。非银行金融机构的经营范围和业务种类由中国人民银行、中国证券监督管理委员会、中国人民保险监督管理委员会依法加以规定，并依据经济形势的变化而进行调整。我国非银行金融机构主要包括信托投资公司、财务公司、租赁公司、保险公司、证券公司、农村信用社、典当行等。

第五，境内外资金融机构。是指外资金融机构在我国境内设立的代表处、营业性外国银行分行、中外合资银行、外资独资银行、外资保险公司、中外合资保险公司、中外合资投资银行等。外资金融机构已成为我国金融机构体系中一支重要力量，也是我国引进外资的一条重要途径。

第二节　现金管理

一、现金管理制度

现金管理是指按照国家的有关规定，对凡在银行和其他金融机构开立账户的机关、团体、部队、企事业单位和其他单位的现金收支和使用进行管理和监督。

(一)开户单位使用现金的范围

按照《现金管理条例》，开户单位可以在下列范围内使用现金：

(1)职工工资、津贴；

(2)个人劳务报酬；

(3)根据国家规定颁发给个人的科学技术、文化艺术、体育等各种奖金；

(4)各种劳保、福利费用以及国家规定的对个人的其他支出；

(5)向个人收购农副产品和其他物资的价款；

(6)出差人员必须随身携带的差旅费；

(7)结算起点以下的零星支出(结算起点定为1 000元)；

(8)中国人民银行确定需要支付现金的其他支出。

除第(5)、(6)项外，开户单位支付给个人的款项，超过使用现金限额的部分，应当以支票或者银行本票支付；确需全额支付现金的，经开户银行审核后，予以支付现金。

(二)现金使用的限额

库存现金限额是指为保证各单位日常零星支付的需要，按规定允许留存的现金的最高数额。限额一般按照单位3～5天日常零星开支所需的现金数额确定。远离银行机构或交通不便的开户单位，其库存现金的限额核定天数可适当放宽到5天以上，但最多不得超过15天的日常零星开支需要量。

(三)现金收支的基本要求

(1)现金收入当日送存开户银行。

(2)不得"坐支"现金。

(3)提取现金，应如实写明用途(本单位财会部门负责人签字盖章)。

(4)特殊情况必须使用现金，应向开户银行申请，由本单位财会部门负责人签字盖章，并经开户银行审核后予以支付现金。

(5)不得"白条抵库"。

二、建立健全现金核算与内部控制

开户单位应当建立健全现金账目，逐笔记载现金支付。账目应当日清月结、账款相符。

为了加强对单位货币资金的内部控制和管理，保证货币资金的安全，《内部会计控制规范——货币资金(试行)》对健全现金的内部控制工作提出了以下具体要求：

(1)建立单位货币资金内部控制制度。单位负责人对本单位货币资金内部控制制度的建立健全和有效实施以及货币资金的安全完整负责。

(2)加强货币资金业务岗位管理。建立货币资金业务的岗位责任制，确保不相容岗位互相分离、制约和监督。出纳人员不得兼任稽核、会计档案保管和收入、支出、费用、债权债务账目的登记工作。单位不得由一人办理货币资金业务的全过程。

(3)严格货币资金的授权管理。经办人应在职责范围内，按照审批人的批准意见办理货币资金业务，对于审批人超越授权范围审批的货币资金业务，经办人员有权拒绝办理，并及时向审批人的上级授权部门报告。严禁未经授权的机构或人员办理货币资金业务或直接接触货币资金。单位对于重要的货币资金支付业务应当实行集体决策和审批，并建立责任追究制度。

(4)按照规定程序办理货币资金支付业务。具体程序为：支付申请—支付审批—支付复核—支付。

一般而言，一个良好的现金内部控制应该达到以下几点要求：

(1)现金收支与记账的岗位分离；

(2)现金收支要有合理、合法的凭据；

(3)全部收入及时准确入账，并且支出要有核准手续；

(4)控制现金坐支，当日收入现金应及时送存银行；

(5)按月盘点现金，以做到账实相符；

(6)加强对现金收支业务的内部审计。

第三节　支付结算法规

一、支付结算概述

支付结算是指单位、个人在社会经济活动中使用票据、信用卡和结算凭证进行货币给付及其资金清算的行为。其主要功能是完成资金从一方当事人向另一方当事人的转移。支付结算工作的任务是：根据经济往来组织支付结算，准确、及时、安全地办理支付结算，并按照有关法律、行政法规和《支付结算办法》的规定管理支付结算，保障支付结算活动的正常运行。

银行、城市信用合作社、农村信用合作社（以下简称银行）以及单位（含个体工商户）和个人是办理支付结算的主体，办理支付结算必须遵守国家的法律、行政法规和《支付结算办法》的各项规定，不得损害社会公共利益。其中，银行是支付结算和资金清算的中介机构，未经中国人民银行批准的非银行金融机构和其他单位不得作为中介机构经营支付结算业务，但法律、行政法规另有规定的除外。

票据和结算凭证是办理支付结算的工具，支付结算的种类包括票据结算方式和非票据结算方式。票据结算方式分为汇兑、委托收款、托收承付、信用卡、信用证。《支付结算办法》规定，单位、个人和银行办理支付结算，必须使用按中国人民银行统一规定印制的票据凭证和统一规定的结算凭证。未使用按中国人民银行统一规定印制的票据，票据无效；未使用中国人民银行统一规定格式的结算凭证，银行不予受理。

根据中国人民银行颁布的《支付结算办法》的规定，单位、个人、银行办理支付结算必须遵守以下原则：

(1)恪守信用，履约付款。

(2)谁的钱进谁的账，由谁支配。

(3)银行不垫款。

二、银行结算账户

(一)银行结算账户的概念

银行结算账户，是指银行为存款人开立的办理资金收付结算的人民币活期存款账户。存款人，是指在中国境内开立银行结算账户的机关、团体、部队、企业、事业单位、其他组织（以下统称单位）、个体工商户和自然人。银行，是指在中国境内经中国人民银行批准经营支付结算业务的政策性银行、商业银行（含外资独资银行、中外合资银行、外国银行分行）、城市信用合作社、农村信用合作社。

(二)银行结算账户的分类

1. 银行结算账户按存款人分类

(1)存款人以单位名称开立的银行结算账户为单位银行结算账户。个体工商户凭营业执照以字号或经营者姓名开立的银行结算账户纳入单位银行结算账户管理。

(2)存款人凭个人身份证件以自然人名称开立的银行结算账户为个人银行结算账户。邮政储蓄机构办理银行卡业务开立的账户纳入个人银行结算账户管理。

2. 单位银行结算账户按用途分类

单位银行结算账户按用途分为基本存款账户、一般存款账户、专用存款账户、临时存款账户。存款人开立基本存款账户、临时存款账户和预算单位开立专用存款账户实行核准制度，经中国人民银行核准后由开户银行核发开户登记证。

3. 银行结算账户按开户地不同分类

银行结算账户根据开户地的不同，分为本地银行结算账户和异地银行结算账户。

存款人应在注册地或住所地开立银行结算账户。符合《人民币银行结算账户管理办法》规定可以在异地(跨省、市、县)开立银行结算账户的除外。

(三)银行结算账户管理应遵循的原则

(1)对存款人来说，存款人可以自主选择银行开立银行结算账户。除国家法律、行政法规和国务院规定外，任何单位和个人不得强令存款人到指定银行开立银行结算账户。单位银行结算账户的存款人只能在银行开立一个基本存款账户。银行结算账户的开立和使用应当遵守法律、行政法规，不得利用银行结算账户进行偷逃税款、逃废债务、套取现金及其他违法犯罪活动。

(2)对银行来说，银行应依法为存款人的银行结算账户信息保密。

(四)银行结算账户的开立、变更和撤销

银行应严格按照《中华人民共和国反洗钱法》、《个人存款账户实名制规定》(中华人民共和国国务院令第285号颁布)、《人民币银行结算账户管理办法》(中国人民银行令[2003]第5号颁布)、《金融机构客户身份识别和客户身份资料及交易记录保存管理办法》(中国人民银行中国银行业监督管理委员会、中国证券监督管理委员会、中国保险监督管理委员会令[2007]第2号颁布)、《中国人民银行关于进一步加强金融机构反洗钱工作的通知》(银发[2008]391号)等法规制度，勤勉尽责，遵循"了解你的客户"的原则，履行客户身份识别义务，落实银行账户实名制，加强单位银行结算账户开立管理。

1. 银行结算账户的开立程序

首先，由存款人真实填写开户申请书，并将开立账户所需要的证明材料和盖有存款人印章的印鉴卡送交开户银行。

其次，银行与存款人须签订银行结算账户管理协议，明确双方的权利和义务。

再次，由开户银行对申请人的资格条件、所提供的证明材料进行审查。

最后，银行审查符合开立账户条件的，应办理开户手续，并及时报送中国人民银行当地支行核准，需要备案的，履行向中国人民银行当地支行备案的义务。

2. 银行结算账户的变更

存款人账户信息资料发生变化和改变时，应及时(5个工作日内)到开户银行办理变更手续。具体包括存款人名称、法定代表人或主要负责人、住址以及其他开户资料发生的变更。银行接到存款人的变更通知后，应及时办理变更手续，并于2日内向中国人民银行报告。

3. 银行结算账户的撤销

银行结算账户的撤销是指存款人因开户资格或其他原因终止银行结算账户使用的行为。

存款人有以下情形之一的，应向开户银行提出撤销银行结算账户的申请：(1)被撤并、解散、宣告破产或关闭的；(2)注销、被吊销营业执照的；(3)因迁址需要变更开户银行的；(4)其他原因需要撤销银行结算账户的。

(五)基本存款账户

基本存款账户是指存款人办理日常转账结算和现金收付而开立的银行结算账户，是存款人的主要存款账户。

1. 基本存款账户的使用范围

基本存款账户是存款人因办理日常转账结算和现金收付需要开立的银行结算账户，是存款人的主办账户。存款人日常经营活动的资金收付及其工资、奖金和现金的支取，应通过该账户办理。

2. 基本存款账户的开户要求

(1)开户人资格。企业法人；非法人企业；机关、事业单位；团级以上(含团级)军队、武警部队及分散执勤的支(分)队；社会团体；民办非企业组织；异地常设机构；外国驻华机构；个体工商户；居民委员会、村民委员会、社区委员会；单位设立的独立核算的附属机构；其他组织；等等。

(2)证明文件。企业法人，应出具企业法人营业执照正本；非法人企业，应出具企业营业执照正本；机关和实行预算管理的事业单位，应出具政府人事部门或编制委员会的批文或登记证书和财政部门同意其开户的证明；非预算管理的事业单位，应出具政府人事部门或编制委员会的批文或登记证书；军队、武警团级(含)以上单位以及分散执勤的支(分)队，应出具军队军级以上单位财务部门、武警总队财务部门的开户证明；社会团体，应出具社会团体登记证书，宗教组织还应出具宗教事务管理部门的批文或证明；民办非企业组织，应出具民办非企业登记证书；外地常设机构，应出具其驻在地政府主管部门的批文；外国驻华机构，应出具国家有关主管部门的批文或证明；外资企业驻华代表处、办事处应出具国家登记机关颁发的登记证；个体工商户，应出具个体工商户营业执照正本；居民委员会、村民委员会、社区委员会，应出具其主管部门的批文或证明；独立核算的附属机构，应出具其主管部门的基本存款账户开户许可证和批文；其他组织，应出具政府主管部门的批文或证明。

3. 基本存款账户的开立程序

根据《账户管理办法》的有关规定，存款人申请开立银行结算账户时，应填制开户申请书，提供规定的证明文件；银行应对存款人的开户申请书填写的事项和证明文件的真实性、完整性、合规性进行认真审查，并将审查后的存款人提交的上述文件和审核意见等开户资料报送中国人民银行当地分支行，经其核准后办理开户手续。中国人民银行应于 2 个工作日内对银行报送的基本存款账户的开户资料的合规性和唯一性进行审核，符合开户条件的，予以核准；不符合开户条件的，应在开户申请书上签署意见，连同有关证明文件一并退回报送银行。

(六)一般存款账户

一般存款账户是存款人因借款或其他结算需要，在基本存款账户开户银行以外的银行营业机构开立的银行结算账户。

1. 一般存款账户的使用范围

一般存款账户主要用于办理存款人借款转存、借款归还和其他结算的资金收付。一般存款账户可以办理现金缴存，但不得办理现金支取。

2. 一般存款账户的开户要求

(1)开户人资格。开立基本存款账户的存款人，具有借款和其他结算需要，可以开立一般存款账户。一般存款账户没有数量限制。

(2)证明文件。存款人申请开立一般存款账户，应向银行出具其开立基本存款账户规定的证明文件、基本存款账户开户登记证和借款合同或其他相关证明。

3. 一般存款账户的开立程序

根据《账户管理办法》的有关规定，存款人申请开立一般存款账户时，应填制开户申请书，提供规定的证明文件；银行应对存款人的开户申请书填写的事项和证明文件的真实性、完整性、合规性进行认真审查；符合开立一般存款账户条件的，银行应办理开户手续，同时应在其基本存款账户开户许可证上登记账户名称、账号、账户性质、开户银行、开户日期，并签章，于开户之日起5个工作日内向中国人民银行当地分支行备案；自开立一般存款账户之日起3个工作日内书面通知基本存款账户开户银行。

开立一般存款账户，实行备案制，经银行审核同意后即可开立账户，无需中国人民银行核准。

(七)专用存款账户

专用存款账户是存款人按照法律、行政法规和规章，对其特定用途资金进行专项管理和使用而开立的银行结算账户。

1. 专用存款账户的使用范围

针对不同的专用资金，《人民币银行结算账户管理办法》规定了具体的使用范围：

(1)专用存款账户用于办理各项专用资金的收付。单位银行卡账户的资金必须由其基本存款账户转账存入。

(2)财政预期结算资金、证券交易结算资金、期货交易保证金和信托基金专用存款账户，不得支取现金。

(3)基本建设资金、更新改造资金、政策性房地产开发资金、金融机构存入同业资金账户需要支取现金的，应在开户时报中国人民银行当地分支行批准。中国人民银行当地分支行应根据国家现金管理的规定审查批准。

(4)粮、棉、油收购资金，社会保障基金，住房基金和党、团、工会经费等专用存款户支取现金，应按照国家现金管理的规定办理。

(5)收入汇缴账户除向其基本存款账户或预算外资金财政专用存款户划缴款项外，只收不付，不得支取现金。业务支出账户除从其基本存款账户拨入款项外，只付不收，其现金支取必须按照国家现金管理的规定办理。

2. 专用存款账户的开户要求

(1)开户人资格。基本建设资金；更新改造资金；财政预算外资金；粮、棉、油收购资金；证券交易结算资金；期货交易保证金；信托基金；金融机构存放同业资金；政策性房地产开发资金；单位银行卡备用金；住房基金；社会保障基金；收入汇缴资金和业务支出资金；党、团、工会设在单位的组织机构经费；其他需要专项管理和使用的资金。

(2)证明文件。开立基本存款账户规定的证明文件、基本存款账户开户登记证和相关批文或证明。同一个证明文件，只能开立一个专用存款账户。

3. 专用存款账户的开立程序

除开立预算单位专用存款账户实行核准制外，其他专用存款账户实行备案制。

(八)临时存款账户

临时存款账户是存款人因临时需要并在规定期限内使用而开立的银行结算账户。

1. 临时存款账户的适用范围

临时存款账户是存款人因临时需要并在规定期限内使用而开立的银行结算账户。临时存款账户用于办理临时机构以及存款人临时经营活动发生的资金收付。

2. 临时存款账户的开户要求

(1)开户人资格。设立临时机构；异地临时经营活动；注册验资；境外(含港澳台地区)机构在境内从事经营活动；等等。

(2)证明文件。临时机构，应出具其驻在地主管部门同意设立临时机构的批文。异地建筑施工及安装单位，应出具其营业执照正本或其隶属单位的营业执照正本，以及施工及安装地建设主管部门核发的许可证或建筑施工及安装合同。异地从事临时经营活动的单位，应出具其营业执照正本以及临时经营地工商行政管理部门的批文。注册验资资金，应出具工商行政管理部门核发的企业名称预先核准通知书或有关部门的批文。

3. 临时存款账户的开立程序

存款人申请开立临时存款账户时，应填制开户申请书，提供规定的证明文件；银行应对存款人的开户申请书填写的事项和证明文件的真实性、完整性、合规性进行认真审查；银行应将存款人的开户资料报送中国人民银行当地分支行，中国人民银行应于2个工作日内对银行报送的专用存款账户的开户资料的合规性予以审核，符合开户条件的，予以核准，颁发临时存款账户许可证，办理开户手续，银行自开户之日起3个工作日内通知基本存款账户开户银行。

(九)个人银行结算账户

个人银行结算账户是自然人因投资、消费、结算等而开立的可办理支付结算业务的存款账户。

1. 个人银行结算账户的使用范围

个人银行结算账户用于办理个人转账收付和现金支取，储蓄账户仅限于办理现金存取业务，不得办理转账结算。

2. 个人银行结算账户的开户要求

(1)开户人资格。使用支票、信用卡等信用支付工具的；办理汇兑、定期借记、定期贷记、借记卡登记结算业务的。

(2)证明文件。身份证件：银行为个人开立银行结算账户时，根据需要还可要求申请人出具户口簿、驾驶执照、护照等有效证件。

3. 个人银行结算账户的开立程序

根据《银行账户管理办法》的有关规定，存款人申请开立个人存款账户时，应填制开户申请书，提供规定的证明文件；银行应对存款人的开户申请书填写的事项和证明文件的真实性、完整性、合规性进行认真审查；符合开立条件的，银行应办理开户手续，并于开户之日起5个工作日内向中国人民银行当地分支行备案。

(十)异地银行结算账户

异地银行结算账户是指存款人符合法定条件，根据需要在异地开立相应的银行结算账户。

1. 异地银行结算账户的使用范围

《银行账户管理办法》突破了账户只能属地开立、属地管理的原则，规定单位或个人只要符合相关条件，均可根据需要在异地开立相应的银行结算账户。

2. 异地银行结算账户的开户要求

(1)开户人资格。营业执照注册地与经营地不在同一行政区域(跨省、市、县)需要开立基本存款账户的；办理异地借款和其他结算需要开立一般存款账户的；存款人因附属的非独立核算单位或派出机构发生的收入汇缴或业务支出需要开立专用存款账户的；异地临时经营活动需要开立临时存款账户的；自然人根据需要在异地开立个人银行结算账户的。

(2)证明文件。经营地与注册地不在同一行政区域的存款人，在异地开立基本存款账户的，应出具注册地中国人民银行分支行的未开立基本存款账户的证明；异地借款的存款人，在异地开立一般存款账户的，应出具在异地取得贷款的借款合同；因经营需要在异地办理收入汇缴和业务支出的存款人，在异地开立专用存款账户的，应出具隶属单位的证明。

属于上述后两种情况的，还应出具基本存款账户开户登记证。

3. 异地银行结算账户的开立程序

根据其账户的种类不同，开立程序与前述相关账户开立的程序相同。

三、票据结算

（一）票据的概念、种类及特征

根据我国《票据法》的规定，票据是指由出票人签发的、约定自己或者委托付款人在见票时或指定的日期向收款人或持票人无条件支付一定金额的有价证券。

票据有广义和狭义之分。广义的票据包括各种有价证券和商业凭证，如：汇票、本票、支票、股票、股息单、国库券、发票、提单、仓单等；狭义的票据仅指《票据法》所规定的内容，即汇票（包括银行汇票和商业汇票）、本票和支票。

票据具有如下特征：

（1）票据是出票人依法签发的有价证券。法律依据不同的票据种类，规定了不同的形式，出票人必须依照法律规定的要求签发相关票据，否则不受法律的保护。

（2）票据以支付一定金额为目的。支付“票据金额”是票据签发和转让的最终目的，票据上的权利义务关系只有在票据金额得到全部支付后才归于消灭。

（3）票据所表示的权利与票据不可分离。票据权利的发生，必须作成票据；票据权利的转让，必须交付票据；票据权利的行使，必须提示票据。权利与票据融为一体。

（4）票据所记载的金额由出票人自行支付或委托他人支付。由出票人自行支付的是本票，由出票人委托他人支付的是汇票和支票。

（5）票据的持票人只要向付款人提示票据，付款人即应无条件向持票人或收款人支付票据金额，而不问票据取得的原因是否无效或有瑕疵。

（6）票据是一种可转让的证券。我国《票据法》规定的票据均为记名票据，必须通过背书的方式进行转让。

（二）票据当事人

票据当事人，也称票据法律关系主体，是指票据法律关系中享有票据权利、承担票据义务的当事人。票据当事人可分为基本当事人和非基本当事人。

1. 基本当事人

基本当事人是指在票据作成和交付时就已存在的当事人，是构成票据法律关系的必要主体，包括出票人、付款人和收款人。

出票人是指依法签发票据交付给收款人的人；收款人是指票据到期后有权收取票据所记载金额的人，又称票据权利人；付款人是指由出票人委托付款或自行承担付款责任的人。在汇票及支票中有出票人、付款人与收款人，在本票中只有出票人和收款人。基本当事人不存在或不完全，票据上法律关系就不能成立，票据就无效。

2. 非基本当事人

非基本当事人是指在票据作成并交付后，通过一定的票据行为加入票据关系而享有一定权利、义务的当事人，包括承兑人、背书人、被背书人、保证人等。

承兑人是指接受汇票出票人的付款委托，同意承担支付票款义务的人，它是汇票的主债务人；背书人是指在转让票据时，在票据背面或粘单上签字或盖章，将该票据交付给受让人的票据收款人或持有人（称为前手）；被背书人是指被记名受让票据或接受票据转让的人（称为后手）；保证人是指为票据债务提供担保的人，由票据债务人以外的第三人担当。票据上的非基本当事人可以有两个名称，即双重身份，如汇票中的付款人称为承兑人、承兑汇票后第一次背书人等。非基本当事人是否存在，完全取决于相应票据行为是否发生，不同票据上可能出现的票据当事人也有所不同。

（三）票据的权利和责任

票据活动应当遵守法律、行政法规，不得损害社会公共利益。票据的签发、取得和转让，必须具有真实的交易关系和债权债务关系。

1. 票据权利

我国《票据法》指出，票据权利是持票人向票据债务人请求支付票据金额的权利，包括付款请求权和追索权。

付款请求权是指持票人向汇票的承兑人、本票的出票人、支票的付款人出示票据要求付款的权利，是第一顺序权利，又称主要票据权利。行使付款请求权的持票人可以是票据记载收款人或最后的被背书人。

票据追索权是指票据当事人行使付款请求权遭到拒绝或其他法定原因存在时，向其前手请求偿还票据金额及其他法定费用的权利，是第二顺序权利，又称偿还请求权。行使追索权的当事人除票据记载收款人和最后被背书人外，还可能是代为清偿票据债务的保证人、背书人。

我国《票据法》规定，票据权利在下列期限内不行使而消灭：

（1）持票人对票据的出票人和承兑人的权利，自票据到期日起2年。见票即付的汇票、本票，自出票日起2年。

（2）持票人对支票出票人的权利，自出票日起6个月。

（3）持票人对前手的追索权，自被拒绝承兑或者被拒绝付款之日起6个月。

（4）持票人对前手的再追索权，自清偿或者被提起诉讼之日起3个月。注意：票据权利丧失但仍然享有民事权利。

票据的出票日、到期日由票据当事人依法确定。同时，我国《票据法》还规定，持票人因超过票据权利时效或者因票据记载事项欠缺而丧失票据权利的，仍享有民事权利，可以请求出票人或者承兑人返还其与未支付的票据金额相当的利益。

2. 票据责任

我国《票据法》指出，票据责任是票据债务人向持票人支付票据金额的义务。它是基于债务人特定的票据行为而应承担的义务，不具有制裁性质，主要包括付款义务和偿还义务。

（1）汇票的承兑人因为承兑而承担付款义务。

（2）本票的出票人因为出票而承担自己付款的义务。

（3）支票付款人在与出票人有资金关系时承担付款义务。

（4）汇票、本票、支票的背书人，汇票、支票的出票人、保证人，在票据不获承兑或不获付款时承担付款清偿义务。

（四）票据行为

票据行为是指能够产生票据权利与义务关系的法律行为。我国《票据法》规定的票据行为是指票据当事人以发生票据债务为目的，以在票据上签名或盖章为权利义务成立要件的法律行为，包括出票、背书、承兑和保证。

出票，是指行为人签发票据并将其交付给收款人的行为。背书，是指持票人依法定方式在票据的背面或者粘单上记载有关事项并签章，以实现转让票据权利或法律允许的其他目的的行为。承兑，是指汇票付款人承诺在汇票到期日支付汇票金额并签章的行为。保证，是指票据债务人以外的，为担保特定债务人履行票据债务而在票据上记载有关事项并签章的行为。

(五)票据记载事项

票据记载事项是指依法在票据上记载票据相关内容的行为。票据记载事项分为绝对记载事项、相对记载事项和任意记载事项。

四、银行汇票

银行汇票是出票银行签发的，由其在见票时按照实际结算金额无条件支付给收款人或者持票人的票据。

(一)出票

1. 签发

银行汇票的出票银行为银行汇票的付款人，银行签发票据并将其交付给收款人。银行汇票的付款地为代理付款人或出票人所在地。单位和个人各种款项的结算，均可使用银行汇票。银行汇票没有票面金额起点限制，也没有最高限额。

银行汇票一般用于转账，填明"现金"字样的银行汇票也可以用于支取现金。银行汇票的提示付款期限为自出票日起1个月，持票人超过付款期限提示付款的，代理付款人不予受理。持票人须在票据权利时效内向出票银行做出说明，并提供本人身份证明或单位证明，持银行汇票和解讫通知向出票银行请求付款。

2. 银行汇票出票的记载事项

(1)绝对记载事项。银行汇票的绝对记载事项是《中华人民共和国票据法》规定必须在汇票上记载的事项，如果欠缺记载，银行汇票便无效。《中华人民共和国票据法》第二十二条规定汇票必须记载下列事项：①表明"汇票"的字样；②无条件支付的委托；③确定的金额；④付款人名称；⑤收款人名称；⑥出票日期；⑦出票人签章。

汇票上未记载前款规定事项之一的，汇票无效。

(2)相对记载事项。银行汇票的相对记载事项也是应当清楚、明确记载的事项，但是，这些事项如果没有在银行汇票上记载，并不会影响汇票本身的效力，银行汇票仍然有效。而这些没有记载的事项可以通过法律的直接规定来确定。《中华人民共和国票据法》明确规定了下列三个事项为银行汇票的相对记载事项：①付款日期；②付款地；③出票地。银行汇票上未记载付款日期的，为见票即付；未记载付款地的，付款人的营业场所、住所或者经常居住地为付款地；未记载出票地的，出票人的营业场所、住所或者经常居住地为出票地。

付款日期可以按照下列形式之一记载：①见票即付；②定日付款；③出票后定期付款；④见票后定期付款。这里的付款日期指的是汇票到期日。

(3)任意记载事项。银行汇票的任意记载事项(也称非法定记载事项)是指法律规定以外的记载事项。《中华人民共和国票据法》规定，银行汇票上可以记载《中华人民共和国票据法》规定的事项以外的其他出票事项，但是该记载事项不具有汇票上的效力。

(二)背书

1. 背书的概念

背书是指在票据背面或者粘单上记载有关事项并签章的票据行为。持票人可以将汇票权利转让给他人或者将一定的汇票权利授予他人行使。需要注意的是，背书必须连续。出票人在汇票上记载"不得转让"字样的，汇票不得转让。票据凭证不能满足背书人记载事项的需要，可以加附粘单，粘附于票据凭证上。但是，粘单上的第一记载人，应当在汇票和粘单的粘接处签章。

2. 背书的记载事项

(1)绝对记载事项。被背书人名称、背书人签章。

(2)相对记载事项。背书日期。

3. 不得附有条件

背书时附有条件的，所附条件不具有汇票上的效力。将汇票金额的一部分转让的背书或者将汇票金额分别转让给两人以上的背书无效。

4. 不得背书转让的情形

(1)背书记载"委托收款"字样的，被背书人有权代背书人行使被委托的汇票权利，但是被背书人不得再以背书转让汇票权利。

汇票可以设定质押；质押时应当以背书记载"质押"字样。被背书人依法实现其质权时，可以行使汇票权利。

(2)汇票被拒绝承兑、被拒绝付款或者超过付款提示期限的，不得背书转让；背书转让的，背书人应当承担汇票责任。

(三)承兑

1. 承兑的概念

银行汇票的承兑是指付款银行承诺在汇票到期日支付汇票金额的票据行为。

定日付款或者出票后定期付款的汇票，持票人应当在汇票到期日前向付款人提示承兑。

见票后定期付款的汇票，持票人应当自出票日起 1 个月内向付款人提示承兑。汇票未按照规定期限提示承兑的，持票人丧失对其前手的追索权。

见票即付的汇票无需提示承兑。

2. 银行汇票付款银行的责任与义务

在接到持票人向其提示承兑的汇票时，向持票人签发收到汇票的回单，记明汇票提示承兑日期并签章，付款银行应当自收到提示承兑的汇票之日起 3 日内承兑或者拒绝承兑，付款银行拒绝承兑时，必须出具拒绝承兑的证明。

付款银行承兑汇票的，应当在汇票正面记载"承兑"字样和承兑日期并签章；见票后定期付款的汇票，应当在承兑时记载付款日期。同时，付款银行承兑汇票，不得附有条件；承兑附有条件的，视为拒绝承兑。付款银行承兑汇票后，应当承担到期付款的责任。

(四)保证

1. 保证的概念

银行汇票的保证，是指付款银行以外的保证人，为担保银行履行票据债务而在票据上记载有关事项并签章的行为。

2. 必须记载的事项

保证人必须在汇票或者粘单上记载下列事项：表明"保证"的字样；保证人名称和住所；被保证人的名称；保证日期；保证人签章。

保证人在汇票或者粘单上未记载被保证人的名称的，已承兑的汇票，承兑人为被保证人；未承兑的汇票，出票人为被保证人。

保证人在汇票或者粘单上未记载保证日期的，出票日期为保证日期。

3. 不得附有条件

保证不得附有条件；附有条件的，不影响对汇票的保证责任。

4. 保证人的权利与义务

(1)保证人的权利。保证人清偿汇票债务后，可以行使持票人对被保证人及其前手的追索权。

(2)保证人的义务。保证人对合法取得汇票的持票人所享有的汇票权利承担保证责任。但是，被保证人的债务因汇票记载事项欠缺而无效的除外。

被保证的汇票，保证人应当与被保证人对持票人承担连带责任。保证人为 2 人以上的，保证人之间承担连带责任。

(五)付款

1. 票据持有人提示付款

持票人应当按照下列期限提示付款：(1)见票即付的汇票，自出票日起 1 个月内向付款人提示付款；(2)定日付款、出票后定期付款或者见票后定期付款的汇票，自到期日起 10 日内向承兑人提示付款。

持票人未按照前款规定期限提示付款的，在作出说明后，承兑人或者付款人仍应当继续对持票人承担付款责任。通过委托收款银行或者通过票据交换系统向付款人提示付款的，视同持票人提示付款。

2. 付款银行付款

持票人提示付款的，付款银行必须在当日足额付款。付款银行及其代理付款人付款时，应当审查汇票背书的连续，并审查提示付款人的合法身份证明或者有效证件，若以恶意或者有重大过失付款的，应当由付款银行或代理付款人自行承担责任。依法足额付款后，全体汇票债务人的责任解除。

(六)追索权

1. 持票人行使追索权的情形

汇票到期日前，汇票被拒绝承兑的；承兑人或者付款人死亡、逃匿的；承兑人或者付款人被依法宣告破产的或者因违法被责令终止业务活动的；或者，汇票到期被拒绝付款的，持票人持被拒绝承兑或者被拒绝付款的有关证明或其他证明，可以对背书人、出票人以及汇票的其他债务人行使追索权。无相关证明的，丧失对其前手的追索权，但是承兑人或者付款人仍应当对持票人承担责任。

2. 相关各方的权利与义务

(1)权利。

①持票人可以不按照汇票债务人的先后顺序，对其中任何一人、数人或者全体行使追索权。

②持票人行使追索权，可以请求被追索人支付下列金额和费用：被拒绝付款的汇票金额；汇票金额自到期日或者提示付款日起至清偿日止，按照中国人民银行规定的利率计算的利息；取得有关拒绝证明和发出通知书的费用。

③被追索人依照前条规定清偿后，可以向其他汇票债务人行使再追索权，请求其他汇票债务人支付下列金额和费用：已清偿的全部金额；前项金额自清偿日起至再追索清偿日止，按照中国人民银行规定的利率计算的利息；发出通知书的费用。

持票人对汇票债务人中的一人或者数人已经进行追索的，对其他汇票债务人仍可以行使追索权。被追索人清偿债务后，与持票人享有同一权利。

(2)义务。

①汇票的出票人、背书人、承兑人和保证人对持票人承担连带责任。

②持票人为出票人的，对其前手无追索权。持票人为背书人的，对其后手无追索权。

③被追索人清偿债务时，持票人应当交出汇票和有关拒绝证明，并出具所收到利息和费用的收据。

④行使再追索权的被追索人获得清偿时，应当交出汇票和有关拒绝证明，并出具所收到利息和费用的收据。

被追索人依照规定清偿债务后，其责任解除。

五、银行本票

银行本票是银行机构签发的，承诺自己在见票时无条件支付确定的金额给收款人或者持票人的票据。银行本票分为不定额本票和定额本票两种。

(一)出票

1. 签发

本票出票人的资格由中国人民银行审定，具体管理办法由中国人民银行规定。必须具有支付本票金额的可靠资金来源，并保证支付。本票自出票日起，付款期限最长不得超过 2 个月。单位和个人在同一票据交换区域需要支付各种款项时，均可使用银行本票。银行本票可以用于转账，注明“现金”字样的银行本票可以用于支取现金。

2. 银行本票的记载事项

(1)绝对记载事项。《中华人民共和国票据法》规定，银行本票的绝对记载事项包括：表明“本票”的字样；无条件支付的承诺；确定的金额；收款人名称；出票日期；出票人签章。本票上未记载规定事项之一的，本票无效。

(2)相对记载事项。《中华人民共和国票据法》规定，银行本票的相对记载事项包括付款地、出票地。

未记载付款地的，出票人的营业场所为付款地；未记载出票地的，出票人的营业场所为出票地。

(二)银行本票的背书、保证、付款行为和追索权

银行本票的背书、保证、付款行为和追索权的行使，除规定外，适用上述有关汇票的规定。但需注意，本票的持票人未按照规定期限提示见票的，丧失对出票人以外的前手的追索权。

六、支票

支票是出票人签发的，委托办理支票存款业务的银行或者其他金融机构在见票时无条件支付确定的金额给收款人或者持票人的票据。

支票分为现金支票、转账支票和普通支票。现金支票只能用于支取现金。转账支票只能用于转账。普通支票可用于支取现金，也可用于转账。在普通支票左上角划两条平行线的，为划线支票。划线支票只能用于转账，不能支取现金。

(一)出票

1. 出票的概念

支票的出票人是单位和个人；支票的付款人为支票上记载的出票人开户银行；支票的付款地为付款人所在地。

2. 记载事项

(1)绝对记载事项。《中华人民共和国票据法》第八十四条规定，支票必须记载下列事项：①表明“支票”的字样；②无条件支付的委托；③确定的金额；④付款人名称；⑤出票日期；⑥出票人签章。

欠缺记载上列事项之一的，支票都为无效。支票的金额、收款人名称，可以由出票人授权补记，未补记前不得背书转让。

(2)相对记载事项。《中华人民共和国票据法》还规定了支票的两项相对记载事项，即付款地和出票地。

支票上未记载付款地的，付款人的营业场所为付款地；支票上未记载出票地的，出票人的营业场所、居住地为出票地。

特别注意的是，与前面所述汇票和本票不同，支票的出票人可以记载自己为收款人。

3. 不得发生的事项

(1)不得签发空头支票。支票的出票人所签发的支票金额不得超过其付款时在付款人处实有的存款金额。

(2)支票的出票人不得签发与其预留本名的签名式样或者印鉴不符的支票。

(3)出票人必须按照签发的支票金额承担向该持票人付款的责任。出票人在付款人处的存款足以支付支票金额时，付款人应当在当日足额付款。

(4)不得另行记载付款日期。支票限于见票即付，另行记载付款日期的，该记载无效。

(二)付款

支票的付款是指付款人根据持票人的请求向其支付金额的行为。支票限于见票即付，不得另行记载付款日期。另行记载付款日期的，该记载无效。

1. 权利

付款人依法支付支票金额的，对出票人不再承担受委托付款的责任，对持票人不再承担付款的责任。但是，付款人以恶意或者有重大过失付款的除外。

2. 义务

(1)支票的持票人应当自出票日起 10 日内提示付款；异地使用的支票，其提示付款的期限由中国人民银行另行规定。超过提示付款期限的，付款人可以不予付款，但是付款人不予付款的，出票人仍应当对持票人承担票据责任。

(2)出票人在付款人处的存款足以支付支票金额时，付款人应当在当日足额付款。

(三)支票的背书、付款行为和追索权

支票的背书、付款行为和追索权的行使，除支票的有关规定外，适用《中华人民共和国票据法》有关汇票的规定。

(四)支票的办理要求

1. 领购要求

存款人领购支票，必须填写“票据和结算凭证领用单”并签章，签章应与预留银行的签章相符。存款账户结清时，必须将全部剩余空白支票交回银行注销。

2. 签发要求

(1)签发支票应使用碳素墨水或墨汁填写。

(2)签发现金支票和用于支取现金的普通支票必须符合国家现金管理的规定。

(3)支票的出票人签发支票的金额不得超过付款时在付款人处实有的金额。禁止签发空头支票。

(4)支票的出票人预留的签章是银行审核支票付款的依据。银行也可以与出票人约定使用支付密码,作为银行审核支付支票金额的条件。

(5)出票人不得签发与其预留银行签章不符的支票;使用支付密码的,出票人不得签发支付密码错误的支票。

(6)出票人签发空头支票、签章与预留银行签章不符的支票,使用支付密码的地区,支付密码错误的支票,银行应予退票,并按票面金额处以5%但不低于1 000元的罚款;持票人有权要求出票人赔偿支票金额5%的赔偿金。对屡次签发的,银行应停止其签发支票。

(7)支票的提示付款期限为自出票日起10日内,超过提示付款期限提示付款的,持票人开户银行不予受理,付款人不予付款。

3. 填写要求

(1)日期为实际出票日期;支票正联出票日期必须使用中文大写,支票存根部分出票日期可用阿拉伯数字书写。

(2)收款单位名称为全称,并与预留银行印鉴中单位名称保持一致;如是本单位自行提取现金,可填为“本单位”。

(3)如实写明用途,存根联与支票正联填写的用途应一致。

(4)大写金额应紧接“人民币”书写,不得留有空白,以防加填;大小写金额要对应,要按规定书写。阿拉伯小写金额数字前面,均应填写人民币符号“¥”。阿拉伯小写金额数字要认真填写,不得连写,以免分辨不清。

(5)在签发人签章处按预留银行印鉴分别签章,签章不能缺漏。

(6)支票签发后,将支票从存根联与正联之间骑缝线剪开,正联交给收款人。

4. 兑付支票的要求

(1)持票人可以委托开户银行收款或直接向付款人提示付款。用于支取现金的支票仅限于收款人向付款人提示付款。

(2)持票人委托开户银行收款时,应作委托收款背书,在支票背面背书人签章栏签章,记载“委托收款”字样、背书日期,在被背书人栏记载开户银行名称,并将支票和填制的进账单送交开户银行。

(3)持票人持用于转账的支票向付款人提示付款时,应在支票背面背书人签章栏签章,并将支票和填制的进账单送交出票人开户银行。收款人持用于支取现金的支票向付款人提示付款时,应在支票背面“收款人签章”处签章,持票人为个人的,还需交验本人身份证件,并在支票背面注明证件名称、号码及发证机关。

(4)收款人持有用于支取现金的支票向付款人提示付款时,应在支票背面“收款人签章”处签章,持票人为个人的,还需交验本人身份证件,并在支票背面注明证件名称、号码及发证机关。

(5)出票人在付款人处的存款足以支付支票金额时,付款人应当在见票当日足额付款。

七、商业汇票

商业汇票是出票人签发的,委托付款人在指定日期无条件支付确定的金额给收款人或者持票人的票据。

商业汇票分为商业承兑汇票和银行承兑汇票。商业承兑汇票由银行以外的付款人承兑；银行承兑汇票由银行承兑。商业汇票的付款人为承兑人。根据有关规定，商业汇票的付款期限最长不超过 6 个月；商业汇票的提示付款期限，为自汇票到期日起 10 日内。

（一）出票

1. 概念

在银行开立存款账户的法人以及其他组织之间，必须具有真实的交易关系或债权债务关系，才能使用商业汇票。并且，出票人不得签发无对价的商业汇票用以骗取银行或者其他票据当事人的资金。

银行承兑汇票的出票人必须具备下列条件：(1)在承兑银行开立存款账户的法人以及其他组织；(2)与承兑银行具有真实的委托付款关系；(3)资信状况良好，具有支付汇票金额的可靠资金来源。

2. 记载事项

(1)绝对记载事项。①表明“商业承兑汇票”或“银行承兑汇票”的字样；②无条件支付的委托；③确定的金额；④付款人名称；⑤收款人名称；⑥出票日期；⑦出票人签章。

欠缺记载上列事项之一的，商业汇票无效。

(2)相对记载事项。《中华人民共和国票据法》规定，汇票上记载付款日期、付款地、出票地等事项的，应当清楚、明确。①汇票上未记载付款日期的，为见票即付；②汇票上未记载付款地的，付款人的营业场所、住所或者经常居住地为付款地；③汇票上未记载出票地的，出票人的营业场所、住所或者经常居住地为出票地。

此外，汇票上可以记载非法定记载事项，但这些事项不具有汇票上的效力。

3. 不得发生的事项

出票人不得签发无对价的商业汇票用以骗取银行或者其他票据当事人的资金。

（二）承兑

承兑是指汇票付款人承诺在汇票到期日支付汇票金额的票据行为。承兑是汇票特有的制度，本票和支票都没有承兑。商业承兑汇票可以由付款人签发并承兑，也可以由收款人签发交由付款人承兑。

1. 承兑人

商业承兑汇票可以由付款人签发并承兑，也可以由收款人签发交由付款人承兑。银行承兑汇票应由在承兑银行开立存款账户的存款人签发。

商业汇票的承兑银行必须具备下列条件：(1)与出票人具有真实的委托付款关系；(2)具有支付汇票金额的可靠资金；(3)内部管理完善，经其法人授权的银行审定。

2. 承兑时间

商业汇票可以在出票时向付款人提示承兑后使用，也可以在出票后先使用再向付款人提示承兑。定日付款或者出票后定期付款的商业汇票，持票人应当在汇票到期日前向付款人提示承兑。见票后定期付款的汇票，持票人应当自出票日起 1 个月内向付款人提示承兑。

汇票未按照规定期限提示承兑的，持票人丧失对其前手的追索权。

3. 相关各方的权利与义务

(1)付款人承兑商业汇票，应当在汇票正面记载“承兑”字样和承兑日期并签章。

(2)付款人承兑商业汇票，不得附有条件；承兑附有条件的，视为拒绝承兑。

(3)银行承兑汇票的承兑银行,应按票面金额向出票人收取万分之五的手续费。

(三)付款

1. 付款人

商业汇票的付款人接到出票人或持票人向其提示承兑的汇票时,应当向出票人或持票人签发收到汇票的回单,记明汇票提示承兑日期并签章。付款人应当在自收到提示承兑的汇票之日起3日内承兑或者拒绝承兑。付款人拒绝承兑的,必须出具拒绝承兑的证明。银行承兑汇票承兑时,银行信贷部门必须对出票人的资信情况等进行严格审查,并与出票人签订承兑协议。

2. 付款期限

商业汇票的付款期限最长不得超过6个月。(1)定日付款的汇票付款期限自出票日起计算,并在汇票上记载具体的到期日。(2)出票后定期付款的汇票付款期限自出票日起按月计算,并在汇票上记载。(3)见票后定期付款的汇票付款期限自承兑或拒绝承兑日起按月计算,并在汇票上记载。

付款人依法足额付款后,全体汇票债务人的责任解除。付款人依照票据文义支付票据金额之后,票据关系随之消灭,汇票上的全体债务人的责任便予以解除。

(四)贴现

1. 贴现的条件

商业汇票的持票人向银行办理贴现必须具备下列条件:(1)在银行开立存款账户的企业法人以及其他组织;(2)与出票人或者直接前手之间具有真实的商品交易关系;(3)提供与其直接前手之间的增值税发票和商品发运单据复印件。

2. 贴现、转贴现和再贴现

贴现、转贴现和再贴现的期限从其贴现之日起至汇票到期日止。实付贴现金额按票面金额扣除贴现日至汇票到期前1日的利息计算。承兑人在异地的,贴现、转贴现和再贴现的期限以及贴现利息的计算应另加3天的划款日期。贴现、转贴现、再贴现银行同样有对其前手的追索权。

八、非票据核算

(一)信用卡

1. 概念

信用卡是指商业银行向个人和单位发行的,凭以向特约单位购物、消费和向银行存取现金,且具有消费信用的特制载体卡片。信用卡按使用对象分为单位卡和个人卡;按信誉等级分为金卡和普通卡。

2. 发卡条件

商业银行(包括外资银行、合资银行)、非银行金融机构未经中国人民银行批准不得发行信用卡。非金融机构、境外金融机构的驻华代表机构不得发行信用卡和代理收单结算业务。

申请发行信用卡的银行、非银行金融机构,必须具备下列条件:(1)符合中国人民银行颁布的商业银行资产负债比例监控指标;(2)相应的管理机构;(3)合格的管理人员和技术人员;(4)健全的管理制度和安全制度;(5)必要的电信设备和营业场所;(6)中国人民银行规定的其他条件。

3. 申领与销户

凡在中国境内金融机构开立基本存款账户的单位可申领单位卡。单位卡可申领若干张，持卡人资格由申领单位法定代表人或其委托的代理人书面指定和注销。凡具有完全民事行为能力的公民可申领个人卡。个人卡申领的附属卡最多不得超过2张，并有权要求注销其附属卡。

4. 信用卡使用的主要规定

(1)单位卡账户的资金一律从其基本存款账户转账存入，不得交存现金，不得将销货收入的款项存入其账户。个人卡账户的资金以其持有的现金存入或以其工资性款项及属于个人的劳务报酬收入转账存入。严禁将单位的款项存入个人卡账户。

(2)信用卡仅限于合法持卡人本人使用，持卡人不得出租或转借信用卡。

(3)持卡人可持信用卡在特约单位购物、消费。单位卡不得用于10万元以上的商品交易、劳务供应款项的结算。持卡人凭卡购物、消费时，需将信用卡和身份证件一并交特约单位。智能卡(下称IC卡)、照片卡可免验身份证件。

(4)特约单位不得通过压卡、签单和退货等方式支付持卡人现金。

(5)单位卡一律不得支取现金。信用卡透支额，金卡最高不得超过1万元，普通卡最高不得超过5 000元。信用卡透支期限最长为60天。持卡人使用信用卡不得发生恶意透支。

(6)信用卡丧失，持卡人应立即持本人身份证件或其他有效证明，并按规定提供有关情况，向发卡银行或代办银行申请挂失。发卡银行或代办银行审核后办理挂失手续。

(二)汇兑

1. 概念

汇兑是汇款人委托银行将其款项支付给收款人的结算方式。单位和个人的各种款项的结算，均可使用汇兑结算方式，同城异地均可。汇兑分为信汇、电汇两种，由汇款人选择使用。

2. 签发汇兑凭证必须记载下列事项：

(1)表明“信汇”或“电汇”的字样；(2)无条件支付的委托；(3)确定的金额；(4)收款人名称；(5)汇款人名称；(6)汇入地点、汇入行名称；(7)汇出地点、汇出行名称；(8)委托日期；(9)汇款人签章。

3. 汇兑的撤销和退汇

(1)汇兑的撤销。汇款人对汇出银行尚未汇出的款项可以申请撤销。申请撤销时，应出具正式函件或本人身份证件及原信、电汇回单。汇出银行查明确未汇出款项的，收回原信、电汇回单，方可办理撤销。

(2)申请退汇。汇款人对汇出银行已经汇出的款项可以申请退汇。对在汇入银行开立存款账户的收款人，由汇款人与收款人自行联系退汇；对未在汇入银行开立存款账户的收款人，汇款人应出具正式函件或本人身份证件以及原信、电汇回单，由汇出银行通知汇入银行，经汇入银行核实汇款确未支付，并将款项汇回汇出银行，方可办理退汇。转汇银行不得受理汇款人或汇出银行对汇款的撤销或退汇。汇入银行对于收款人拒绝接受的汇款，应即办理退汇。汇入银行对于向收款人发出取款通知，经过2个月无法交付的汇款，应主动办理退汇。

(三)托收承付

1. 概念及办理要求

托收承付是根据购销合同由收款人发货后委托银行向异地付款人收取款项，由付款人向银行承认付款的结算方式。使用托收承付结算方式的收款单位和付款单位，必须是国有企业、供销合作社以及经营管理较好，并经开户银行审查同意的城乡集体所有制工业企业。办理托收承付结算的款项，必须是商品交易，以及因商品交易而产生的劳务供应的款项。代销、寄销、赊销商品的款项，不得办理托收承付结算。

2. 对收付双方的要求

(1)收付双方使用托收承付结算必须签有符合《经济合同法》的购销合同，并在合同上订明使用托收承付结算的方式。

(2)收付双方办理托收承付结算，必须重合同、守信用。收款人对同一付款人发货托收累计3次收不回货款的，收款人开户银行应暂停收款人向该付款人办理托收；付款人累计3次提出无理拒付的，付款人开户银行应暂停其向外办理托收。

(3)收款人办理托收，必须具有商品确已发运的证件(包括铁路、航运、公路等运输部门签发的运单、运单副本和邮局包裹回执)。

(4)托收承付结算每笔的金额起点为1万元。新华书店系统每笔的金额起点为1 000元。

3. 资金结算

(1)托收。收款人按照签订的购销合同发货后，委托银行办理托收。

(2)承付。付款人开户银行收到托收凭证及其附件后，应当及时通知付款人。通知的方法，可以根据具体情况与付款人签订协议，采取付款人自取、派人送达、邮寄等方法。付款人应在承付期内审查核对，安排资金。

承付货款分为验单付款和验货付款两种，由收付双方商量选用，并在合同中明确规定。

(3)逾期付款。付款人在承付期满日银行营业终了时，如无足够资金支付，其不足部分，即为逾期未付款项，按逾期付款处理。

(4)拒绝付款。对下列情况，付款人在承付期内，可向银行提出全部或部分拒绝付款：

①没有签订购销合同或购销合同未订明托收承付结算方式的款项。

②未经双方事先达成协议，收款人提前交货或因逾期交货付款人不再需要该项货物的款项。

③未按合同规定的到货地址发货的款项。

④代销、寄销、赊销商品的款项。

⑤验单付款，发现所列货物的品种、规格、数量、价格与合同规定不符，或货物已到，经查验货物与合同规定或发货清单不符的款项。

⑥验货付款，经查验货物与合同规定或与发货清单不符的款项。

⑦货款已经支付或计算有错误的款项。

不属于上述情况的，付款人不得向银行提出拒绝付款。

4. 重办托收。

收款人对被无理拒绝付款的托收款项，在收到退回的结算凭证及其所附单证后，需要委托银行重办托收，应当填写四联"重办托收理由书"，将其中三联连同购销合同、有关证据和退回的原托收凭证及交易单证，一并送交银行。

收款人开户银行对逾期尚未划回，又未收到付款人开户银行寄来逾期付款通知或拒绝付款理由书的托收款项，应当及时发出查询。付款人开户银行要积极查明，及时答复。

付款人提出的拒绝付款，银行按照本办法规定审查无法判明是非的，应由收付双方自行协商处理，或向仲裁机关、人民法院申请调解或裁决。

(四)委托收款

1. 概念及分类

委托收款是收款人委托银行向付款人收取款项的结算方式。单位和个人凭已承兑商业汇票、债券、存单等付款人债务证明办理款项的结算,均可以使用委托收款结算方式。委托收款在同城、异地均可以使用。

委托收款结算款项的划回方式分为邮寄和电报两种,由收款人选用。

2. 必须记载的事项

签发委托收款凭证必须记载下列事项:

(1)表明“委托收款”的字样;(2)确定的金额;(3)付款人名称;(4)收款人名称;(5)委托收款凭据名称及附寄单证张数;(6)委托日期;(7)收款人签章。

欠缺记载上列事项之一的,银行不予受理。

3. 资金结算

(1)委托。收款人办理委托收款应向银行提交委托收款凭证和有关的债务证明。

(2)付款。银行接到寄来的委托收款凭证及债务证明,审查无误后办理付款。

(3)拒绝付款。付款人审查有关债务证明后,对收款人委托收取的款项需要拒绝付款的,可以办理拒绝付款。

第四节　证券法规

一、证券法概念

证券,是指证明某种财产权利的凭证。证券通常分为货币证券、商品证券和资本证券。《中华人民共和国证券法》规定的证券分为股票、公司债券和国务院依法认定的其他证券,如投资基金凭证、非公司企业债券、政府债券等,属于资本证券。证券有要式性、收益性、风险性、平等性和流通性等特征。

证券法,是关于规范证券的发行和交易的法律规范的总称。证券法有狭义和广义之分。狭义的证券法仅指证券法典,广义的证券法是指包括证券法典在内的有关证券的发行和交易在内的法律规范。

随着经济社会的发展,为了规范证券发行和交易行为,保护投资者的合法权益,维护社会经济秩序和社会公共利益,促进社会主义市场经济的发展,全国人民代表大会及其常务委员会制定了《中华人民共和国证券法》(以下简称《证券法》)。

《证券法》规定,证券的发行、交易活动,必须实行公开、公平、公正的原则,必须遵守法律、行政法规;禁止欺诈、内幕交易和操纵证券市场的行为。国务院证券监督管理机构依法对全国证券市场实行集中统一监督管理,并同时依法设立证券业协会,实行自律性管理。

二、证券发行法规

证券发行是指符合发行条件的发行人,以筹集资金为直接目的,依照法律规定的程序和条件向投资者发出要约销售证券的行为。证券发行必须符合发行条件,同时具有严格的程序性。

《证券法》规定,公开发行证券,必须符合法律、行政法规规定的条件,并依法报经国务院证券监督管理机构或者国务院授权的部门核准;未经依法核准,任何单位和个人不得公开发行证券。

(一)证券发行审核制度

综观各国,证券发行审核制度形成了注册制、审批制和核准制等不同的体制。

1. 注册制

注册制又称公开管理原则,是指发行人在发行证券之前,必须将有关公司的各种资料全面、准确地向证券监督管理机关申报、注册。监管机关只对申报材料的全面性、真实性、准确性和及时性进行形式上的审查,如无异议,则申请自动生效,发行人即可发行证券。

2. 核准制

核准制又称实质性管理原则,是指发行人在发行证券的时候,不仅要公开公司的真实情况,而且必须符合法定条件(实质性条件)。在这一制度下,主管机关不仅审核发行公司披露的信息是否全面、真实,而且审核发行公司的股本规模、股本结构、股份分布、经营业绩、产业结构等。对于符合条件的,应予核准;不符合条件的,不予核准。

3. 审批制

审批制是指发行公司只有经审查符合法定条件并获主管机关批准后才能发行证券。在审批制下,政府主管机关不仅对发行申请进行形式上和实质内容方面的审查,而且有权最终决定是否准予发行证券。批准与否的主要依据是国家政策以及部门规章。

我国《证券法》第十条规定,公开发行证券,必须符合法律、行政法规规定的条件,并依法报经国务院证券监督管理机构或者国务院授权的部门核准;未经依法核准,任何单位和个人不得公开发行证券。不过对于企业直接或间接到境外发行证券或者将其证券在境外上市交易,仍实行审批制。

按照注册制的规定,发行人只要履行注册申报程序后,无需具备一定的实质条件就可发行证券。这样投资者仅受信息披露的单重保护,必须根据发行人所公开的资料,独立作出投资判断,投资者较少依赖心理,投资态度比较谨慎,而且大大减轻了证券主管机关的负担,提高其工作效率和发行人的筹资效率。但是,由于受到投资者获得信息的不确定性和其投资判断能力的限制,公开原则无法完全保护投资者的利益,注册制并不能达到其理想的效果,尤其是在证券市场开设时间不长、投资者素质不高的发展中国家与地区。我国正在积极推进注册制的发展。从2013年全国人民代表大会和全国政协委员会上可以看出我国证券发行审核制度的变化趋势。在完善市场基础制度方面,两会代表委员们在新股发行体制改革、修改《证券法》等方面提出了许多真知灼见,为相关改革提供了帮助。2013年证监会发布了《关于进一步推进新股发行体制改革的意见》,这是逐步推进股票发行从核准制向注册制过渡的重要步骤。修订完善了《证券发行与承销管理办法》等配套政策性文件。2014年第十二届全国人民代表大会常务委员会第十次会议通过了《关于修改〈中华人民共和国保险法〉等五部法律的决定》,对《中华人民共和国证券法》进行了修正。目前,证监会正在认真做好股票发行由核准制向注册制过渡的各项准备工作,并抓紧推动《证券法》的修订工作。

为切实提高上市公司质量,推动证券发行制度从核准制向注册制转变,《证券法》还引入了保荐制度。《证券法》第十一条规定,发行人申请公开发行股票、可转换为股票的公司债券,依法采取承销方式的,或者公开发行法律、行政法规规定实行保荐制度的其他证券的,应当聘请具有保荐资格的机构担任保荐人。保荐人应当遵守业务规则和行业规范,诚实守信,勤勉尽责,对发行人的申请文件和信息披露资料进行审慎核查,督导发行人规范运作。

(二)股票的发行

1. 设立股份有限公司公开发行股票的条件及报送文件

《证券法》第十二条规定,设立股份有限公司公开发行股票,应当符合《中华人民共和国公司法》规定的条件和经国务院批准的国务院证券监督管理机构规定的其他条件,向国务院证券监督管理机构报送募股申请和下列文件:

(1)公司章程;(2)发起人协议;(3)发起人姓名或者名称,发起人认购的股份数、出资种类及验资证明;(4)招股说明书;(5)代收股款银行的名称及地址;(6)承销机构名称及有关的协议。

依照本法规定聘请保荐人的,还应当报送保荐人出具的发行保荐书。法律、行政法规规定设立公司必须报经批准的,还应当提交相应的批准文件。

2. 公开发行新股的条件及报送文件

(1)公开发行新股的条件。《证券法》第十三条规定,公司公开发行新股,应当符合下列条件:

①具备健全且运行良好的组织机构;②具有持续盈利能力,财务状况良好;③最近三年财务会计文件无虚假记载,无其他重大违法行为;④经国务院批准的国务院证券监督管理机构规定的其他条件。

上市公司非公开发行新股,应当符合经国务院批准的国务院证券监督管理机构规定的条件,并报国务院证券监督管理机构核准。

(2)公开发行新股需要的文件。《证券法》第十四条规定,公司公开发行新股,应当向国务院证券监督管理机构报送募股申请和下列文件:

①公司营业执照;②公司章程;③股东大会决议;④招股说明书;⑤财务会计报告;⑥代收股款银行的名称及地址;⑦承销机构名称及有关的协议。

依照本法规定聘请保荐人的,还应当报送保荐人出具的发行保荐书。

公司对公开发行股票所募集资金,必须按照招股说明书所列资金用途使用。改变招股说明书所列资金用途,必须经股东大会作出决议。擅自改变用途而未作纠正的,或者未经股东大会认可的,不得公开发行新股。

3. 股份有限公司申请股票在全国股份转让系统(新三板)公开发行新股的条件及申报文件

三板市场起源于2001年“股权代办转让系统”,最早承接两网公司和退市公司,称为“旧三板”。2006年,中关村科技园区非上市股份公司进入代办转让系统进行股份报价转让,称为“新三板”。

(1)新三板挂牌的条件。股份有限公司申请股票在全国股份转让系统(新三板)挂牌,不受股东所有制性质的限制,不限于高新技术企业,应当符合下列条件:

①依法设立且存续满两年。有限责任公司按原账面净资产值折股整体变更为股份有限公司的,存续时间可以从有限责任公司成立之日起计算。

②主营业务突出,具有持续经营能力。

③公司治理结构健全,运作规范。

④股份发行和转让行为合法合规。

⑤取得北京市人民政府出具的非上市公司股份报价转让试点资格确认函。

公司申请股份报价转让试点资格确认函,必须为中关村高新技术企业。依据《高新技术企业认定管理办法》《高新技术企业认定管理工作指引》，高新技术企业是指在《国家重点支持的高新技术领域》内，持续进行研究开发与技术成果转化，形成企业核心自主知识产权，并以此为基础开展经营活动，在中国境内(不包括港、澳、台地区)注册一年以上的居民企业。高新技术企业认定须同时满足以下条件：

a. 在中国境内(不含港、澳、台地区)注册的企业，近三年内通过自主研发、受让、受赠、并购等方式，或通过五年以上的独占许可方式，对其主要产品(服务)的核心技术拥有自主知识产权。

b. 产品(服务)属于《国家重点支持的高新技术领域》规定的范围。

c. 具有大学专科以上学历的科技人员占企业当年职工总数的30%以上，其中研发人员占企业当年职工总数的10%以上。

d. 企业为获得科学技术(不包括人文、社会科学)新知识，创造性运用科学技术新知识，或实质性改进技术、产品(服务)而持续进行了研究开发活动，且近三个会计年度的研究开发费用总额占销售收入总额的比例符合如下要求：最近一年销售收入小于5 000万元的企业，比例不低于6%；最近一年销售收入在5 000万～20 000万元的企业，比例不低于4%；最近一年销售收入在20 000万元以上的企业，比例不低于3%。其中，企业在中国境内发生的研究开发费用总额占全部研究开发费用总额的比例不低于60%。企业注册成立时间不足三年的，按实际经营年限计算。

e. 高新技术产品(服务)收入占企业当年总收入的60%以上。

f. 企业研究开发组织管理水平、科技成果转化能力、自主知识产权数量、销售与总资产成长性等指标符合《高新技术企业认定管理工作指引》的要求。

⑥协会要求的其他条件。

(2)新三板挂牌需要的申报文件。根据《全国中小企业股份转让系统挂牌申请文件内容与格式指引(试行)》的要求，申请挂牌应向全国中小企业股份转让系统提交申请文件(原件一份，复印件两份)。

申报材料主要包括以下四部分：

①要求披露的文件：公开转让说明书及推荐报告。

a. 公开转让说明书(申报稿)；

b. 财务报表及审计报告；

c. 法律意见书、补充法律意见书(如有)；

d. 公司章程；

e. 主办券商推荐报告；

f. 定向发行情况报告书(如有)；

g. 全国股份转让系统公司同意挂牌的函；

h. 中国证监会核准文件；

i. 其他公告文件。

②不要求披露的文件：申请挂牌公司相关文件。

a. 向全国股份转让系统公司提交的申请股票在全国股份转让系统挂牌及定向发行(如有)的报告；

b. 向中国证监会提交的申请股票在全国股份转让系统公开转让及定向发行(如有)的报告；

c. 有关股票在全国股份转让系统公开转让及定向发行(如有)的董事会决议;

d. 有关股票在全国股份转让系统公开转让及定向发行(如有)的股东大会决议;

e. 企业法人营业执照;

f. 股东名册及股东身份证明文件;

g. 董事、监事、高级管理人员名单及持股情况;

h. 申请挂牌公司设立时和最近两年及一期的资产评估报告;

i. 申请挂牌公司最近两年原始财务报表与申报财务报表存在差异时,需要提供差异比较表;

j. 全部股票已经中国证券登记结算有限责任公司登记的证明文件(挂牌前提供);申请挂牌公司全体董事、监事和高级管理人员签署的"董事(监事、高级管理人员)声明及承诺书"(挂牌前提供)。

③主办券商相关文件。

a. 主办券商与申请挂牌公司签订的推荐挂牌并持续督导协议。

b. 尽职调查报告。

c. 尽职调查工作文件:尽职调查工作底稿目录、相关工作记录和经归纳整理后的尽职调查工作表;有关税收优惠、财政补贴的依据性文件;历次验资报告;对持续经营有重大影响的业务合同。

d. 内核意见:内核机构成员审核工作底稿;内核会议记录;对内核会议反馈意见的回复;内核专员对内核会议落实情况的补充审核意见。

e. 主办券商推荐挂牌内部核查表及主办券商对申请挂牌公司风险评估表。

f. 主办券商自律说明书。

g. 主办券商业务备案函复印件(加盖机构公章并说明用途)及项目小组成员任职资格说明文件。

④其他相关文件。

a. 申请挂牌公司全体董事、主办券商及相关中介机构对申请文件真实性、准确性和完整性的承诺书;

b. 相关中介机构对纳入公开转让说明书等文件中由其出具的专业报告或意见无异议的函;

c. 申请挂牌公司、主办券商对电子文件与书面文件保持一致的声明;

d. 律师、注册会计师及所在机构的相关执业证书复印件(加盖机构公章并说明用途);

e. 国有资产管理部门出具的国有股权设置批复文件及商务主管部门出具的外资股确认文件。

(三)债券的发行

1. 公开发行债券的条件

《证券法》第十六条规定,公开发行公司债券应当符合下列条件:

(1)股份有限公司的净资产不低于人民币 3 000 万元,有限责任公司的净资产不低于人民币 6 000 万元;

(2)累计债券余额不超过公司净资产的 40%;

(3)最近三年平均可分配利润足以支付公司债券一年的利息;

(4)筹集的资金投向符合国家产业政策;

(5)债券的利率不超过国务院限定的利率水平；

(6)国务院规定的其他条件。

公开发行公司债券筹集的资金，必须用于核准的用途，不得用于弥补亏损和非生产性支出。上市公司发行可转换为股票的公司债券，除应当符合第一款规定的条件外，还应当符合本法关于公开发行股票的条件，并报国务院证券监督管理机构核准。

2. 公开发行债券的报送文件

我国《证券法》第十七条规定，申请公开发行公司债券，应当向国务院授权的部门或者国务院证券监督管理机构报送下列文件：

(1)公司营业执照；(2)公司章程；(3)公司债券募集办法；(4)资产评估报告和验资报告；(5)国务院授权的部门或者国务院证券监督管理机构规定的其他文件。

依照本法规定聘请保荐人的，还应当报送保荐人出具的发行保荐书。

同时，我国《证券法》第十八条规定，有下列情形之一的，不得再次公开发行公司债券：(1)前次公开发行的公司债券尚未募足；(2)对已公开发行的公司债券或者其他债务有违约或者延迟支付本息的事实，仍处于继续状态；(3)违反本法规定，改变公开发行公司债券所募资金的用途。

(四)证券的发行程序

1. 申报

发行人发行证券，应当依照法定程序，向国务院证券监督管理机构或者国务院授权的部门报送上述相应的申请文件，我国《证券法》第二十条规定，发行人向国务院证券监督管理机构或者国务院授权的部门报送的证券发行申请文件，必须真实、准确、完整。为证券发行出具有关文件的证券服务机构和人员，必须严格履行法定职责，保证其所出具文件的真实性、准确性和完整性。发行人申请首次公开发行股票的，在提交申请文件后，应当按照国务院证券监督管理机构的规定预先披露有关申请文件。

2. 审核

我国《证券法》第二十二条规定，国务院证券监督管理机构设发行审核委员会，依法审核股票发行申请。对于发行审核委员会的成员任职资格、证券发行的核准程序，《证券法》也做出了明确的规定。国务院证券监督管理机构或者国务院授权的部门应当自受理证券发行申请文件之日起三个月内，依照法定条件和法定程序作出予以核准或者不予核准的决定，发行人根据要求补充、修改发行申请文件的时间不计算在内；不予核准的，应当说明理由。

3. 公告

我国《证券法》规定，证券发行申请经核准，发行人应当依照法律、行政法规的规定，在证券公开发行前，公告公开发行募集文件，并将该文件置备于指定场所供公众查阅。发行证券的信息依法公开前，任何知情人不得公开或者泄露该信息。发行人不得在公告公开发行募集文件前发行证券。

国务院证券监督管理机构或者国务院授权的部门对已做出的核准证券发行的决定，发现不符合法定条件或者法定程序，尚未发行证券的，应当予以撤销，停止发行。已经发行尚未上市的，撤销发行核准决定，发行人应当按照发行价并加算银行同期存款利息返还证券持有人；保荐人应当与发行人承担连带责任，但是能够证明自己没有过错的除外；发行人的控股股东、实际控制人有过错的，应当与发行人承担连带责任。股票依法发行后，发行人经营与收益的变化，由发行人自行负责；由此变化引致的投资风险，由投资者自行负责。

4. 承销

我国《证券法》第二十八条规定，发行人向不特定对象发行的证券，法律、行政法规规定应当由证券公司承销的，发行人应当同证券公司签订承销协议。证券承销业务采取代销或者包销方式。证券公司承销证券，应当同发行人签订代销或者包销协议，载明下列事项：(1)当事人的名称、住所及法定代表人姓名；(2)代销、包销证券的种类、数量、金额及发行价格；(3)代销、包销的期限及起止日期；(4)代销、包销的付款方式及日期；(5)代销、包销的费用和结算办法；(6)违约责任；(7)国务院证券监督管理机构规定的其他事项。

(五)新三板上市的流程

新三板挂牌流程及时间周期依据相关法律、法规及规范性文件的规定，非上市公司申请新三板挂牌转让的流程如下：

(1)公司董事会、股东大会决议。

(2)申请股份报价转让试点企业资格。

(3)签订推荐挂牌协议非上市公司申请股份在代办系统挂牌，须委托一家主办券商作为其推荐主办券商，向协会进行推荐。申请股份挂牌的非上市公司应与推荐主办券商签订推荐挂牌协议。

(4)配合主办报价券商尽职调查。

(5)主办报价券商向协会报送推荐挂牌备案文件。

(6)协会备案确认协会对推荐挂牌备案文件无异议的，自受理之日起50个工作日内向推荐主办券商出具备案确认函。

(7)股份集中登记。

(8)披露股份报价转让说明书。

挂牌交易审批时间短、挂牌程序便捷是新三板挂牌转让的优势。其中，企业申请非上市公司股份报价转让试点资格确认函的审批时间为5天；推荐主办券商向协会报送推荐挂牌备案文件，协会对推荐挂牌备案文件无异议的，出具备案确认函的时间为50个工作日内。除此之外，企业申请新三板挂牌转让的时间周期还依赖于企业确定相关中介机构、相关中介机构进行尽职调查以及获得协会确认函后的后续事宜安排。

三、证券交易法规

证券交易是指证券所有人将证券的所有权转让给买受人，买受人支付相应价款的行为。根据《证券法》的规定，申请证券上市交易，应当向证券交易所提出申请，由证券交易所依法审核同意，并由双方签订上市协议。申请股票、可转换为股票的公司债券或者法律、行政法规规定实行保荐制度的其他证券上市交易，应当聘请具有保荐资格的机构担任保荐人。

(一)证券上市

证券上市，是指已公开发行的证券依照法定条件和程序到证券交易所挂牌交易。经国务院证券监督管理机构核准其发行的证券在证券交易所上市交易的公司即为上市公司。

1. 股份有限公司上市的条件及报送文件

(1)股份有限公司申请股票上市，应当符合下列条件：

①股票经国务院证券监督管理机构核准已公开发行。②公司股本总额不少于人民币3 000万元。③公开发行的股份达到公司股份总数的25%以上；公司股本总额超过人民币4亿元的，公开发行股份的比例为10%以上。④公司最近3年无重大违法行为，财务会计报告

无虚假记载。证券交易所可以规定高于前款规定的上市条件，并报国务院证券监督管理机构批准。

(2)申请股票上市交易，应当向证券交易所报送下列文件：

①上市报告书；②申请股票上市的股东大会决议；③公司章程；④公司营业执照；⑤依法经会计师事务所审计的公司最近三年的财务会计报告；⑥法律意见书和上市保荐书；⑦最近一次的招股说明书；⑧证券交易所上市规则规定的其他文件。

股票上市交易申请经证券交易所审核同意后，签订上市协议的公司应当在规定的期限内公告股票上市的有关文件，并将该文件置备于指定场所供公众查阅。

(3)签订上市协议的公司除公告前条规定的文件外，还应当公告下列事项：

①股票获准在证券交易所交易的日期；②持有公司股份最多的前十名股东的名单和持股数额；③公司的实际控制人；④董事、监事、高级管理人员的姓名及其持有本公司股票和债券的情况。

2. 公司债券上市的条件及报送文件

(1)申请公司债券上市交易，应当符合下列条件：

①公司债券的期限为一年以上；②公司债券实际发行额不少于人民币 5 000 万元；③公司申请债券上市时仍符合法定的公司债券发行条件。

(2)申请公司债券上市交易，应当向证券交易所报送下列文件：

①上市报告书；②申请公司债券上市的董事会决议；③公司章程；④公司营业执照；⑤公司债券募集办法；⑥公司债券的实际发行数额；⑦证券交易所上市规则规定的其他文件。

申请可转换为股票的公司债券上市交易，还应当报送保荐人出具的上市保荐书。

我国《证券法》第五十九条规定，公司债券上市交易申请经证券交易所审核同意后，签订上市协议的公司应当在规定的期限内公告公司债券上市文件及有关文件，并将其申请文件置备于指定场所供公众查阅。

(二)证券上市的程序

对于证券的发行，发行人应当聘请具有保荐资格的机构担任保荐人。保荐人应在证券上市后，对发行人进行持续督导。股票、债券等证券发行人应当向证券交易所报送上述所列文件，一经核准，证券交易所即应当与发行人签订上市协议。发行人应该严格按照《证券法》的规定执行上市信息公开制度，并在上市信息公开后，进行挂牌交易。

(三)上市证券暂停与终止上市交易

1. 股票的暂停或终止交易

(1)上市公司有下列情形之一的，由证券交易所决定暂停其股票上市交易：

①公司股本总额、股权分布等发生变化不再具备上市条件；②公司不按照规定公开其财务状况，或者对财务会计报告作虚假记载，可能误导投资者；③公司有重大违法行为；④公司最近三年连续亏损；⑤证券交易所上市规则规定的其他情形。

(2)上市公司有下列情形之一的，由证券交易所决定终止其股票上市交易：

①公司股本总额、股权分布等发生变化不再具备上市条件，在证券交易所规定的期限内仍不能达到上市条件；②公司不按照规定公开其财务状况，或者对财务会计报告作虚假记载，且拒绝纠正；③公司最近三年连续亏损，在其后一个年度内未能恢复盈利；④公司解散或者被宣告破产；⑤证券交易所上市规则规定的其他情形。

2. 债券的暂停或终止交易

《证券法》规定，公司债券上市交易后，公司有下列情形之一的，由证券交易所决定暂停其公司债券上市交易：①公司有重大违法行为；②公司情况发生重大变化不符合公司债券上市条件；③发行公司债券所募集的资金不按照核准的用途使用；④未按照公司债券募集办法履行义务；⑤公司最近两年连续亏损。

公司有前条第①项、第④项所列情形之一经查实后果严重的，或者有前条第②项、第③项、第⑤项所列情形之一，在限期内未能消除的，由证券交易所决定终止其公司债券上市交易；公司解散或者被宣告破产的，由证券交易所终止其公司债券上市交易。

（四）持续信息公开

发行人必须严格履行持续信息公开的义务，发行人、上市公司依法披露的信息，必须真实、准确、完整，不得有虚假记载、误导性陈述或者重大遗漏。依法必须披露的信息，应当在国务院证券监督管理机构指定的媒体发布，同时将其置备于公司住所、证券交易所，供社会公众查阅。国务院证券监督管理机构对上市公司年度报告、中期报告、临时报告以及公告的情况进行监督，对上市公司分派或者配售新股的情况进行监督，对上市公司控股股东和信息披露义务人的行为进行监督。证券监督管理机构、证券交易所、保荐人、承销的证券公司及有关人员，对公司依照法律、行政法规规定必须作出的公告，在公告前不得泄露其内容。《证券法》同时规定，证券交易所决定暂停或者终止证券上市交易的，应当及时公告，并报国务院证券监督管理机构。

（五）禁止的交易行为

《证券法》规定，禁止证券交易内幕信息的知情人和非法获取内幕信息的人利用内幕信息从事证券交易活动。禁止任何人以下列手段操纵证券市场：(1)单独或者通过合谋，集中资金优势、持股优势或者利用信息优势联合或者连续买卖，操纵证券交易价格或者证券交易量；(2)与他人串通，以事先约定的时间、价格和方式相互进行证券交易，影响证券交易价格或者证券交易量；(3)在自己实际控制的账户之间进行证券交易，影响证券交易价格或者证券交易量；(4)以其他手段操纵证券市场。

操纵证券市场行为给投资者造成损失的，行为人应当依法承担赔偿责任。

同时，《证券法》对国家工作人员、传播媒介从业人员、证券公司及其从业人员等做出了严格的规定，明令禁止损害客户利益的欺诈行为、扰乱证券市场秩序的行为发生。同时规定，证券交易所、证券公司、证券登记结算机构、证券服务机构及其从业人员对证券交易中发现的禁止交易的行为，应当及时向证券监督管理机构报告。

案例分析

一、案例综述

2017年12月6日，某报头版头条发布了“A公司致函本报向社会公告收购B上市公司股票”的消息，并全文刊载了A公司的函件，称至12月6日下午收市，A公司持有B公司已发行股份的5%，并表示按法定程序继续收购B公司股票。

经查，A公司在以生产经营为用途的银行贷款中取出1 000万元人民币，分别存在证券公司开设的数个个人账户上，具体操作由公司职工赵某负责。

赵某为了替公司赚更多的钱，在并不具备收购B公司条件的情况下，致函某报，某报未经核实即登载于头版头条，之后B公司股票在证券市场交易价格剧烈波动，赵某又与钱某、孙某等联手，集中资金优势，约定时间和价格，不断拉高B公司股票价格，从中获利近千万元。其后，赵某将利润及本金全部上交A公司。

二、分析与提示

1. 非法挪用贷款

2. 操纵证券市场

3. 编造、传播虚假信息

《证券法》第八十一条规定，禁止资金违规流入股市。A公司未经董事会和股东大会同意挪用以生产经营为用途的银行贷款买卖股票，违反了《证券法》的有关规定，A公司应承担相应法律责任。

《证券法》第七十七条规定，禁止任何人以下列手段操纵证券市场：(一)单独或者通过合谋，集中资金优势、持股优势或者利用信息优势联合或者连续买卖、操纵证券交易价格或者证券交易量；(二)与他人串通，以事先约定的时间、价格和方式相互进行证券交易，影响证券交易价格或者证券交易量；(三)在自己实际控制的账户之间进行证券交易，影响证券交易价格或者证券交易量；(四)以其他手段操纵证券市场。赵某与钱某、孙某等联手，集中资金优势，约定时间和价格，不断拉高B公司股票价格，从中获利近千万元，属于利用信息优势联合或者连续买卖、操纵证券交易价格的行为，对证券市场造成了不良影响，同时给投资者造成了损失。根据《证券法》的相关规定，操纵证券市场行为给投资者造成损失的，行为人应当依法承担赔偿责任。同时，《刑法》第一百八十二条还将操纵证券交易市场价格的行为列为犯罪，情节严重的，处五年以下有期徒刑或者拘役，并处或者单处罚金；情节特别严重的，处五年以上十年以下有期徒刑，并处罚金。

《证券法》第七十八条规定，禁止国家工作人员、传播媒介从业人员和有关人员编造、传播虚假信息，扰乱证券市场。禁止证券交易所、证券公司、证券登记结算机构、证券服务机构及其从业人员，证券业协会、证券监督管理机构及其工作人员，在证券交易活动中作出虚假陈述或者信息误导。各种传播媒介传播证券市场信息必须真实、客观，禁止误导。赵某为了替公司赚更多的钱，在并不具备收购B公司条件的情况下，致函某报，某报未经核实即登载于头版头条的行为均涉嫌违法传播虚假内幕信息，违反了《证券法》的有关规定，行为人需要承担相应责任。我国《刑法》第一百八十一条规定，编造并且传播影响证券、期货交易的虚假信息，扰乱证券、期货交易市场，造成严重后果的，处五年以下有期徒刑或者拘役，并处或者单处一万元以上十万元以下罚金。

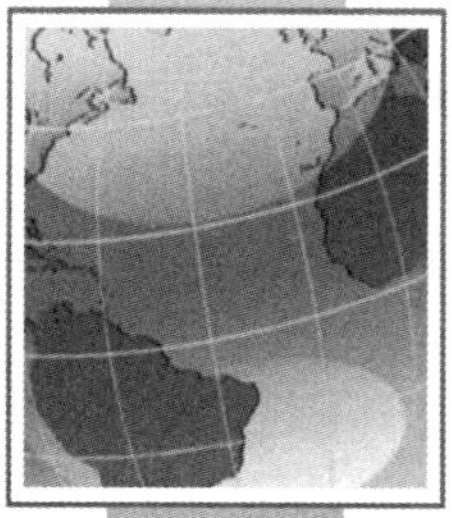

第四章 财政法规制度

第一节 预算法律制度

一、预算法律制度的构成

我国的预算法律制度主要由《中华人民共和国预算法》和《中华人民共和国预算法实施条例》构成。随着经济的发展、财政改革的深化，预算法律制度在健全预算管理、强化预算的分配与监督职能、强化宏观经济调控和保障社会经济健康发展等方面起着越来越重要的作用。

（一）《预算法》

《预算法》是我国重要的经济法之一，预算是国家财政的收支计划，是对国家行政权力监督的一种法律规范。《预算法》全称为《中华人民共和国预算法》，是调整国家在进行预算资金的筹集、分配、使用和管理过程中发生的经济关系的法律规范的总和。《预算法》是预算管理工作的根本性法律，是制定其他预算法规的基本依据，也是财政法的核心。预算法律制度由《预算法》《预算法实施条例》及其他与预算管理相关的法律制度构成。

《预算法》于 1994 年 3 月 22 日由第八届全国人民代表大会第二次会议上通过，自 1995 年 1 月 1 日起正式实施。

此后，历经四次审议，第十二届全国人民代表大会常务委员会第十次会议在 2014 年 8 月 31 日表决通过了《全国人大常委会关于修改〈预算法〉的决定》，并决议于 2015 年 1 月 1 日起施行。财政部前部长楼继伟说，此次修改突出预算的完整性，政府全部收支要纳入预算管理；遵循预算公开原则，强调预算必须接受社会监督；更加符合经济规律，拓展预算审核重点、完善地方债管理等多处修改，传递出建立现代财政制度的改革方向。2018 年 12 月 29 日，第十三届全国人民代表大会常务委员会第七次会议通过《关于修改〈中华人民共和国产品质量法〉等五部法律的决定》，对《预算法》进行第二次修正。

（二）《预算法实施条例》

《中华人民共和国预算法实施条例》于 1995 年 11 月 2 日在国务院第三十七次常委会通过，并自颁布之日起正式实施。该条例遵循《预算法》的基本原则，同时对《预算法》的相关法律概念、预算管理程序、预算管理方法做出具体说明。

二、国家预算

(一)国家预算的含义

国家预算是经法定程序批准的具有法律效力的政府年度财政收支计划,是国家对会计年度收入和支出的预先结算。国家预算反映国家的施政方针和社会经济政策,规定政府的活动范围和方向。从程序上看,国家预算的编制是政府对财政收支的计划安排;从内容上看,国家预算是将财政收支活动记载在收支分类表中,以反映政府活动的范围和方向,体现政府的政策意图。国家预算包括预算支出与预算收入。

2014年修订的《预算法》的一大亮点便是政府全部收入支出都要接受人民监督。财政部前部长楼继伟说,实行全口径预算管理,是建立现代财政制度的基本前提。收入是全口径的,不仅包括税收和收费,还包括国有资本经营收入、政府性基金收入等;支出也要涵盖广义政府的所有活动;同时,将地方政府债务纳入预算管理,避免地方政府债务游离于预算之外、脱离人大监督。

该版《预算法》规定:政府的全部收入和支出都应当纳入预算。预算包括一般公共预算、政府性基金预算、国有资本经营预算、社会保险基金预算。一般公共预算、政府性基金预算、国有资本经营预算、社会保险基金预算应当保持完整、独立;政府性基金预算、国有资本经营预算、社会保险基金预算应当与一般公共预算相衔接。

国家预算的编制遵循以下原则:

1. 公开性

国家预算收入取之于民,反映国家的施政方针和社会经济政策,故国家预算收入和预算支出应该置于人民的监督下,做到公开透明、用之于民。

2014年修订的《预算法》首次对"预算公开"做出全面规定,第十四条对公开的范围、主体、时限等提出明确具体的要求,对转移支付、政府债务、机关运行经费等社会高度关注的事项要求公开作出说明,并在第九十二条中规定了违反预算公开规范的法律责任。

2. 可靠性

国家预算的每一笔收支都要依据可靠真实充分的资料进行核算,需要根据科学的方法进行核算,切忌假定、估计,更不能胡编乱造、随意更改。

3. 完整性

国家预算的一切财务收支活动都必须反映在国家预算中,禁止账外预算、造假账的行为。对于国家允许的一些预算外收支也应该反映在国家预算中,从而保证国家预算的完整性。

4. 统一性

国家预算的统一性包括整体统一性和科目统一性。整体统一性,即不论是地方预算还是中央预算,都要使用统一的预算科目;科目统一性即每个科目都要按统一的口径、程序计算和填列。

5. 年度性

国家预算必须按照法定年度编制,反映全年的收支活动,不允许将非本年的财政收支内容列入本年度的国家预算中。

(二)国家预算的作用

国家预算是财政分配和宏观调控的主要手段,具有分配、调控、监督职能。国家预算的作用是国家预算职能在经济生活中的具体体现,主要包括以下几个方面:

1. 财力保证作用

国家预算既是保障国家机器运转的物质条件，又是政府实施各项社会经济政策的有效保证。

2. 调节制约作用

国家预算作为国家的基本财务计划，是国家财政实行宏观调控的主要依据和主要手段。国家预算的收支规模可以调节社会总供给和总需求的平衡，预算支出的结构可以调整国民经济结构，因而国家预算的编制和执行情况对国民经济和社会发展都有直接的制约作用。

3. 反映监督作用

国家预算是国民经济的综合反映，预算收入反映国民经济发展规模和经济效益水平，预算支出反映各项建设事业发展的基本情况。因此通过国家预算的编制和执行便于掌握国民经济的运行状况、发展趋势以及出现的问题，从而采取对策措施，促进国民经济有序发展。

（三）国家预算的级次划分

国家预算的组织结构是根据国家政权结构、行政区域划分、财政管理体制要求确定的。《预算法》规定，国家预算实行一级政府一级预算，共分为五级预算：

（1）中央预算；

（2）省级（省、自治区、直辖市）预算；

（3）地级市（设区的市、自治州）预算；

（4）县市级（县、自治县、不设区的市、市辖区）预算；

（5）乡镇级（乡、民族乡、镇）预算。

不具备设立预算条件的乡、民族乡、镇，经省、自治区、直辖市人民政府的确定，可以暂时不设立预算。

（四）国家预算的构成

以我国国家政权结构和行政区划为依据，以预算收支平衡为原则，国家预算可划分为中央预算、地方预算、总预算、部门预算及单位预算。

1. 中央预算

中央预算是中央政府的年度财政收支计划，是国家预算的重要组成部分。它规定中央财政各项收入来源和数量、中央财政支出的各项用途和数量，反映中央的方针政策、中央预算的收支范围。中央预算由中央政府各部门（含直属单位）预算组成，包括地方向中央上解的收入数额和中央对地方返还或者给予补助的数额。

2. 地方预算

地方预算是地方各级政府的年度财政收支计划，也是国家预算的重要组成部分。地方预算的构成与其政权构成相一致，我国地方预算由省（自治区、直辖市）、省辖市（自治州、直辖市辖区）、县（自治县、市、旗）、乡（镇）四级组成。地方预算由本级各部门（含直属单位）预算组成，包括下级政府向上级政府上解的收入数额以及上级政府对下级政府返还或补助的数额。

3. 总预算

总预算是指政府的财政汇总预算。总预算是将本级政府和下级政府的年度收支计划汇总而成的预算，由各级财政部门编制。根据国家实行一级政府一级预算的原则，可划分各级次的总预算，如中央总预算、省（自治区、直辖市）总预算、市总预算、县总预算等。各级总预算由本级政府预算和汇总的下一级总预算组成；下一级只有本级预算的，下一级总预算即指本级预算。

4. 单位预算、部门预算

单位预算是指国家机关、政府各部门、社会团体和其他单位的收支预算，是国家预算的基本组成部分。它是指各级政府的直属机关就其本身及所属行政、事业单位的年度经费收支所汇编的预算。部门预算是指部门的收支预算。各部门预算由本部门所属单位预算组成。部门单位预算是总预算的基础，其预算收支项目比较详细和具体，由各预算部门和单位编制，部门预算是当前我国政府预算的主要编制形式。各主管部门在部门所属单位上报的预算基础上，汇总本部门的预算。

三、预算管理职权

预算管理职权是指确定和支配国家预算的权力和对于国家预算的编制、审查、批准、执行、调整、监督权力的总称。按照统一领导、分级管理、权责结合的原则，《预算法》明确规定了各级人民代表大会及其常务委员会、各级财政部门、各部门及各单位在各自的权限内对预算进行管理。

（一）各级人民代表大会及常委会的管理职权

各级人民代表大会的职权有审查权、批准权、变更撤销权。根据我国《预算法》，各级人民代表大会的预算职权如下：

1. 审查权

各级人民代表大会有权审查本级预算的草案和执行情况的报告；县以上各级人民代表大会常务委员会有权审批本级预算调整方案、本级决算。如全国人民代表大会可审查中央和地方预算草案及中央和地方预算执行情况的报告；全国人民代表大会常务委员会可审查和批准中央预算的调整方案及中央决算。

2. 监督权

各级人民代表大会有权对预算草案和预算执行情况进行监督；县以上各级人民代表大会常务委员会有权监督各级总预算的执行。如全国人民代表大会可批准中央预算和中央预算执行情况的报告；全国人民代表大会常务委员会可批准中央预算的调整方案、批准中央决算。

3. 变更撤销权

全国人民代表大会有权改变和撤销全国人民代表大会常务委员会关于预决算方面不适当的决议；县以上地方各级人民代表大会有权改变和撤销本级人民代表大会常务委员会、本级政府关于决算方面不适当的决定和命令；乡人民代表大会有权撤销本级政府关于预算方面不适当的决定、命令和决议。

（二）各级财政部门的职权

国务院财政部具体编制中央预算、决算草案，具体组织中央和地方预算的执行，提出中央预算预备费动用方案，具体编制中央预算调整方案，定期向国务院报告中央和地方预算的执行情况。

地方各级政府财政部门具体编制本级预算、决算草案，具体组织本级总预算的执行，提出本级预算预备动用费方案，具体编制本级预算的调整，定期向本政府和上一级政府财政部门报告本级总预算的执行情况。

（三）各部门、各单位的职权

各部门编制本部门预算、决算草案；组织和监督本部门预算的执行；定期向本级政府财政部门报告预算的执行情况。各单位编制本单位预算、决算草案；按照国家规定上缴预算收入，安排预算支出，接受国家有关部门的监督。

四、预算收入与预算支出

对各项政府预算收支进行科学、系统的分类，有助于增加财务预算的透明度，有助于全面、准确地反映政府收支活动，有助于强化财政监督，有助于建立国际化的公共预算机制，推进国际合作与交流。国家预算由预算收入和预算支出组成。

（一）预算收入

从来源划分，预算收入分为各项税收收入、按规定应该上缴的国有资源（资产）有偿使用收益、专项收入和其他收入。其中，税收收入为国家预算收入的主要来源；国有资源有偿使用收入是指各部门、各单位占有、使用和依法处置境内外的国有资产获得的收益，按规定应该上缴国家的部分；专项收入是根据特定需要，由国务院批准或经国务院授权由财政部批准，设置、征集和纳入预算管理的有专项用途的收入。

从归属划分，预算收入可分为中央预算收入、地方预算收入、中央和地方预算共享收入。其中，中央预算收入是指按照分税制财政管理体制，纳入中央预算、地方不参与分享的收入，包括中央本级收入和地方按照规定向中央上解的收入；地方预算收入是指按照分税制财政管理体制，纳入地方预算、中央不参与分享的收入，包括地方本级收入和中央按照规定返还或补助地方的收入；中央和地方预算共享收入是指按照分税制财政管理体制，中央预算和地方预算对同一税种的收入，按照一定划分标准或比例分享的收入。

（二）预算支出

从支出内容划分，预算支出可分为经济建设支出、事业发展支出、国家管理费用支出、国防支出、各项补贴支出和其他支出。其中，经济建设支出是用于经济建设的基本投资支出，支持企业的挖潜改造支出，拨付的企业流动资金支出，拨付的生产性贷款贴息支出，专项建设基金支出，支持农业生产支出以及其他经济建设支出；事业发展支出是指用于教育、科学、文化、卫生、体育、工业、交通、商业、农业、林业、环境保护、水利、气象等方面事业的支出，具体包括公益性基本建设支出、设备购置支出、人员费用支出、业务费用支出以及其他事业发展支出。

从支出主体划分，预算支出可分为中央预算支出和地方预算支出。其中，中央预算支出是指按照分税制财政管理体制，由中央财政承担并列入中央预算的支出，包括中央本级支出和中央返还或者补助地方的支出；地方预算支出是指按照分税制财政管理体制，由地方财政承担并列入地方预算的支出，包括地方本级支出和地方按照规定上缴中央的支出。

五、预算组织程序

预算组织程序，即国家在预算管理方面依序进行的各个工作环节所构成的有秩序活动的总体。预算组织程序依照先后顺序可分为编制、审批、执行、调整。

（一）预算编制

预算编制是指国家制定取得和分配使用预算资金的年度计划的活动，是一种基础性的程序。预算草案是指各级政府、各部门、各单位编制的未经法定程序检查和批准的预算收支计划。预算草案不具有法律效力，只有经过法定程序审批后才有法律效力。根据《预算法》的规定，国务院应该及时下达关于编制下一年预算草案的通知，由国务院财政部门具体部署编制预算草案的具体事项，各级政府、各部门、各单位应当按照国务院规定的时间编制预算草案。

1. 预算年度

预算年度即国家预算有效的起止期间，我国预算年度采用公历年制，始于 1 月 1 日，止于

12 月 31 日。

2. 预算草案编制的依据

中央和各级政府在做预算时，应该参考上年预算收支执行情况和本年度收支预测进行编制。

各级政府编制年度预算草案的具体依据如下：(1)法律、法规；(2)国民经济和社会发展计划、财政中长期计划以及有关的财政经济政策；(3)本级政府的预算管理职权和财政管理体制确定的预算收支范围；(4)上一年度预算执行情况和本年度预算收支变化因素；(5)上级政府对编制本年度预算草案的指示和要求。

各部门、各单位编制年度预算草案的具体依据如下：(1)法律、法规；(2)本级政府的指示和要求，以及本级政府财政部门的部署；(3)本部门、本单位的职责、任务和事业发展计划；(4)本部门、本单位的定员定额标准；(5)本部门、本单位上一年度预算执行情况和本年度预算收支变化因素。

3. 预算草案的编制内容

中央预算的编制内容为：(1)本级预算收入和支出；(2)上一年度结余用于本年度安排的支出；(3)返还或者补助地方的支出；(4)地方上解的收入。中央财政本年度举借的国内外债务和还本付息数额应当在本级预算中单独列示。

地方各级政府预算的编制内容：(1)本级预算收入和支出；(2)上一年度结余用于本年度安排的支出；(3)上级返还或者补助的收入；(4)返还或者补助下级的支出；(5)上解上级的支出；(6)下级上解的收入。

(二)预算审批

各级预算审批具有时效性、级别性、程序性和严肃性的特点，故将审批分为初审阶段和审查批准阶段。

在召开人民代表大会之前，由各级人民代表大会财经委员会和有关的专门委员会对预算草案进行初步审查。国务院财政部门应当在每年全国人民代表大会会议举行的 45 日前，将中央预算草案的初步方案提交全国人民代表大会财政经济委员会进行初步审查。各级政府财政部门应当在本级人民代表大会会议举行的 30 日前，将本级预算草案的初步方案提交本级人民代表大会有关专门委员会或者人民代表大会常务委员会有关工作机构进行初步审查。

中央预算由全国人民代表大会审查和批准；地方各级政府预算由本级人民代表大会审查和批准。例如，全国人民代表大会财政经济委员会向全国人民代表大会主席团提出关于中央和地方预算草案及中央和地方预算执行情况的审查结果报告，并经人民代表大会批准。预算草案经审批生效，就成为正式的国家预算，并具有法律约束力，非经法定程序，不得更改。

此外，2014 年修订的《预算法》将预算审查的重点由收支平衡转向支出预算和政策。由于原《预算法》的重点在收支平衡，并要求预算征收部门完成上缴任务，这就造成了“顺周期”的问题。即收入征收部门在经济放缓时为完成任务征收“过头税”，让经济“雪上加霜”；在经济过热时该收不收，使经济“热上加热”。2014 年修订的《预算法》旨在改变这一现状，将审核预算的重点由平衡状态、赤字规模向支出预算和政策拓展。同时，收入预算从约束性转向预期性，通过建立跨年度预算平衡机制，解决预算执行中的超收或短收问题，如超收收入限定冲抵赤字或补充预算稳定调节基金，省级一般公共预算年度执行中出现短收，允许增列赤字并在下一年度预算中弥补等。这些规定强调依法征收、应收尽收，有助于避免收“过头税”等行为，增强政府

“逆周期”调控政策效果。①

(三)预算执行

预算执行是指经法定程序批准的预算进入具体实施阶段,各级政府、各部门、各预算单位在组织实施经本级权力机关批准的本级预算中筹措预算收入、拨付预算支出等的活动。② 预算执行是整个预算管理的中心环节。

我国预算执行的主体包括各级政府、各级政府财政部门、预算收入征收部门、国家金库、各有关部门和有关单位。具体来看,其职责权限如下:

1. 各级预算由本级政府负责组织执行

政府的全部收入应当上缴国家金库(以下简称国库),任何部门、单位和个人不得截留、占用、挪用或者拖欠。各级政府不得向预算收入征收部门和单位下达收入指标。

2. 本级政府财政部门负责具体工作

各级政府财政部门必须依照法律、行政法规和国务院财政部门的规定,及时、足额地拨付预算支出资金,加强对预算支出的管理和监督。

3. 由各部门、各单位负责本部门、本单位的预算执行,并对执行结果负责

预算收入征收部门和单位,必须依照法律、行政法规的规定,及时、足额征收应征的预算收入,不得违反法律、行政法规规定,多征、提前征收或者减征、免征、缓征应征的预算收入,不得截留、占用或者挪用预算收入。

4. 实行国库集中收缴和集中支付制度,对政府全部收入和支出实行国库集中收付管理

县级以上各级预算必须设立国库;具备条件的乡、民族乡、镇也应当设立国库。各级国库库款的支配权属于本级政府财政部门。除法律、行政法规另有规定外,未经本级政府财政部门同意,任何部门、单位和个人都无权冻结、动用国库库款或者以其他方式支配已入国库的库款。各级政府应当加强对本级国库的管理和监督,按照国务院的规定完善国库现金管理,合理调节国库资金余额。

(四)预算调整

预算调整是指经全国人民代表大会批准的中央预算和经地方各级人民代表大会批准的本级预算,在执行中因特殊情况需要增加支出或者减少收入,使原批准的收支平衡的预算的总支出超过总收入,或者使原批准的预算中举借债务的数额增加的部分变更。③

《预算法》规定,在预算执行中,各级政府对于必须进行的预算调整,应当编制预算调整方案。预算调整方案应当说明预算调整的理由、项目和数额。中央预算的调整方案应当提请全国人民代表大会常务委员会审查和批准。县级以上地方各级政府预算的调整方案应当提请本级人民代表大会常务委员会审查和批准;乡、民族乡、镇政府的预算调整方案应当提请本级人民代表大会审查和批准。未经批准,不得调整预算。地方各级政府预算调整方案批准后,需由本级政府报上一级政府备案。

六、决算

决算是年度预算收支执行结果的会计报告,是对预算执行情况的总结,是国家管理预算活

① 楼继伟:《迈向现代财政坚实一步》。http://www.gov.cn/xinwen/2014-09-10/content_2748570.htm.2014-09-10/2015-03-27。

② 郝福锦、王礼红:《财经法规与会计职业道德》,人民邮电出版社2011年版。

③ 同②。

动的最后一道程序。它包括决算报表和文字说明两部分。决算草案由各级政府、各部门、各单位在每一预算年度终了后按照国务院规定的时间编制。决算草案必须符合法律、行政法规，做到收支真实、数额准确、内容完整、报送及时。政府财政部门、各部门、各单位在每一预算年度终了时，应当清理核实全年预算收入、支出数字和往来款项，做好决算数字的对账工作。决算各项数字应当以经核实的基层单位汇总的会计数字为准，不得以估计数字替代，不得弄虚作假。

国务院财政部门编制中央决算草案，报国务院审定，由国务院提请全国人民代表大会常务委员会审查和批准；县级以上地方各级政府财政部门编制本级决算草案，报本级政府审定，由本级政府提请本级人民代表大会常务委员会审查和批准；乡、民族乡、镇政府编制本级决算草案，提请本级人民代表大会审查和批准。各级决算经批准后，财政部门应当在 30 日内向本级各部门批复决算，各部门在街道本级政府财政部门批复的决算后 15 日内向所属单位批复决算。地方各级政府应当将经批准的决算及下一级政府上报备案的决算汇总，报上一级政府备案；县级以上各级政府应将下一级政府报送备案的决算汇总后，报本级人民代表大会常务委员会备案。

七、预决算的监督

对各级政府实施的预算和决算监督根据监督主体的不同，可分为各级权力机关的监督、各级政府的监督、政府财政部门的监督、各级政府审计部门的监督。

2014 年修订的《预算法》梳理明确了违法违纪的情形，加大了惩罚力度。相对于原《预算法》仅就擅自变更预算、擅自支配库款、隐瞒预算收入三种情形设置了法律责任，且不够具体明确，2014 年修订的《预算法》重新梳理了违法违纪情形，加大了责任追究力度，在第九十二、九十三、九十四、九十五条里集中详细规定了法律责任。如对政府及有关部门违规举债、挪用重点支出资金，或在预算之外及超预算标准建设楼堂馆所的，对负有直接责任的主管人员和其他直接责任人员给予撤职、开除的处分。此外，如构成犯罪还将依法追究刑事责任等。

（一）各级权力机关的监督

全国人民代表大会及其常务委员会对中央和地方预算、决算进行监督。县级以上地方各级人民代表大会及其常务委员会对本级和下级政府预算、决算进行监督。乡、民族乡、镇人民代表大会对本级预算、决算进行监督。

各级人大及其常务委员会对政府预算、决算监督主要体现在对预算的编制、执行、调整及决算的监督上。行使监督权的方式，除听取各级政府所作的预算草案及上年度预算情况的报告，审查和批准预算及预算调整方案，审查和批准各级政府的决算，撤销本级政府关于预算的不适当的决议外，还有权就预算、决算中的重大事项或者特定问题组织调查。有关的政府、部门单位和个人应当如实反映情况，接受监督。

（二）各级政府的监督

各级政府监督下级政府的预算执行；下级政府应当定期向上一级政府报告预算执行情况。各级政府对下级政府在预算执行中违反法律、行政法规和国家方针政策的行为，依法予以制止和纠正；对本级预算执行中出现的问题，及时采取处理措施。下级政府应当接受上级政府对预算执行的监督；根据上级政府的要求，及时提供资料，如实反映情况，不得隐瞒、虚报；严格执行上级政府作出的有关决定，并将执行结果及时上报。

(三)政府财政部门的监督

各级政府财政部门负责监督检查本级各部门及其所属各单位预算的编制、执行,并向本级政府和上一级政府财政部门报告预算执行情况。中央政府财政部门实施预算、决算监督外,还在财政部内部设立了财政监察部门,各级地方政府也设置了相应的监督机构,依法履行监督职责。各级政府部门、预算单位必须依照法律和国家规定接受政府财政部门监督。

(四)各级政府审计部门的监督

县级以上政府审计部门依法对预算执行、决算实行审计监督。对预算执行和其他财政收支的审计工作报告应当向社会公开。

第二节 政府采购法律制度

一、政府采购法律制度的构成

政府采购法律制度是规范政府采购行为、促进政府廉政建设、推动社会经济健康发展的重要政策工具。我国的政府采购法律制度由《中华人民共和国政府采购法》《中华人民共和国政府采购法实施条例》以及国务院各部门特别是财政部颁布的一系列部门规章及地方性法规和政府规章组成。

(一)政府采购法

政府采购法是指调整各级国家机关、事业单位和团体组织,使用财政性资金依法采购货物、工程和服务活动的法律规范的总称。《中华人民共和国政府采购法》(以下简称《政府采购法》)于 2002 年 6 月 29 日由中华人民共和国第九届全国人民代表大会常务委员会第二十八次会议通过,自 2003 年 1 月 1 日起开始施行。该法是在我国实行社会主义市场经济体制、普遍推行政府采购制度等条件下出台的,它的出台具有深刻的经济和社会背景。

《政府采购法》是规范我国政府采购行为的根本性法律,也是制定其他采购法律法规制度的基本依据,在规范我国政府活动、维护国家利益和社会公共利益、保护政府采购当事人各方的合法权益等方面,都发挥着非常重要的作用。

(二)政府采购法实施条例

《中华人民共和国政府采购法实施条例》于 2014 年 12 月 31 日国务院第七十五次常务会议通过,自 2015 年 3 月 1 日起正式施行。该条例对电子采购、非招标采购方式的适用情形和操作程序、评审报告的确认时限、询问的答复时限等,做了较为明确的规定。进一步促进了政府采购的规范化、法制化,构建起规范透明、公平竞争、监督到位、严格问责的政府采购工作机制。

(三)部门规章

政府采购部门规章由财政部各部门颁布,包括《政府采购信息公告管理办法》《政府采购货物和服务招标投标管理办法》《政府采购供应商投诉处理办法》《中央单位政府采购管理实施办法》等。

(四)地方性法规和政府规章

地方性法规和政府规章由各地政府根据地方实际情况制定,以《政府采购法》为依据,具有较强的可操作性和针对性,如《黄石市市级政府采购协议供应商管理办法》《辽宁省政府采购管理规定》《浙江省省级政府采购工作规程(试行)》等。

二、政府采购的含义

政府采购，是指各级国家机关、事业单位和团体组织，使用财政性资金采购依法制定的集中采购目录以内的或者采购限额标准以上的货物、工程和服务的行为。政府采购的主体为各级国家机关、事业单位和团体组织，不包括个人、私企、公司、国企；政府采购资金为财政性资金，包括预算内资金、预算外资金以及与财政资金相配套的单位自筹资金的总和；政府采购的货物工程和服务原则上应该是本国的，但也有例外情形。

政府采购的目的在于规范政府采购行为，提高政府采购资金的使用效率，维护国家利益和社会公共利益，保护政府采购当事人的合法权益，促进廉政建设。

三、政府采购的原则

根据《政府采购法》规定，政府采购遵循四个原则，即公开透明原则、公平竞争原则、公正原则和诚实信用原则。

（一）公开透明原则

公开透明原则，即有关采购的法律、政策、程序和采购活动等相关信息都要公之于众，不仅要保证采购信息全面公开，也要保证完全透明。除涉及国家机密和商业秘密外，采购项目、采购程序性文件及采购结果应当公开，且政府采购项目信息应当在省级以上人民政府财政部门指定的媒体上发布，采购项目预算金额达到国务院财政部门规定标准的，政府采购项目信息应当在国务院财政部门指定的媒体上发布。只有坚持公开透明原则，才能让公众对财政资金使用进行有效监督，才能为供应商创造公平良好的竞争平台。

（二）公平竞争原则

公平竞争原则是市场经济运行的重要法则，是政府采购的基本规则。公平竞争原则，即在公平的前提下引入竞争，分为公平性原则和竞争性原则。公平性原则体现在两个方面：一是机会均等，即所有有资格愿意参与投标的供应商都能参与；二是待遇平等，即政府采购对所有参与的供应商一视同仁。竞争性原则，即将竞争机制引入政府采购中，增强采购市场的活力，提高财政资金的使用效率，便于采购到性价比高的产品、工程、服务。

《政府采购法》规定，采购人员与供应商有利害关系，应当回避；同时，供应商认为采购人员及相关人员与其他供应商有利害关系的，可以向采购人或者采购代理机构书面提出回避申请，并说明理由。

（三）公正原则

公正原则是为了使政府平等对待供应商而制定的。该原则要求政府采购按照事先制定的条件和程序进行，政府对所有供应商要一视同仁，不得差别对待，任何单位和个人都不得干预采购活动，妨碍采购活动的正常开展。

（四）诚实信用原则

诚实信用原则有助于增强公众对政府的信任。该原则要求政府采购当事人在政府采购活动中，本着诚实、守信的态度履行各自的权利和义务，讲究信誉，兑现承诺，不得散布虚假信息，不得有欺骗、串通、隐瞒等行为，不得伪造、变造、隐匿、销毁需要依法保存的采购文件，不得规避法律法规，不得损害第三人利益。

四、政府采购的职能

（一）提高资金使用效率

优化政府资金使用效率是指政府应当力求以最有利的价格条件采购到质量最能与需要相符的货物、工程及服务。行政的价值目标是行政效率最大化，进而最大限度地增加社会福利。政府采购主要从以下两个方面优化了采购资金的使用效率：一方面，政府集中采购有助于实现采购的规模效应，政府采购量越大，其采购活动对市场价格的影响越大，越容易采购到物美价廉的商品，从而节约财政支出；另一方面，政府采购引入了招投标方式，规范了政府及其下属机构的采购行为，增强了政府采购的公开透明度，使财政支出由预算、招投标到政府采购合同的正式签订、供应商供货的整个运作过程置于法制监督之下，从而确保其实现真正的规模效应。

（二）强化宏观调控

政府采购作为财政支出的重要组成部分，是实现财政收支政策的重要工具。政府可以控制采购项目、采购时间、采购总量等来调控宏观经济，如政府可以通过控制采购总量调控社会供需平衡，可以通过控制采购品种来调整产业结构。

（三）活跃市场经济

政府采购遵循公平、公开、公正的原则，在采购过程中引入竞争机制，这促使供应商不断提升自己产品和服务的质量，增强自身竞争力来取得政府的订单；从国际的角度来看，政府采购有助于供应商走出去，提升国际市场竞争力，早日进入国际政府采购市场。

（四）加强廉政建设

作为一项制度安排，政府采购能从以下两方面加强反腐倡廉的建设：一方面，在采购人、采购机构和供应商之间有利益的制约，从而形成三者之间的内在监督机制；另一方面，政府采购也有一系列外部监督机制，如法律监督，政府采购主管部门监督，各级纪检、监察、审计等部门监督等，这些监督增加了政府采购的透明度，有助于遏制腐败的产生。

（五）保护民族产业

政府采购遵循国货优先的原则，有助于民族产业的发展。众所周知，我国在汽车制造、飞机制造等产业的发展方面大大落后于发达国家，国内的许多企业在和国外企业的竞争中处于劣势地位。遵循国货优先的原则，有助于留给国内企业发展的时间和空间，对于这些企业的发展非常重要。《政府采购法》规定，除个别特殊情况外，政府采购应当采购本国货物、工程和服务。

五、政府采购的执行模式

政府采购的执行模式分为集中采购模式和分散采购模式。集中采购模式下，由专门的政府采购机构负责本级政府的全部采购任务；分散采购模式下，各预算单位自行采购。

（一）集中采购

集中采购是指由政府设立的职能机构统一为其他政府机构提供采购服务的采购组织实施形式，采购单位必须委托集中采购机构进行代理采购，不得自行组织采购。《政府采购法》规定，集中采购必须委托集中采购机构代理采购。设区的市、自治州以上人民政府根据本级政府采购项目集中采购的需要设立集中采购机构。

实施集中采购有助于取得规模效益，降低采购成本，保证采购质量，实施统一监管；但集中采购难以适应紧急情况，不能满足用户多样化的需求，且采购周期较长，采购程序复杂。

(二)分散采购

分散采购是指由各预算单位自行开展采购活动的一种采购执行模式。《政府采购法》规定,未纳入集中采购目录的政府采购项目,可以自行采购,也可以委托集中采购机构在委托的范围内代理采购。

分散采购是集中采购的补充形式,采购标的涉及集中采购目录以外和采购限额标准之上。实行分散采购有助于满足采购及时性和多样性的需求,手续简单;但分散采购没有规模效益,加大了采购成本,不利于监督管理。

六、政府采购当事人

为了提高政府采购活动的可操作性、公平度和透明度,保护采购当事人的合法权益,维护国家利益和社会公众利益,《政府采购法》对政府采购当事人的权利、义务、责任进行了约束和规范。

政府采购当事人是指在政府采购活动中享有权利和承担义务的各类主体,包括采购人、供应商和采购代理机构等。

(一)采购人

1. 采购人的概念

采购人是指依法进行政府采购的国家机关、事业单位、团体组织。

2. 采购人的权利

采购人的权利主要包括:(1)自主选择未纳入集中采购目录的政府采购项目的执行模式;(2)自行选择采购代理机构并要求其遵守委托协议约定;(3)审查政府采购供应商资格;(4)依法确定中标供应商;(5)签订采购合同并参与对供应商履约验收;(6)其他合法权利。

3. 采购人的义务

采购人有如下义务:(1)遵循政府采购各项法律、法规、规章制度;(2)接受配合政府采购监督管理部门和审计机关的监督检查;(3)尊重供应商的合法权益,依法答复供应商的询问和质疑;(4)在规定时间内与中标供应商签订采购合同;(5)遵守采购代理机构的工作秩序;(6)妥善保管采购文件;(7)在指定媒体及时向社会发布政府采购信息、招标结果;(8)其他法定义务。

(二)供应商

1. 供应商的概念

供应商是指向采购人提供货物、工程或服务的法人、其他组织或者自然人。

2. 供应商的法定条件

根据《政府采购法》规定,供应商参加政府采购活动应当具备下列条件:(1)具有独立承担民事责任的能力;(2)具有良好的商业信誉和健全的财务会计制度;(3)具有履行合同所必需的设备和专业技术能力;(4)有依法缴纳税收和社会保障资金的良好记录;(5)参加政府采购活动前三年内,在经营活动中没有重大违法记录;(6)法律、行政法规规定的其他条件。

3. 供应商的权利

供应商主要有如下权利:(1)平等地取得政府采购供应商资格、获取政府采购信息;(2)平等地参加政府采购竞争,对政府采购活动事项提出询问、质疑和投诉;(3)自主、平等地签订政府采购合同;(4)要求采购人或采购代理机构保守其商业秘密;(5)监督政府采购依法公开、公正进行;(6)其他合法权利。

4. 供应商的义务

供应商主要有如下义务：(1)遵守政府采购的各项法律、法规和规章制度；(2)按规定接受供应商资格审查，并在资格审查中客观真实地反映自身情况；(3)在政府采购活动中，满足采购人或采购代理机构的正当要求；(4)投标中标后，按规定程序签订政府采购合同并严格履行；(5)其他法定义务。①

(三)采购代理机构

采购代理机构为集中采购机构。集中采购机构是非营利性事业法人，根据采购人的委托办理采购事宜。根据《政府采购法》规定，设区的市、自治州以上人民政府根据本级政府采购项目组织集中采购的需要设立集中采购机构。

集中采购机构进行政府采购活动，应当符合采购价格低于市场平均价格、采购效率更高、采购质量优良和服务良好的要求。

七、政府采购方式

政府采购方式有公开招标、邀请招标、竞争性谈判、单一来源采购、询价及国务院政府采购监督管理部门认定的其他采购方式。其中，公开招标应作为政府采购的主要方式。

(一)公开招标

公开招标，是指采购人或其委托的政府采购代理机构以招标公告的方式邀请不特定的供应商参加投标竞争，从中择优选择中标的供应商进行采购的方式。②

采购人采购货物或者服务应当采用公开招标方式的，其具体数额标准，属于中央预算的政府采购项目，由国务院规定；属于地方预算的政府采购项目，由省、自治区、直辖市人民政府规定；因特殊情况需要采用公开招标以外的采购方式的，应当在采购活动开始前获得设区的市、自治州以上人民政府采购监督管理部门的批准。

采购人不得将应当以公开招标方式采购的货物或者服务化整为零或者以其他任何方式规避公开招标采购。

(二)邀请招标

邀请招标又称选择性招标，由采购人或其委托的政府采购代理机构根据供应商的资质和业绩，以投标邀请书的方式选择不少于三家的供应商，邀请其参加政府采购竞争，选择中标的供应商。

符合下列情形之一的货物或者服务，可以依照《政府采购法》采用邀请招标方式采购：

(1)具有特殊性，只能从有限范围的供应商处采购的；

(2)采用公开招标方式的费用占政府采购项目总价值的比例过大的。

(三)竞争性谈判

竞争性谈判是指采购人或者其委托的采购代理机构通过与多家供应商谈判，最终确定中标供应商的采购方式。

符合下列情形之一的货物或者服务，可以采用竞争性谈判方式采购：

(1)招标后没有供应商投标或者没有合格标的或者重新招标未能成立的；

(2)技术复杂或者性质特殊，不能确定详细规格或者具体要求的；

---

① 陈义雅：《财经法规与会计职业道德》，南京大学出版社 2013 年版。

② 郝福锦、王礼红：《财经法规与会计职业道德》，人民邮电出版社 2011 年版。

(3)采用招标所需时间不能满足用户紧急需要的；

(4)不能事先计算出价格总额的。

(四)单一来源采购

单一来源采购，是指采购的货物、服务来源单一，或属专利、合同追加、首次制造、原有采购项目后续扩充和发生不可预见的紧急情况不能从其他供应商处采购等情况。符合下列情形之一的货物或者服务，可以采用单一来源方式采购：

(1)只能从唯一供应商处采购的；

(2)发生了不可预见的紧急情况不能从其他供应商处采购的；

(3)必须保证原有采购项目一致性或者服务配套的要求，需要继续从原供应商处采购，且添购资金总额不超过原合同采购金额10%的。

(五)询价

询价是指采购人向供应商发出询价单，依据供应商的报价选择中标供应商的采购方式。询价适合采购的货物规格标准统一、现货货源充足且价格变化幅度小的政府采购项目。

八、政府采购的监督检查

政府采购监督管理部门应当加强对政府采购活动和集中采购机构的监督检查。监督检查的主要内容包括：第一，检查有关政府采购的法律、行政法规和规章的执行情况。《政府采购法》是规范采购行为的基本法律，基于《政府采购法》，国务院及其下属部门将制定有关办法，地方人大、政府也会制定地方性法规和其他具体办法。此外，在政府采购的实行过程中，还需要适用招标投标、合同管理等方面的法律、行政法规及规章。所有与政府采购有关法律是否得到全面正确的执行，都会对采购结果产生直接影响。第二，检查采购范围、采购方式和采购程序的执行情况。采购范围、采购方式和采购程序是贯彻政府采购公平、公开、公正原则的重要基础。目前来看，不按照采购范围、采购方式和采购程序的采购现象依然不同程度地存在，这有损于采购基本原则，有损于国家利益和公众利益。第三，检查政府采购人员职业素质和专业技能。采购人员是采购的当事人，他们的职业素质和专业技能是有效遏制采购腐败行为、提高采购效益和质量、保证采购活动顺利进行的基础和关键，必须大力加强对采购人员职业素质和专业技能的监督检查。

审计机关也应当对政府采购进行审计监督。此外，任何单位和个人对政府采购活动中的违法行为有权控告和检举，有关部门、机关应当依照各自职责及时处理。

第三节　国库集中收付制度

国库集中收付制度又称国库单一账户制度，是指由财政部门代表政府设置国库单一账户体系，所有的财政性资金均纳入国库单一账户体系收缴、支付和管理的制度，包括国库集中支付制度和收入收缴管理制度。收入通过国库单一账户体系缴入国库，支出通过国库单一账户体系支付到产品和服务的供应商或者用款单位，降低政府筹资成本，便于宏观政策调控。

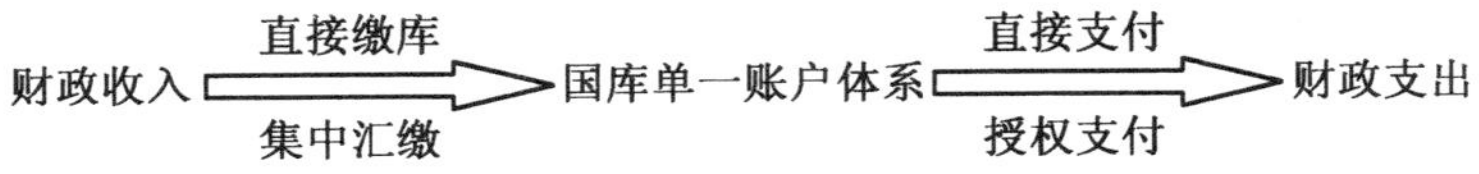

图4—1　国库单一账户体系

一、国库单一账户体系

(一)国库单一账户体系的概念

国库单一账户体系是指以财政国库存款账户为核心的各种财政性资金账户的集合。所有财政性资金的收入、支付、存储及资金清算活动均在该账户体系中运行。财政部是管理国库单一账户体系的职能部门。

(二)国库单一账户体系的构成

1. 国库单一账户

国库单一账户是财政不能在中国人民银行开设的国库存款账户(简称国库单一账户),用于记录、核算和反映纳入预算管理的财政收入和财政支出活动,并用于与财政部门在代理银行(由财政部确定、具体办理财政性资金支付业务的商业银行)开设的零余额账户进行清算,实现支付。

2. 零余额账户

零余额账户包括财政部门在商业银行为自己开设的和为预算单位开设的账户。财政部门为自己开设的零余额账户用于财政直接支付和与国库单一账户清算。该账户每日发生的支付,需于当日营业终了前与国库单一账户清算。对于每笔支付额 5 000 万元人民币(含 5 000 万元)以上的业务应该及时与国库单一账户清算,该账户仅限国库会计使用。财政部门为预算单位开设的零余额账户用于财政授权支付和与国库单一账户清算。该账户可以办理转账、提取现金等结算业务,可在行政单位和事业单位中使用。

3. 预算外资金财政专户

预算外资金财政专户是财政部在代理银行开设的,用于记录、核算和反映预算外资金的收入和支出活动,并用于预算外资金日常收支清算。该账户在财政部门设立和使用。财政部负责管理,代理银行负责根据财政部的要求进行该账户的收入支出业务。此外,预算外资金是用于核算预算外资金的收付,预算内资金不能进入该账户。

4. 小额现金账户

小额现金账户是财政部为预算单位在代理银行开设的,用于计量、核算和反映预算单位的小额零星支出,并与国库单一账户体系清算。该账户使用与预算单位日常的小额、零星、频繁的支出。

5. 特设专户

特设专户是经国务院和省级人民政府批准或授权财政部门批准开设的,用于记录、核算和反映预算单位的专项支出活动,并用于与国库单一账户清算的账户。预算单位不得将特设专户的资金转入本单位其他账户,也不得将其他账户资金转入本账户核算。

二、财政收入收缴方式和程序

(一)收缴方式

收缴方式分为直接缴库和集中汇缴。直接缴库即预算单位或缴款人按照法律法规的规定,直接将收入缴入国库单一账户或预算外资金财政专户。集中汇缴是指由征收机关和依法享有征收权限的单位按照规定,将收入汇总直接缴入国库单一账户或预算外资金财政专户的收缴方式。

(二)收缴程序

直接缴库的税收收入,由纳税人或其税务代理人纳税申报经征收机关审核无误后,由纳税人通过开户银行将税款缴入国库单一账户。直接缴库的其他收入按照上述程序缴入国库单一账户或预算外资金财政专户。集中汇缴的收入包括小额零散税收和法律另有规定的应缴收入,该类收入由征收机关于收缴收入的当日汇总缴入国库单一账户。非税收入中的现金缴款按照上述程序缴入国库单一账户或预算外资金财政专户。

三、财政支出支付方式和程序

(一)支付方式

财政性资金的支付方式实行财政直接支付和财政授权支付两种方式。

1. 财政直接支付

财政直接支付是指由财政部门向中国人民银行和代理银行签发支付指令,代理银行根据支付指令通过国库单一账户体系将资金直接支付到商品或劳务的供应商或预算单位的账户。财政直接支付通过财政零余额账户与国库单一账户实现支付。实行财政直接支付的支出主要包括工资支出、购买支出和转移支出。

2. 财政授权支付

财政授权支付是指预算单位按照财政部门的授权,自行向代理银行签发支付指令,代理银行根据支付指令,在财政部门批准的该预算单位的用款额度内,通过国库单一账户体系将资金支付到商品或劳务的供应商账户。财政授权支付是通过预算单位零余额账户和小额现金账户与国库单一账户实现支付。实行财政授权支付的支出包括未实行财政直接支付的购买支出和零星支出。

(二)支付程序

1. 财政直接支付程序

预算单位实行财政直接支付的财政性资金包括工资支出,工程采购支出,物品、服务采购支出。财政支付的程序如下:(1)一级预算单位按照批复的部门预算和资金使用计划,向财政支付机构提出支付申请;(2)财政国库支付执行机构根据批复的部门预算和资金使用计划及相关要求对支付申请审核无误后,向代理银行发出支付令;(3)代理银行根据直接支付凭证通过财政零余额账户及时将财政资金直接支付给收款人或用人单位银行账户,并在支付资金的当日将支付信息反馈给财政部门;(4)代理银行根据"财政直接支付凭证"办理资金支付后,开具"财政直接支付入账通知书"及时送达预算单位作为收到和付出相应款项的凭证;(5)预算单位根据收到的支付凭证做好相应的会计核算工作;(6)财政国库收付局根据代理银行的回单,记录各用款单位的支出明细。

2. 财政授权支付程序

财政授权支付程序适用于未纳入工资支出、工程采购支出、物品和服务采购支出管理的购买支出和零星支出,包括单件物品或单项服务购买额不足10万元人民币的购买支出;年度财政投资不足50万元人民币的工程采购支出;特别紧急支出和经财政部门批准的其他支出。

预算单位按照批复的部门预算和资金使用计划,向国库支付执行机构申请授权支付月度用款限额,国库支付执行机构将批准后的限额通知代理银行和预算单位,并通知中国人民银行国库部门,预算单位在月度用款限额内自行开具支付令,通过国库支付执行机构转由代理银行向收款人付款,并与国库单一账户清算。财政授权支付是通过预算单位零余额户和小额现金账户与国库单一账户实现支付。财政授权支付程序如图 4—2 所示。

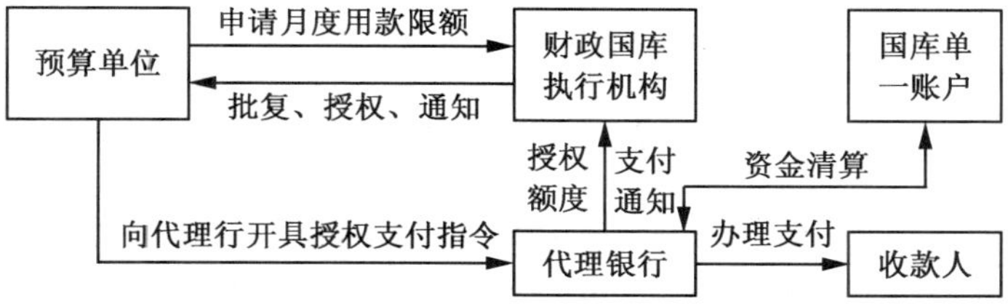

图 4—2　财政授权支付程序

案例分析

一、案例综述

大亚湾核电站是我国第一座大型商用核电站，从开工建设以来就一直非常重视预算管理的运用。在 1994 年进入商业运营期之后，该电站推行预算管理。按照预算管理的要求，公司制定了各种程序、制度，从各方面对预算管理做出明确规定。按照经济业务不同，公司分别制定了《生产预算编制与执行程序》《资本性预算编制与执行程序》《材料采购预算编制与执行程序》等专门规定来执行具体的预算管理，同时还颁布了《成本中心运作管理规定》来规范成本中心的职责、权力。

该电站的预算管理遵循"工作计划—预算编制—立项—承诺—支付—反馈—工作计划"的管理循环。每年 8 月，财务部向公司各级成本中心负责人下达下年度"预算编制计划大纲"并开展相关的在岗业务培训，各级成本中心负责人及预算协调员在接受在岗业务培训和阅读理解该大纲的基础上，开展年度预算的编制与申报工作。问题如下：

1. 根据以上资料分析《预算法》中的预算组织的程序。

2. 根据预算组织程序，分析大亚湾核电站的预算组织的基本程序。

3. 分析大亚湾核电站的预算组织程序的优点。

二、分析与提示

1. 预算组织程序依照先后顺序可分为编制、审批、执行、调整。首先，国务院下达关于编制下一年预算草案的通知，国务院财政部门具体部署编制预算草案的具体事项，各级政府、各部门、各单位应当按照国务院规定的时间编制预算草案；其次，各级人民代表大会负责审查和批准本级预算；再次，各级政府负责本级预算的执行，各级财政部门负责本级预算的具体执行，各部门、各单位负责本部门、本单位预算的执行；最后，在预算执行中，各级政府对于必须进行的预算调整，应当编制预算调整方案，由各级人民代表大会常务委员会批准。

2. 该电站的预算管理遵循"工作计划—预算编制—立项—承诺—支付—反馈—工作计划"的管理循环。

(1)工作计划。工作计划是预算的基础。

(2)预算编制。预算编制以成本中心为单位开展实施，成本中心自下而上分为科级一处级一部级，下一级成本中心向上一级申报，部级成本中心负责审议所属的下级成本中心的预算，然后送往财务部。

(3)立项。各成本中心填制立项申请单，先由本预算中心预算协调员检查申请单是否符合预算管理系统的预算与立项情况，再由授权成本中心负责人签字；所有实施项目都要按照《合同采购手册》等公司章程的规定立项申请。

(4)承诺。立项申请获得核准后，由公司商务部门组织对外询价、签订合同的活动；商务部门申请的合同推荐除按照程序逐步审批外，还需经过原申请立项各部门归口管理单位签字认可，各部门预算归口管理单位定期记录合同推荐并与财务部成本处核对。

(5)商务部门申请的合同支付除按照程序逐步审批外，还需经过原申请立项各部门归口管理单位签字认可，各部门预算归口管理单位定期记录支付资料并与财务部成本处核对。

(6)反馈。预算反馈包括对预算执行情况实行定期分析、报告、考核。财务部成本处每月汇总编制《预算执行情况及成本分析报告》报财务部经理、总经理审核批示，年终编制《年度预算执行情况分析表》《年度预算成本与往年同期费用对比分析表》对年度预算工作与成本控制工作进行考核，并编制《年度预算控制回顾》报财务部经理、总经理审核批示。

公司制度规定，采购执行“没有预算不能立项，没有立项不能承诺，没有承诺不能支付”这一不可逆过程，保证采购严格按流程走，有效遏制以权谋私、贪污腐败，在各部门形成监督制约机制。

3. 大亚湾核电站的预算组织程序的优点是：有助于管理者协调和贯彻计划，促进部门间、上下级间的合作与交流；有助于企业业绩评价，激励全体员工共同完成企业目标。

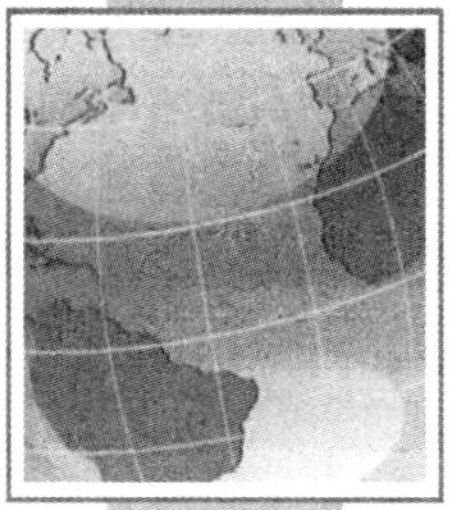

第五章 税收法律制度

第一节　税收法律概述

一、税收的概念与特征

(一)税收的概念

税收是国家为实现其公共财政职能,凭借国家权力依法向纳税人征收一定货币作为财政收入的一种手段。税收同时体现着国家强制、无偿参与国民收入的分配和再分配,是国家调节经济的重要杠杆。

(二)税收的特征

税收的特征是指税收分配形式区别于其他财政分配形式的质的规定性。税收的特征体现税收的本质,是区别税与非税的外在尺度。税收具有无偿性、强制性、固定性三个特征。

1. 无偿性

这是指国家征税以后对具体的纳税人既不需要直接偿还,也不需要付出任何直接形式的报酬。无偿性是税收的关键特征,是调节经济的有力工具。

2. 强制性

这是指税收是国家凭借政治权力、基于相应的法律法规强制征收,是不以纳税人的自愿与否为前提的。纳税人必须依法纳税,否则将受到法律的制裁。税收的无偿性通过强制性予以保证。

3. 固定性

这是指国家在征税前,预先通过法律形式规定了征税对象、税率、税目、纳税义务人等,并保持相对的连续性和稳定性。一方面,税收的固定性保证财政收入的稳定性;另一方面,保护了纳税人的合法权益不受侵犯。

二、税收与税法的关系

(一)税法的概念

税法即税收法律制度,是国家制定的用以调节国家与征税人之间在征税方面的权利与义务的法律规范的总称,是国家法律的重要组成部分。它是国家税务机关及一切纳税单位和个人依法征税、依法纳税的行为规则。

(二)税收与税法的关系

税收和税法是密不可分的,税法是税收的法律表现形式,税收则是税法所确定的具体内容。国家对财政收入的需要决定了税收的存在,税收的存在又决定了税法的存在。税法是税收具体内容的规范和税收强制性实现的保证,税收的结果又是衡量税法科学性、合理性的重要标准。

税收与税法的区别在于:税收属于经济基础范畴,是一种经济活动;而税法属于上层建筑范畴,是一种法律行为。税收体现的是国家与纳税人之间经济利益分配关系,而税法体现的是国家与纳税人的税收权利义务关系。

三、税收的分类

(一)按课税对象的性质分

按课税对象性质的不同,全部税种可以划分为流转税、所得税、财产税、资源税和行为税。

1. 流转税

流转税是以商品生产、商品流通和劳动服务的流转额为征税对象的一种税。流转类税收以商品的流转额或非商品的流转额为计税依据,在生产经营及销售环节征收,收入不受成本费用变化的影响。我国现行的流转税包括增值税、消费税等。

2. 所得税

所得税是以纳税人在一定时期的所得额为课税对象征收的一种税,包括企业所得税和个人所得税。所得税体现了多得多征、少得少征、不得不征,即税收量能负担原则,故所得税成为世界各国的主要税种。

3. 财产税

财产税是以纳税人拥有或使用的财产为课税对象征收的一种税,包括房产税、车船税等。财产税对于调节各阶层收入、促进财产的有效利用具有重要作用。

4. 资源税

资源税是以自然资源和某些社会资源为课税对象征收的一种税,包括资源税、城镇土地使用税等。我国现行的资源税实行从量定额征收,有利于调节资源级差收入、促进资源的有效配置。

5. 行为税

行为税是以纳税人在经济活动中某些特定行为为课税对象的一类税,包括印花税、城市建设维护税等。行为税既可以限制、调节某些行为,又可以开辟税源、增加财政收入。

(二)按计税标准分

按计税标准的不同,可以将税收划分为从价税、从量税和复合税。

从价税是以课税对象的价值量为计税依据计算应纳税额的一种税,如增值税。

从量税是以课税对象的实物量或标准计量单位为计税依据计算应纳税额的一种税,如资源税等。

复合税是指对征税对象采取从价和从量相结合的复合计税方式征收的一种税,如对卷烟、白酒征收的消费税。

(三)按税收的征收管理权限和收入支配权限分

按税收的征收管理权限和收入支配权限划分,税收可以划分为中央税、地方税、中央和地方共享税等。

凡是收入归中央所有的税种，属于中央税；凡是收入归地方政府所有的税种，属于地方税；凡是收入按一定比例分别归中央和地方所有的税种，属于中央和地方共享税。这种划分，有利于调动中央和地方的积极性。

四、税法的构成要素及分类

（一）税法的构成要素

税法的构成要素即课税要素，是各种单行税法具有的共同的基本要素的总称。税法的构成要素一般包括总则、纳税主体、征税对象、税率、纳税环节、纳税期限、纳税地点、税收优惠、征收方法、法律责任等。其中纳税义务人、征税对象和税率是构成税法的三个最基本的要素。

1. 纳税主体

纳税主体又称纳税义务人，是税法规定的直接负有纳税义务的单位和个人，即规定“由谁纳税”。纳税人包括自然人和法人。

2. 征税对象

征税对象，又称课税对象，是税法中规定征税的目的物，即规定“对什么征税”。征税对象包括流转额、所得额、行为、财产、资源五大类。征税对象是区分不同税种的重要标志，体现着各种税的征收范围。

3. 税率

税率是指应纳税额和征税对象之间的数量关系，是计算税额的尺度，是税法的核心内容，也是衡量税负轻重与否的重要标志。我国现行税率的基本形式有三种：比例税率、累进税率和定额税率。

4. 纳税环节

纳税环节是指征税对象在从生产到消费的流转过程中应当缴纳税款的环节。纳税环节制约着税制结构，对取得财政收入和调节经济发展有着重要影响。按照纳税环节的多少，可以将税收课征制度分为两类：一次课征制和多次课征制。

5. 纳税期限

纳税期限是税法规定纳税人发生纳税义务后缴纳税款的期限。它是税收强制性和固定性在时间上的体现。纳税期限一般分为按次征收和按期征收两种。

6. 纳税地点

纳税地点是税法中规定纳税人具体缴纳税款的地点。它是本着有利于税源控制的原则，在综合考虑征税对象、纳税环节等的基础上确定的。纳税地点一般为经营机构所在地、经营活动发生地、财产所在地和报关地等。

7. 税收优惠

税收优惠是税法规定的对某些纳税人或征税对象给予一定免除的特殊规定。主要有减免税、税收抵免等形式。税收优惠的制定一方面是为了鼓励、支持某些行业或项目的发展，另一方面是为了照顾某些纳税人的特殊困难。

8. 法律责任

法律责任是指税收法律关系的主体（纳税人和税务机关）因违反税法而承担的法律责任。法律责任形式主要包括经济责任、行政责任和刑事责任三种。

（二）税法的分类

按照不同的标准，税法可以进行如下分类：

1. 按征税对象分

按照税法征税对象的不同，可分为对流转税额课税的税法，对所得额课税的税法，对财产、行为课税的税法和对资源课税的税法。

对流转税额课税的税法主要包括增值税法、消费税法等，其主要目的在于调控商品的生产、流通和消费。

对所得税额课税的税法主要包括企业所得税法、个人所得税法等。其特点是可以直接调节纳税人收入，发挥其公平税负、调节分配关系的作用。

对财产、行为课税的税法主要规定对财产的价值或某种行为课税的税法，包括房产税法、印花税法等。

对资源课税的税法的目的在于保护和合理使用国家自然资源。

2. 按税法基本内容分

按照税法的基本内容，可分为税收基本法和税收普通法。

税收基本法是税法体系的核心和主体，在整个税收法律体系中居于母法地位，对各实体法和程序法起着统领作用。其基本内容包括税收管理体制、税务主管机关、税收法律责任、税收制度的性质等。目前，我国还没有制定统一的税收基本法，中国法律体系中宪法和单行税法之间仍是空白，因此制定税收基本法对于加速税收的法制化进程有着重要作用。

税收普通法是根据税收基本法的原则，对税收基本法规规定的事项分别立法实施的法律，如个人所得税法、税收征收管理法等。

3. 按税法的职能、作用分

按照税法的职能、作用分类，可分为税收实体法和税收程序法。

税收实体法是规定税收法律关系主体权利、义务的法律规范的总称，具体规定征税对象、征收范围、计税依据、税目、税率等内容。我国税收实体法的内容主要包括流转税法、财产税法、所得税法和行为税法。例如《中华人民共和国企业所得税法》《中华人民共和国个人所得税法》均属于税收实体法。

税收程序法是指以国家税收活动中所发生的程序关系为调整对象的税法，是规定国家征税权行使程序和纳税人纳税义务履行程序的法律规范的总称。其主要内容包括税收确定程序、税收征收程序、税收检查程序和税收争议的解决程序。《中华人民共和国税收征收管理法》就属于税收程序法。

4. 按主权国家行使税收管辖权分

按照主权国家行使税收管辖权的不同，可分为国内税法、国际税法、外国税法。

国内税法是一国在其税收管辖范围内调整国家与纳税人之间权利义务关系的法律规范的总称，其效力范围一般按照属人或者属地的原则确定。

国际税法是调整在国家与国际社会协调相关税收过程中所产生的国家涉外税收征纳关系和国家间税收分配关系的法律规范的总称，主要包括双边或多边国家间的税收协定、条约、国际惯例等。

外国税法是指外国各个国家制定的税收制度。

第二节　流转税法律制度

流转税是指以纳税人商品生产、流通环节的流转额或者非商品交易的营业额为征税对象的一类税收，主要包括增值税、消费税、关税等。流转税是商品生产和商品交换不断发展的产物，在税收体系中占有重要地位。

一、增值税

增值税是对在我国境内销售货物，提供加工、修理修配劳务以及进口货物的单位和个人，就其应税货物或应税劳务的增值额为计税依据征收的一种流转税。增值额是指纳税人在生产经营应税商品、提供应税劳务过程中新创造的价值。

我国现行增值税的基本规范是国务院于2008年11月10日颁布的《中华人民共和国增值税暂行条例》(以下简称《增值税暂行条例》)。从2011年10月开始，国务院决定开展深化增值税制度改革，就交通运输业和部分现代服务业进行“营改增”的试点。2013年12月，国家税务总局决定自2014年1月1日起，在全国范围内开展铁路运输和邮政业营业税改增值税试点。2016年5月1日，我国开始全面推行营改增，试点范围扩大到建筑业、房地产业、金融业和生活服务业。2017年，国务院常务会议通过了《国务院关于废止〈中华人民共和国营业税暂行条例〉和修改〈中华人民共和国增值税暂行条例〉的决定》，原来实行营业税的服务业领域已统一征收增值税，实质上全面取消了实施60多年的营业税。2018年4月以来，税务总局陆续公布一系列减税政策，包括进一步提高增值税小规模纳税人标准、降低增值税税率、提高小规模纳税人免税额度等。

(一)增值税的类型

根据在计算增值额时是否扣除固定资产价值，增值税可以分为生产型增值税、收入型增值税和消费型增值税三类。

1. 生产型增值税

生产型增值税以纳税人的销售收入(劳务收入)减去用于生产、经营的物资资料价值后的余额作为增值额，不允许扣除购置的固定资产及其折旧。就整个社会而言，增值额大体上相当于国内生产总值。

2. 收入型增值税

收入型增值税以纳税人的销售收入(劳务收入)减去用于生产、经营的物资资料价值，再减去纳税期内应计入产品价值的固定资产折旧后的余额作为增值额。就整个社会而言，增值额大体上相当于国民收入。

3. 消费型增值税

消费型增值税允许将纳税期内购置的用于产品生产的固定资产价款在纳税期内一次全部扣除，从而使纳税人生产应税产品的全部外购资料不负担税款。就整个社会而言，增值额仅相当于社会消费资料的价值。

(二)增值税纳税人

在中国境内销售货物或者提供加工、修理修配劳务及进口货物的单位和个人为增值税的纳税人。为便利增值税的管理，我国目前的《增值税暂行条例》将纳税人划分为一般纳税人和小规模纳税人，对一般纳税人实行规范计税办法，对小规模纳税人实行简易计税办法。

1. 一般纳税人

一般纳税人是指年应征增值税销售额超过规定的小规模纳税人标准的企业和企业性单位。这类企业一般规模较大，会计核算健全，能够提供完整的核算资料。

符合一般纳税人条件的纳税人，均应向其企业所在地(县、市、区)国家税务局或者同级别的税务分局申请办理一般纳税人认定手续。除国家税务总局另有规定外，纳税人一经认定为一般纳税人后，不得转为小规模纳税人。

2. 小规模纳税人

小规模纳税人是指年应税销售额在规定标准以下，会计核算不健全，不能按照规定报送有关资料的纳税人。根据财税[2018]33 号文件《财政部 税务总局关于统一增值税小规模纳税人标准的通知》，增值税小规模纳税人标准为年应征增值税销售额 500 万元及以下。自 2018 年 5 月 1 日起执行。

增值税小规模纳税人标准提高后，同时符合以下条件的一般纳税人，可选择转登记为小规模纳税人，或选择继续作为一般纳税人：

(1)按照《中华人民共和国增值税暂行条例实施细则》第二十八条规定已登记为增值税一般纳税人的。

(2)转登记日前连续 12 个月(以 1 个月为 1 个纳税期，下同)或者连续 4 个季度(以 1 个季度为 1 个纳税期，下同)累计应征增值税销售额(以下称应税销售额)未超过 500 万元的。

(三)增值税税率

1. 增值税基本税率

纳税人销售货物或者进口货物，除适用低税率、零税率或者征收率的货物外，适用 13%的税率。纳税人提供加工、修理修配劳务，适用 13%的税率。

2. 增值税低税率

增值税一般纳税人销售或者进口下列货物，适用 9%的低税率。

(1)粮食、食用植物油、食用盐；

(2)自来水、暖气、冷气、热水、煤气、石油液化气、天然气、二甲醚、沼气、居民用煤炭制品；

(3)图书、报纸、杂志、电子出版物；

(4)饲料、化肥、农药、农机、农膜；

(5)国务院规定的其他货物，包括农产品(种植业、养殖业、林业、牧业、水产业生产的各种植物、动物的初级产品)，音像制品(正式出版的录有内容的录像带、录音带、唱片、激光盘和激光视盘)。

3. 营改增项目增值税税率

表 5—1　　　　营改增项目增值税税率

营改增项目		税　率
交通运输服务	铁路运输服务、水路运输服务、航空运输服务(含航天运输服务)和管道服务、无运输工具承运业务	9%
邮政服务	邮政普遍服务、邮政特殊服务、其他邮政服务	9%
电信服务	基础电信服务	9%
	增值电信服务	6%
建筑服务	工程服务、安装服务、修缮服务、装饰服务和其他建筑服务	9%
销售不动产	转让建筑物、构筑物等不动产所有权	9%

续表

营改增项目		税　率
金融服务	贷款服务、直接收费金融服务、保险服务和金融商品转让	6%
现代服务	研发和技术服务、信息技术服务、文化创意服务、物流辅助服务、鉴证咨询服务、广播影视服务、商务辅助服务、其他现代服务	6%
	有形动产租赁服务	13%
	不动产租赁服务	9%
生活服务	文化体育服务、教育医疗服务、旅游娱乐服务、居民日常服务、其他生活服务	6%
销售无形资产	转让技术、商品、著作权、商誉、自然资源和其他权益性无形资产使用权或所有权	6%
	转让土地使用权	9%

4. 增值税零税率

(1)纳税人出口货物(国务院另有规定的除外)。对出口货物在出口环节不增收增值税外，还要对该产品在出口环节前已经缴纳的增值税进行退税，从而使该产品无税进入国际市场。对于国务院另有规定的少数出口货物，包括纳税人出口的原油、援外出口货物、糖、国家禁止出口的货物，不适用零税率。

(2)境内单位和个人跨境销售国务院规定范围内的服务、无形资产。境内的单位和个人销售适用于增值税零税率的服务或无形资产的，可以放弃适用增值税零税率，选择免税或按规定缴纳增值税。放弃适用增值税零税率后，36 个月内不得再申请适用增值税零税率。

5. 增值税征收率

增值税征收率是指在纳税人因财务会计核算制度不健全、不能提供税法规定的课税对象和计税依据等资料的情况下，适用简易征收办法时所适用的税率。适用于小规模纳税人以及允许适用简易计税方式的一般纳税人。

(1)征收率 3%的情况：小规模纳税人销售货物或者加工、修理修配劳务，销售应税服务、无形资产；一般纳税人发生按规定适用或者可以选择简易计税方法计税的特定应税行为，但适用于 5%征收率的除外。

(2)征收率 5%的情况：销售不动产；符合条件的经营租赁不动产(土地使用权)；转让营改增前取用的土地使用权；房地产开发企业销售、出租自行开发的房地产老项目；符合条件的不动产融资租赁；选择差额纳税的劳务派遣、安全保护服务；一般纳税人提供人力资源外包服务。

(3)征收率 5%减按 1.5%的情况：个人出租住房，按照 5%的征收率减按 1.5%应纳税额。

(4)征收率 3%减按 2%的情况：纳税人销售旧货；小规模纳税人(不含其他个人)以及符合规定情形的一般纳税人销售自己使用过的固定资产，可依 3%征收率减按 2%征收增值税。

(四)增值税应纳税额

1. 一般纳税人应纳税额的计算

一般纳税人销售货物或者提供应税劳务实行规范化的计税办法，其应纳税额的计算一般采用税款抵扣的方法，计算公式为：

应纳税额＝当期销项税额－当期进项税额

(1)销项税额的计算。销项税额是指一般纳税人销售货物或者应税劳务，按照销售额和规定的税率计算并向购买方收取的增值税额，计算公式为：

销项税额＝销售额×适用税率

(2)销售额。销售额是指纳税人销售货物或者应税劳务向购买方收取的全部价款和价外费用。

价外费用是指在价外向购买方收取的费用，包括价外收取的手续费、补贴、基金、返还利润、奖励费、违约金、滞纳金、赔偿金、代收款项、包装物租金、运输装卸费等其他各种性质的价外费用。但是，下列项目不包括在价外费用内：向购买方收取的增值税税额；受托加工应征消费税的消费品所代收、代缴的消费税；纳税人代垫运费同时满足承运部门的运输费用发票开具给购买方，纳税人将该项发票转交给购买方的。

我国增值税是价外税，计税依据中不含增值税本身的数额，一般纳税人销售货物或应税劳务采用销售额和销项税额合并定价的方法，按下列公式计算销售额：

销售额＝含税销售额÷(1＋税率)

(3)进项税额。进项税额是指一般纳税人购进货物或者接受应税劳务所支付或者负担的增值税税额。进项税额与销项税额是一个相对应的概念，销售方收取的销项税额就是购买方支付的进项税额。增值税的核心就是允许用纳税人收取的销项税额抵扣其支付的进项税额，余额为应缴纳的增值税税额。进项税额的多少直接影响到纳税人应缴纳增值税数额的多少。

根据税法的规定，下列进项税额准许从销项税额中抵扣：

①从销售方取得的增值税专用发票上注明的增值税额。

②从海关取得的海关进口增值税专用缴款书上注明的增值税额。

③购进农产品，除取得增值税专用发票或者海关进口增值税专用缴款书外，按照农产品收购发票或者销售发票上注明的农产品卖价和9%的扣除率计算的进项税额，即：进项税额＝买价×扣除率(9%)；对增值税一般纳税人购进用于生产或者委托加工13%税率货物，按照10%扣除率计算进项税额。

④购进国内旅客运输服务，其进项税额允许从销项税额中抵扣。纳税人取得增值税专用发票的，以发票上注明的税额为进项税额。纳税人未取得增值税专用发票的，暂按照以下规定确定进项税额：取得注明旅客身份信息的航空运输电子客票行程单，按照航空旅客运输进项税额＝(票价＋燃油附加费)÷(1＋9%)×9%；取得注明旅客身份信息铁路车票，按照铁路旅客运输进项税额＝票面金额÷(1＋9%)×9%；取得注明旅客身份信息的公路、水路等其他客票，按照公路、水路等其他旅客运输进项税额＝票面金额÷(1＋3%)×3%。

根据税法的规定，下列项目的进项税额不得从销项税额中抵扣，应将其计入相关项目的成本：

①用于非增值税应税项目、免征增值税项目、集体福利或者个人消费的购进货物或者应税劳务。

②非正常损失的购进货物及相关的应税劳务。非正常损失主要是指因管理不善造成的被盗、丢失、变质的损失。

③非正常损失的在产品、产成品所耗用的购进货物或者应税劳务。

④纳税人自用的应征消费税的摩托车、汽车和游艇。

⑤上述各项规定货物的运输费用和销售免税货物所发生的运输费用不得计算抵扣进项税额。

2. 小规模纳税人应纳税额的计算

小规模纳税人销售货物或者应税劳务，实行按照销售额和征收率计算应纳税额的简易办法，且不得抵扣进项税额。小规模纳税人的增值税征收率为 3％，应纳税额的计算公式为：

应纳税额＝不含税销售额×征收率（3％）

3. 进口货物应纳税额的计算

从纳税义务上看，凡申报进入我国海关境内的货物均应征收增值税。纳税人是进口货物的收货人或者办理报关手续的单位和个人。进口货物适用的增值税税率为 9％或 13％，与内销货物相同。

纳税人进口货物，按照组成计税价格和规定税率计算应纳税额，不得抵扣任何税额。

组成计税价格＝关税完税价格＋关税＋消费税

应纳税额＝组成计税价格×税率

（五）增值税征收管理

1. 增值税纳税义务发生时间

纳税义务发生时间是指纳税人发生应税义务行为应当承担纳税义务的起始时间。根据《增值税暂行条例》，销售货物或者应税劳务，增值税纳税义务发生的时间为收讫销售款或者取得索取销售款凭据的当天，先开具发票的，为开具发票的当天。纳税人进口货物，增值税纳税义务发生时间为报关进口的当天。

纳税人收讫销售款或者取得索取销售款凭据的当天，按照销售结算方式的不同而不同，相关规定如下：

（1）采取直接收款方式销售货物，不论货物是否发出，均为收到销售款或者取得索取销售款凭据的当天。

（2）采取托收承付和委托银行收款方式销售货物，为发出货物并办妥托收手续的当天。

（3）采取赊销或者分期收款方式销售货物，为书面合同约定的收款日期当天，无书面合同的或者书面合同没有约定收款日期的，为货物发出的当天。

（4）采取预收货款方式销售货物，为货物发出的当天，但生产销售生产工期超过 12 个月的大型机械设备、船舶、飞机等货物，为收到预收款或者书面合同约定的收款日期的当天。

（5）委托其他纳税人代销货物，为收到代销单位的代销清单或者收到全部或者部分货款的当天。未收到代销清单及货款的，为发出代销货物满 180 日的当天。

（6）销售应税劳务，为提供劳务同时收讫销售款或者取得索取销售款的凭据的当天。

（7）发生视同销售货物行为的，为货物移送当天。

2. 增值税纳税地点

固定业户应当向其机构所在地的主管税务机关申报纳税。总机构与分支机构不在同一县（市）的，应当分别向各自所在地的主管税务机关申报纳税；经国务院财政、税务主管部门或者授权的财政、税务机关批准，可以由总机构汇总向总机构所在地的主管税务机关申报纳税。

规定业户到外县（市）销售货物或应税劳务，应当向其机构所在地的主管税务机关申请开具外出经营活动管理证明，并向其机构所在地的主管税务机关申报纳税；未向销售地或劳务发生地的主管税务机关申报纳税的，由其机构所在地的主管税务机关补征税款。

非固定业户销售货物或者应税劳务、应税服务，应当向销售地或劳务、应税服务发生地的主管税务机关申报纳税；未向销售地或劳务、应税服务发生地的主管税务机关申报纳税的，由其机构所在地或居住地的主管税务机关补征税款。

纳税人进口货物，应当向报关地海关申报纳税。

扣缴义务人应当向其机构所在地或者居住地主管税务机关申报缴纳其扣缴的税款。

3. 增值税纳税期限

增值税纳税期限分别为1日、3日、5日、10日、15日、一个月或者一个季度。纳税人的具体纳税期限，由主管税务机关根据纳税人应纳税额的大小分别核定；不能按照固定期限纳税的，可以按次纳税。

纳税人以一个月或者一个季度为一个纳税期的，自期满之日起15日内申报纳税；以1日、3日、5日、10日或者15日为一个纳税期的，自期满之日起5日内预缴税款，于次月1日起15日内申报纳税并结清上月应纳税款。

纳税人进口货物，应当自海关填发进口增值税专用缴款书之日起15日内缴纳税款。

二、消费税

消费税是对我国境内从事生产、委托加工和进口应税消费品的单位和个人就其应税消费品征收的一种流转税。消费税以消费品为课税对象，税收随价格转移给消费者负担，因而消费税是国家引导居民消费、调整产业结构的重要手段。

1993年底，国务院正式颁布《中华人民共和国消费税暂行条例》，并于1994年1月1日起实施。2008年11月，国务院对该条例进行了修订。2008年12月15日，财政部、国家税务总局颁布《中华人民共和国消费税暂行条例实施细则》。

(一)消费税的计税方法

消费税的计税方法主要包括从价定率征收、从量定额征收、从价定率和从量定额复合征收三种。

1. 从价定率征收

在从价定率征收的方式下，根据不同的应税消费品确定不同的比例税率，以应税消费品的销售额为基数乘以比例税率确定计算应纳税额。所谓的销售额和增值税的税基一样，都是指含消费税而不含增值税的销售额。在从价定率征收的情况下，消费税的税额会随应税消费品的价格变动而同向变动。

2. 从量定额征收

在从量定额征收的方式下，根据不同的应税消费品确定不同的单位税额，以应税消费品的数量为基数乘以单位税额计算应纳税额。从量定额征收下的消费税额具有相对的稳定性。

3. 从价定率和从量定额复合征收

复合征收与前两种征收方法相同，只不过对同一消费品同时采用两种计税方法计算税额，以两种方式计算的应纳税额之和为该应税消费品的应纳税额。目前，我国只对烟和酒采用复合征收方式。

(二)消费税纳税人

根据《消费税暂行条例》的规定，在中华人民共和国境内生产、委托加工和进口本条例规定的消费品的单位和个人，以及国务院确定的销售应税消费品的其他单位和个人，为消费税的纳税人。“在中华人民共和国境内”是指生产、委托加工和进口应税消费品的启运地或所在地在境内。

(三)消费税的税目和税率

1. 消费税的税目

我国现行的消费税共设置15个税目:

(1)烟(包括卷烟、雪茄烟和烟丝等子目);

(2)酒(包括粮食白酒、薯类白酒、黄酒、啤酒、果啤和其他酒等子目);

(3)高档化妆品(包括高档美容、修饰类化妆品,高档护肤类化妆品和成套化妆品,不包括普通化妆品,舞台、戏剧、影视演员化妆用的上妆油、卸装油、油彩);

(4)贵重首饰及珠宝玉石;

(5)鞭炮和焰火(不包括体育上用的发令纸、鞭炮药引线);

(6)成品油(包括汽油、柴油、石脑油、溶剂油、航空煤油、润滑油、燃料油7个子目);

(7)小汽车[包括乘用车、中轻型商用客车,要求含驾驶员座位在内的座位数≤23座,不包括电动汽车,车身长度≥7米并且座位10~23座(含)以下的商用客车,沙滩车,雪地车,卡丁车,高尔夫车];

(8)摩托车(包括轻便摩托车和摩托车两种);

(9)高尔夫球及球具[包括高尔夫球、高尔夫球杆及高尔夫球包(袋)等];

(10)高档手表(每只不含增值税销售价格≥10 000元);

(11)游艇(8米≤长度≤90米);

(12)木制一次性筷子(含未经打磨、倒角的木制一次性筷子);

(13)实木地板(以木材为原料,包括各类规格的实木地板、实木指接地板、实木复合地板以及用于装饰墙壁、天棚的侧端面为榫、槽的实木装饰板,未经涂饰的素板也属于本税目征税范围);

(14)电池[自2015年2月1日起征收,对无汞原电池、金属氢化物镍蓄电池(又称“氢镍蓄电池”或“镍氢蓄电池”)、锂原电池、锂离子蓄电池、太阳能电池、燃料电池和全钒液流电池免征消费税];

(15) 涂料[自2015年2月1日起对涂料征收消费税,对施工状态下挥发性有机物含量低于420克/升(含)的涂料免征消费税]。

2. 消费税的税率

我国现行的消费税税率包含比例税率和定额税率两种形式,以适应不同应税消费品的实际情况。基于用量大、计量单位规范、同类产品价格差异不大的考虑,我国消费税对黄酒、啤酒及成品油实行定额税率,而对于多数消费品则实行比例税率,对卷烟、粮食白酒、薯类白酒则实行复合税率。

(四)消费税应纳税额

1. 销售额的确认

采用从价定率计税方法计算消费税时,其计税依据是销售额。其中,销售额为纳税人销售应税消费品向购买方收取的全部价款和价外费用。“价外费用”包括价外收取的基金、集资费、补贴、违约金、手续费、包装费、运输装卸费等。

应税消费品在缴纳消费税的同时,还应缴纳增值税。按照消费税的规定,应税消费品的销售额不应该包括应向购买方收取的增值税税款。如果纳税人的销售额中未扣除增值税税款,在计算消费税时,应当换算为不含增值税税款的销售额。其换算公式为:

应税消费品的销售额＝含增值税的销售额÷(1＋增值税税率或征收率)

2. 销售量的确认

采用从量定额计税方法计算消费税时，应纳税额等于应税消费品的销售数量乘以单位税额。其中销售数量是指纳税人生产、加工和进口应税消费品的数量，具体规定如下：

(1)销售应税消费品的计税依据为应税消费品的销售数量。

(2)自产自用应税消费品的计税依据为应税消费品的移送使用数量。

(3)委托加工应税消费品的计税依据为委托人收回的应税消费品数量。

(4)进口应税消费品的计税依据为海关核定应税消费品进口征税数量。

3. 从价从量复合计征

我国于2001年开始对卷烟、粮食白酒、薯类白酒采用复合计征方法，计算公式为：

应纳消费税税额＝应税销售数量×定额税率＋应税销售额×比例税率

生产销售卷烟、粮食白酒、薯类白酒从量定额计税依据为实际销售数量。进口、委托加工、自产自用卷烟、粮食白酒、薯类白酒从量定额计税依据分别为海关核定的进口征税数量、委托方收回数量、移送使用数量。

4. 应税消费品已纳税款扣除

为避免重复征税，税法规定，将外购和委托加工收回的应税消费品连续生产应税消费品，可以将外购应税消费品和委托加工收回应税消费品已缴纳的消费税予以扣除。具体规定如下：

(1)以外购的已税消费品为原料连续生产销售的应税消费品，在计税时应按当期生产领用数量计算准予扣除外购的应税消费品已纳的消费税税款。

(2)委托加工的应税消费品收回后直接出售的，不再征收消费税。

(五)消费税征收管理

1. 消费税纳税义务发生的时间

纳税人生产应税消费品，除金银首饰外，均于销售时纳税。按照销售方式和结算方式的不同，其纳税义务发生的具体时间也不同。

(1)采取赊销和分期收款结算方式的，为书面合同约定的收款日期的当天；书面合同没有约定收款日期或者无书面合同的，为发出应税消费品的当天。

(2)采取预收货款结算方式的，为发出应税消费品的当天。

(3)采取托收承付和委托银行收款方式的，为发出应税消费品并办妥托收手续的当天。

(4)采取其他结算方式的，为收讫销售款或者取得索取销售款凭据的当天。

(5)纳税人自产自用应税消费品的，为移送使用的当天。

(6)纳税人委托加工应税消费品的，为纳税人提货的当天。

(7)纳税人进口应税消费品的，为报送进口的当天。

2. 消费税的纳税地点

纳税人销售应税消费品及自产自用的应税消费品，除国务院财政、税务主管部门另有规定外，应当向纳税人机构所在地或者居住地的主管税务机关申报纳税。纳税人总机构和分支机构不在同一县(市)的，应当分别向各自机构所在地的主管税务机关申报纳税；经财政部、国家税务总局或者其授权的财政、税务机关批准，可以由总机构汇总向总机构所在地的主管税务机关申报纳税。

纳税人到外县(市)销售或者委托外县(市)代销自产应税消费品的，于应税消费品销售后，向机构所在地或者居住地主管税务机关申报纳税。

委托加工的应税消费品，除受托方为个人外，由受托方向机构所在地或者居住地的主管税务机关解缴消费税税款。进口的应税消费品，由进口人或者其代理人向报关地海关申报纳税。

3. 消费税的纳税期限

消费税的纳税期限分别为1日、3日、5日、10日、15日、1个月或1个季度。纳税人的具体纳税期限，由主管税务机关根据纳税人应纳税额的大小分别核定，不能够按照固定期限纳税的，可以按次纳税。

纳税人以一个月或者一个季度为一个纳税期的，自期满之日起15日内申报纳税；以1日、3日、5日、10日或者15日为一个纳税期的，自期满之日起5日内预缴税款，于次月1日起15日内申报纳税并结清上月应纳税款。纳税人进口应税消费品，应当自海关填发海关进口消费税专用缴款书之日起15日内缴纳税款。

第三节　所得税法律制度

所得税是以纳税人的所得额为征税对象所征收的一种税。所得额是指纳税人在一定期间内生产、经营取得的可用货币计量的收入扣除各种耗费后的净额。所得税的税收负担具有直接性，纳税人和实际负担人一致，因此在调节纳税人收入方面具有重要意义。

一、企业所得税

企业所得税是对我国境内企业和其他取得收入的组织的生产经营所得及其他所得依法征收的一种税。其中，企业分为居民企业和非居民企业。居民企业是指依法依照中国法律在中国境内成立或者实际管理机构在中国境内的企业，包括国有企业、集体企业、私营企业、联营企业、股份制企业、外商投资企业、外国企业以及有生产、经营所得和其他所得的其他组织。非居民企业是指依照外国（地区）法律、法规成立且实际管理机构不在中国境内，但在中国境内设立机构、场所的，或者在中国境内未设立机构场所，但有来源于中国境内所得的企业。

企业所得税法是国家制定的用以调整企业所得税征收和缴纳之间权利和义务关系的法律规范。我国现行的企业所得税法的基本规范，是2007年3月16日第十届全国人民代表大会第五次全体会议通过的《中华人民共和国企业所得税法》（以下简称《企业所得税法》），和2007年11月28日国务院第197次常务会议通过的《中华人民共和国企业所得税法实施条例》（以下简称《实施条例》）。

（一）企业所得税的征税对象

企业所得税的征税对象是企业在中国境内的生产经营所得、其他所得和清算所得。

居民企业应当就其来源于中国境内、境外的所得为征税对象。所得包括销售货物所得、提供劳务所得、转让财产所得、股息红利等权益性投资所得、利息所得、租金所得、特许使用费所得、接受捐赠所得和其他所得。

非居民企业在中国境内设立机构、场所的，应当就其所设机构、场所所得的来源于中国境内以及发生在中国境外但与其所设机构、场所有实际联系的所得，缴纳企业所得税。非居民企业在中国境内未设立机构、场所的，或者虽设立机构、场所，但取得的所得与其所设机构、场所没有实际联系的，应当就其来源于中国境内的所得缴纳企业所得税。

(二)企业所得税税率

企业所得税实行比例税率。比例税率简便易行、透明度高,不会因为征税而改变企业间收入分配比例,有利于促进效率的提高。现行的规定是:

(1)基本税率为25%。适用于居民企业和在中国设有机构、场所且所得与机构、场所有关联的非居民企业。

(2)低税率为20%。适用于在中国境内未设立机构、场所的,或者虽在中国境内设立机构、场所但取得的所得与其所设机构、场所没有实际联系的非居民企业,应当就其来源于中国境内的所得按20%的低税率缴纳企业所得税。但实际征税时可以依据税收优惠政策采取优惠税率。

税收优惠,是指国家对某一部分特定企业和课税对象给予减轻或免除税收负担的一种措施。税法规定的企业所得税的税收优惠方式包括免税、减税、加计扣除、加速折旧、减计收入、税额减免等。优惠税率主要包括高新技术企业的优惠税率、技术先进型服务企业的优惠税率、小型微利企业的优惠政策以及非居民企业的优惠税率。

1. 高新技术企业的优惠税率

国家需要重点扶持的高新技术企业减按15%的税率征收企业所得税。国家需要重点扶持的高新技术企业,是指拥有核心自主知识产权,并同时符合以下条件的企业:

(1)企业申请认定时须注册成立一年以上。

(2)企业通过自助研发、受让、受赠、并购等方式,获得对其主要产品(服务)在技术上发挥核心支持作用的知识产权的所有权。

(3)对企业主要产品(服务)发挥核心支持作用的技术属于《国家重点支持的高新技术领域》规定的范围。

(4)企业从事研发和相关技术创新活动的科技人员占企业当年职工总数的比例不低于10%。

(5)企业近三个会计年度(实际经营起不满三年的按实际经营时间计算)的研究开发费用总额占同期销售收入总额的比例符合如下要求:

①最近一年销售收入小于5 000万元(含)的企业,比例不低于5%。

②最近一年销售收入在5 000万元至2亿元(含)的企业,比例不低于4%。

③最近一年销售收入在2亿元以上的企业,比例不低于3%。其中,企业在中国境内发生的研究开发费用总额占全部研究开发费用总额比例不低于60%。

(6)近一年高新技术产品(服务)收入占企业同期总收入的比例不低于60%。

(7)企业创新能力评价应达到相应要求。

(8)企业申请认定前一年内未发生重大安全、重大质量事故或严重环境违法行为。

2. 技术先进型服务企业的优惠税率

自2017年1月1日起,在全国范围内对经认定的技术先进型服务企业,减按15%的税率征收企业所得税。享受符合规定的企业所得税优惠政策的技术先进型服务企业必须同时符合以下条件:

(1)在中国境内(不包括港、澳、台地区)注册的法人企业;

(2)从事《技术先进型服务业务认定范围(试行)》中的一种或多种技术先进型服务业务,采用先进技术或具备较强的研发能力;

(3)具有大专以上学历的员工占企业职工总数的50%以上;

(4)从事《技术先进型服务业务认定范围(试行)》中的一种或多种技术先进型服务业务取得的收入占企业当年总收入的 50%以上;

(5)从事离岸服务外包业务取得的收入不低于企业当年总收入的 35%。

3. 小型微利企业税收优惠

(1)小型微利企业的认定。小型微利企业减按 20%的税率征收企业所得税。小型微利企业的条件如下:

①工业企业,年度应纳税所得额不超过 50 万元,从业人数不超过 100 人,资产总额不超过 3 000 万元。

②其他企业,年度应纳税所得额不超过 50 万元,从业人数不超过 80 人,资产总额不超过 1 000 万元。

所称从业人数和资产总额指标,应按企业全年的季度平均值确定。具体计算公式如下:

季度平均值=(季初值+季末值)÷2

全年季度平均值=全年各季度平均值之和÷4

年度中间开业或者终止经营活动的,以其实际经营期作为一个纳税年度确定上述相关指标。

(2)小型微利企业 2018 年 1 月 1 日至 2020 年 12 月 31 日优惠政策。《财政部 税务总局关于进一步扩大小型微利企业所得税优惠政策范围的通知》(财税[2018]77 号)规定自 2018 年 1 月 1 日至 2020 年 12 月 31 日,对年应纳税所得额低于 100 万元(含 100 万元)的小型微利企业,其所得减按 50%计入应纳税所得额,按 20%的税率缴纳企业所得税。

(3)小型微利企业 2019 年 1 月 1 日至 2021 年 12 月 31 日优惠政策.《财政部 税务总局关于实施小微企业普惠性税收减免政策的通知》(财税[2019]13 号)规定:

①自 2019 年 1 月 1 日至 2021 年 12 月 31 日,对小型微利企业年应纳税所得额不超过 100 万元的部分,减按 25%计入应纳税所得额,按 20%的税率缴纳企业所得税;对年应纳税所得额超过 100 万元但不超过 300 万元的部分,减按 50%计入应纳税所得额,按 20%的税率缴纳企业所得税。

小型微利企业无论按查账征收方式或核定征收方式缴纳企业所得税,均可享受上述优惠政策。

②本公告所称小型微利企业是指从事国家非限制和禁止行业,且同时符合年度应纳税所得额不超过 300 万元、从业人数不超过 300 人、资产总额不超过 5 000 万元三个条件的企业。

③小型微利企业所得税统一实行按季度预缴。

预缴企业所得税时,小型微利企业的资产总额、从业人数、年度应纳税所得额指标,暂按当年度截至本期申报所属期末的情况进行判断。

④原不符合小型微利企业条件的企业,在年度中间预缴企业所得税时,按本第三条规定判断符合小型微利企业条件的,应按照截至本期申报所属期末累计情况计算享受小型微利企业所得税减免政策。当年度此前期间因不符合小型微利企业条件而多预缴的企业所得税税款,可在以后季度应预缴的企业所得税税款中抵减。

按月度预缴企业所得税的企业,在当年度 4 月、7 月、10 月预缴申报时,如果按照本公告第三条规定判断符合小型微利企业条件的,自下一个预缴申报期起调整为按季度预缴申报,一经调整,当年度内不再变更。

⑤小型微利企业在预缴和汇算清缴企业所得税时,通过填写纳税申报表相关内容,即可享受小型微利企业所得税减免政策。

⑥实行核定应纳所得税额征收的企业，根据小型微利企业所得税减免政策规定需要调减定额的，由主管税务机关按照程序调整，并及时将调整情况告知企业。

⑦企业预缴企业所得税时已享受小型微利企业所得税减免政策，汇算清缴企业所得税时不符合《通知》第二条规定的，应当按照规定补缴企业所得税税款。

⑧《财政部 税务总局关于延续小微企业增值税政策的通知》(财税[2017]76 号)、《财政部 税务总局关于进一步扩大小型微利企业所得税优惠政策范围的通知》(财税[2018]77 号)同时废止。《国家税务总局关于贯彻落实进一步扩大小型微利企业所得税优惠政策范围有关征管问题的公告》(国家税务总局公告 2018 年第 40 号)在 2018 年度企业所得税汇算清缴结束后废止。

4. 非居民企业优惠税率

非居民企业减按 10%的税率征收企业所得税。这里的非居民企业，是指在中国境内未设立机构、场所的，或者虽设立机构、场所但取得的所得与其所设机构、场所没有实际联系的企业。该类非居民企业取得下列所得免征企业所得税：

(1)外国政府向中国政府提供贷款取得的利息所得；

(2)国际金融组织向中国政府和居民企业提供优惠贷款取得的利息所得；

(3)经国务院批准的其他所得。

(三)企业所得税应纳税额

应纳税所得额是企业所得税的计税依据，根据企业所得税法的规定，应纳税所得额为企业每一纳税年度的收入总额，扣除不征税收入、免税收入、各项扣除以及允许弥补以前年度亏损后的金额。

应纳税所得额=收入总额－不征税收入－免税收入－各项扣除－允许弥补的以前年度亏损

1. 收入总额

收入总额是指企业以货币形式和非货币形式从各种来源取得的收入。包括销售货物收入，提供劳务收入，转让财产收入，股息、红利等权益性投资收益，利息收入，租金收入，特许权使用收入，接受捐赠收入及其他收入。

收入的货币形式包括现金、银行存款、应收账款、应收票据、准备持有至到期的债券投资以及债务的豁免等。收入的非货币形式包括固定资产、生物资产、无形资产、股权投资、存货、不准备持有至到期的债券投资以及有关权益。非货币形式的收入按照其公允价值确定收入额。

2. 不征税收入

不征税收入是指从性质和根源上不属于企业营利性活动带来的经济利益、不负有纳税义务并且不作为应纳税所得额组成部分的收入。《企业所得税法》规定，不纳税收入包括财政拨款、依法取得并纳入财政管理的行政事业性收费、政府性基金以及国务院规定的其他不征税收入。其中，其他不征税收入是指企业取得的，由国务院财政、税务主管部门规定专项用途并经国务院批准的财政性资金。

3. 免税收入

免税收入是指企业的应税所得但按照税法规定免予征收企业所得税的收入。《企业所得税法》规定以下收入为免税收入：

(1)国债利息收入。企业因购买国债所得到的利息收入为免税收入。

(2)符合条件的居民企业之间的股息、红利等权益性收益。该收益是指居民企业直接投资于其他居民企业取得的投资收益。

(3)在中国境内设立机构、场所的非居民企业从居民企业取得与该机构、场所有实际联系的股息、红利等权益性投资收益。该收益不包括连续持有居民企业公开发行并上市流通的股票不足12个月取得的投资收益。

(4)符合条件的非营利性组织的收入。

4. 准予扣除项目

《企业所得税法》规定,企业实际发生的与收入有关的、合理的支出,包括成本、费用、税金、损失和其他支出,准予在计算应纳税所得额时扣除。

(1)成本。成本是指企业在生产经营活动中发生的销售成本、销货成本、业务支出以及其他耗费。

(2)费用。费用是指企业在生产经营过程中发生的销售费用、管理费用和财务费用,已经计入成本的费用除外。

(3)税金。税金是指企业发生的除企业所得税和允许抵扣的增值税以外的各项税金及其附加。即按规定缴纳的消费税、城市维护建设税、关税、资源税、土地增值税、房产税、印花税等。这些税金允许在税前扣除。

(4)损失。损失是指企业在生产经营活动中发生的固定资产和存货的盘亏、毁损、报废损失、转让财产损失、呆账损失、坏账损失、自然灾害等不可抗力因素造成的损失以及其他损失。

(5)其他支出。其他支出是指除成本、费用、税金、损失以外,企业在生产经营活动中发生的与生产经营活动有关的、合理的支出。

5. 不得抵扣的规定

下列支出在计算应纳税所得额时不得抵扣:

(1)向投资者支付的股息、红利等权益性投资收益款项。

(2)企业所得税税款。

(3)税收滞纳金。

(4)罚金、罚款和被没收财物的损失。

(5)规定以外的捐赠支出。

(6)赞助支出。

(7)未经核定的准备金支出。

(8)与取得收入无关的其他支出。

6. 亏损弥补

亏损是指按《企业所得税法》的规定,企业每一个纳税年度的收入总额,减去不征税收入、免税收入、各项扣除后小于零的数额。企业纳税年度发生的亏损,准予向以后年度结转,用以后年度的所得弥补,结转年限最长不得超过5年。自2018年1月1日起,当年具备高新技术企业或科技型中小企业资格的企业,其具备资格年度之前5个年度发生的尚未弥补完的亏损,准予结转以后年度弥补,最长结转年限由5年延长至10年。

(四)企业所得税征收管理

1. 企业所得税的纳税期限

企业所得税按年计征,分月或者分季度预缴,年终汇算清缴,多退少补。

企业所得税的纳税年度自公历1月1日起至12月31日止。企业在一个纳税年度中间开业,或者终止经营活动,使该纳税年度的实际经营期不满12个月的,应当以其实际经营期为1个纳税年度。纳税人破产清算时,以清算期为1个纳税年度。

企业所得税预缴申报的纳税期限分别为 1 个月或者 1 个季度。企业应当自月份或季度终了之日起 15 日内，向税务机关报送预缴企业所得税纳税申报表，预缴所得税税款。企业应当自年度终了之日起 5 个月内，向税务机关报送年度企业所得税纳税申报表、财务会计报告和税务机关规定应当报送的其他有关资料。企业在年度中间终止经营活动的，应当自实际经营终止之日起 60 日内，向税务机关办理当期企业所得税汇算清缴。

2. 企业所得税的纳税地点

企业所得税由纳税人向其所在地主管税务机关缴纳。居民企业以企业登记注册地为纳税地点，但登记注册地在境外的，以实际管理机构所在地为纳税地点；居民企业在中国境内设立不具备法人资格的营业机构，应当汇总计算并缴纳企业所得税。

非居民企业在中国境内设立机构、场所取得的所得，以及发生在中国境外但与其所设机构、场所有实际联系的所得，应当以机构、场所所在地为纳税地点；非居民企业在中国境内未设立机构、场所，或者虽设立机构、场所但取得的所得与其所设机构、场所没有实际联系的，以扣缴义务所在地为纳税地点；非居民企业在中国境内同时设立两个或两个以上机构、场所的，经税务机关审核批准，可以选择由其主要机构、场所汇总缴纳企业所得税。

除国务院另有规定外，企业之间不得合并缴纳企业所得税。

二、个人所得税

个人所得税是以个人(自然人)取得的各项应税所得为征税对象而征收的一种所得税，是政府利用税收对个人收入进行调节的一种手段。个人所得税的征税对象不仅包括个人，还包括具有自然人性质的企业。

现行个人所得税的基本规范是 1980 年 9 月 10 日第五届全国人民代表大会审议通过的《中华人民共和国个人所得税法》(以下简称《个人所得税法》)。《个人所得税法》从 1993 年到 2018 年经历了 7 次修订。根据 2018 年 8 月 31 日第十三届全国人民代表大会常务委员会第五次会议《关于修改〈中华人民共和国个人所得税法〉的决定》第七次修正，最新修订的《个人所得税法》从 2019 年 1 月 1 日正式施行。《中华人民共和国个人所得税法实施条例》1994 年 1 月 28 日中华人民共和国国务院令第 142 号颁布，2018 年 12 月 18 日中华人民共和国国务院令第 707 号第四次修订，自 2019 年 1 月 1 日起施行。

(一)个人所得税的纳税人

根据《中华人民共和国个人所得税法》的规定，我国个人所得税的纳税人是指在中国境内有住所，或者无住所而在境内居住满一年的个人，以及在中国无住所又不居住或者在境内居住不满一年但有来源于中国境内的所得的个人，包括中国公民、个体工商户以及在中国有所得的外籍人员。上述纳税义务人又可以分为居民纳税义务人和非居民纳税义务人。

居民纳税义务人是指在中国境内有住所，或者无住所而在中国境内居住满一年的个人。居民纳税义务人负无限纳税义务，就其来源于中国境内、境外所得，向我国政府履行全面纳税义务，依法缴纳个人所得税。非居民纳税义务人是指在中国境内无住所不居住或者无住所而在境内居住不满一年的个人。非居民纳税义务人负有限纳税义务，仅就其来源于中国境内的所得，向中国缴纳个人所得税。

(二)个人所得税的应税项目和税率

1. 个人所得税的应税项目

我国现行个人所得税的应税项目包括以下 9 项内容：

（1）工资、薪金所得，指自然人因任职或者受雇而取得的工资、薪金、奖金、年终加薪、劳动分红、津贴、补贴以及任何与任职或者受雇有关的其他所得。

（2）劳务报酬所得，指个人从事设计、装潢、安装、制图、化验、测试、医疗、法律、会计、咨询、讲学、广播、新闻、翻译、审稿、书画、雕刻、影视、录音、录像、演出、表演、广告、展览、技术服务、经济服务、代办服务以及其他劳务报酬的所得。

（3）稿酬所得，指个人因其作品以图书、报刊形式出版、发表而取得的所得。

（4）特许权使用费所得，指个人提供专利权、商标权、著作权、非专利技术以及其他特许权的使用权取得的所得。

（5）经营所得，是指：

①个体工商户从事生产、经营活动取得的所得，个人独资企业投资人、合伙企业的个人合伙人来源于境内注册的个人独资企业、合伙企业生产、经营的所得；

②个人依法从事办学、医疗、咨询以及其他有偿服务活动取得的所得；

③个人对企业、事业单位承包经营、承租经营以及转包、转租取得的所得；

④个人从事其他生产、经营活动取得的所得。

（6）利息、股息、红利所得，指个人拥有债权、股权而取得的利息、股息、红利所得。

（7）财产租赁所得，指个人出租建筑物、土地使用权、机器设备、车船以及其他财产取得的所得。

（8）财产转让所得，指个人转让有价证券、股权、建筑物、土地使用权、机器设备、车船以及其他财产取得的所得。

（9）偶然所得，指个人得奖、中奖、中彩以及其他偶然性质的所得。

居民个人取得前款第一项至第四项所得（以下称综合所得），按纳税年度合并计算个人所得税。非居民个人取得前款第一项至第四项所得，按月或者按次分项计算个人所得税。纳税人取得前款第五项至第九项所得，依照《个人所得税法》规定分别计算个人所得税。

2. 个人所得税的税率

我国个人所得税采用超额累进税率和比例税率两种形式。

（1）综合所得，适用3%～45%的超额累进税率（见表5－2）。

表5－2　　综合所得税率表

级　数	全年应纳税所得额	税率（%）
1	不超过36 000元的	3
2	超过36 000元至144 000元的部分	10
3	超过144 000元至300 000元的部分	20
4	超过300 000元至420 000元的部分	25
5	超过420 000元至660 000元的部分	30
6	超过660 000元至960 000元的部分	35
7	超过960 000元的部分	45

注：①本表所称全年应纳税所得额是指居民个人取得综合所得以每一个纳税年度收入额减除费用60 000元以及专项扣除、专项扣除附加和依法确定的其他扣除后的余额；②非居民个人取得工资、薪金所得，劳务报酬所得，稿酬所得和特许权使用费所得，按照本表按月换算后计算应纳税额。

(2)经营所得,适用5%～35%的超额累进税率(见表5—3);

表5—3　　经营所得税率表

级　数	全年应纳税所得额	税率(%)
1	不超过30 000元的	5
2	超过30 000元至90 000元的部分	10
3	超过90 000元至300 000元的部分	20
4	超过300 000元至500 000元的部分	30
5	超过500 000元的部分	35

注:本表所称全年应纳税所得额是指以每一年度的收入总额减除成本、费用以及损失后的余额。

(3)利息、股息、红利所得,财产租赁所得,财产转让所得和偶然所得,适用比例税率,税率为20%。

(三)个人所得税应纳税额和专项附加扣除

1. 个人所得税应纳税所得额

个人所得税的应税项目不同,且取得某项所得需要的费用也不尽相同,因此在计算个人所得税应纳税额时,应按不同应税项目分项计算。

(1)居民个人的综合所得,以每一纳税年度的收入额减除费用60 000元以及专项扣除、专项附加扣除和依法确定的其他扣除后的余额,为应纳税所得额。专项扣除,包括居民个人按照国家规定的范围和标准缴纳的基本养老保险、基本医疗保险、失业保险等社会保险费和住房公积金等;专项附加扣除,包括子女教育、继续教育、大病医疗、住房贷款利息或者住房租金、赡养老人等支出。

(2)非居民个人的工资、薪金所得,以每月收入额减除费用5 000元后的余额为应纳税所得额;劳务报酬所得、稿酬所得、特许权使用费所得,以每次收入额为应纳税所得额。劳务报酬所得、稿酬所得、特许权使用费所得以收入减除20%的费用后的余额为收入额。稿酬所得的收入额减按70%计算。

(3)经营所得,以每一纳税年度的收入总额减除成本、费用以及损失后的余额,为应纳税所得额。

(4)财产租赁所得,每次收入不超过4 000的,减除费用800元;4 000以上的,减除20%的费用,其余额为应纳税所得额。计算公式为:

①每次收入不足4 000元的计算公式为:

应纳税额=(每次收入－800)×20%×(1－30%)

②每次收入超过4 000元的计算公式为:

应纳税额=每次收入×(1－20%)×20%×(1－30%)

(5)财产转让所得,以转让财产的收入额减除财产原值和合理费用后的余额,为应纳税所得额。其计算公式为:

应纳税额=应纳税所得额×适用税率(20%)

(6)利息、股息、红利所得和偶然所得,以每次收入额为应纳税所得额。其计算公式为:

应纳税额=应纳税所得额×适用税率=每次收入额×20%

2. 个人所得税专项附加扣除

2018 年 12 月，国务院关于印发《个人所得税专项附加扣除暂行办法》，明确了专项附加扣除的原则和 6 项专项附加扣除的扣除范围、扣除标准、扣除方式，以及保障措施等内容，2019 年 1 月 1 日起施行。

(1)子女教育。纳税人子女在全日制学历教育阶段(包括义务教育、高中阶段教育、高等教育)的支出，以及子女年满 3 岁至小学入学前处于学前教育阶段的支出，纳税人可选择由夫妻一方按每孩每月 1 000 元扣除，也可选择夫妻双方分别按每孩每月 500 元扣除。

(2)继续教育。纳税人在中国境内接受继续教育发生的支出，其中属于学历(学位)继续教育的支出，按每月 400 元扣除，扣除期限不能超过 48 个月(4 年)；属于技能人员职业资格继续教育和专业技术人员职业资格继续教育的支出，在取得相关证书的当年扣除 3 600 元。

(3)大病医疗。一个纳税年度内，由纳税人负担的医药费用支出超过 1.5 万元的部分，在每年 8 万元的限额内据实扣除。可扣除的医药费用支出包括纳税人本人或其配偶、未成年子女发生的医药费用支出。

(4)住房贷款利息。纳税人本人或其配偶购买中国境内住房发生的首套住房贷款利息支出，可以选择由夫妻一方按每月 1 000 元扣除，扣除期限最长不超过 240 个月(20 年)。

(5)住房租金。纳税人在主要工作城市没有自有住房而发生的住房租金支出，在直辖市、省会(首府)城市、计划单列市及国务院确定的其他城市的，按每月 1 500 元扣除；除上述城市外，市辖区户籍人口超过 100 万的城市，按每月 1 100 元扣除；市辖区户籍人口不超过 100 万的城市，按每月 800 元扣除。夫妻双方主要工作城市相同的，只能由一方扣除。

(6)赡养老人。纳税人赡养年满 60 岁父母的支出，或者祖父母、外祖父母的子女已经去世，纳税人赡养年满 60 岁的祖父母或外祖父母的支出可以扣除。纳税人属于独生子女的，按每月 2 000 元扣除；属于非独生子女的，与其兄弟姐妹分摊每月 2 000 元的扣除额度，其中每人分摊的扣除额度不得超过 1 000 元。

(四)个人所得税征收管理

我国个人所得税采用自行申报和代扣代缴两种纳税申报方式。

1. 自行申报纳税

根据 2018 年《全国人民代表大会常务委员会关于修改〈中华人民共和国个人所得税法〉的决定》(中华人民共和国主席令第九号)的规定，有下列情形之一的，纳税人应当依法办理纳税申报：

(1)取得综合所得需要办理汇算清缴；

(2)取得应税所得没有扣缴义务人；

(3)取得应税所得，扣缴义务人未扣缴税款；

(4)取得境外所得；

(5)因移居境外注销中国户籍；

(6)非居民个人在中国境内从两处以上取得工资、薪金所得；

(7)国务院规定的其他情形。

2. 代扣代缴

代扣代缴是指由法定的扣缴义务人在向个人支付应纳税所得时，依据税法的规定计算应纳税额，然后从其所得中扣除其应纳的个人所得税税款并代为上缴国库，同时向税务机关报送扣缴个人所得税报送表及纳税相关资料的一种征收方式。2018 年新修订的《个人所得税法》规定：扣缴义务人支付所得时，应当按月或者按次代扣代缴税款，并办理全员全额扣缴申报；居民纳税人取得综合所得有扣缴义务人的，由扣缴义务人按月或者按次预扣预缴税款。

（1）居民个人工资、薪金所得预扣预缴税款的方法。扣缴义务人向居民个人支付工资、薪金所得时，按照累计预扣法计算预扣税款，并按月办理扣缴申报。累计预扣法，是指扣缴义务人在一个纳税年度内预扣预缴税款时，以纳税人在本单位截至本月取得工资、薪金所得累计收入减除累计免税收入、累计减除费用、累计专项扣除、累计专项附加扣除和累计依法确定的其他扣除后的余额为累计预扣预缴应纳税所得额，适用个人所得税预扣率表一（见表5－4），计算累计应预扣预缴税额，再减除累计减免税额和累计已预扣预缴税额，其余额为本期应预扣预缴税额。余额为负值时，暂不退税。纳税年度终了后余额仍为负值时，由纳税人通过办理综合所得年度汇算清缴，税款多退少补。具体计算公式如下：

本期应预扣预缴税额＝（累计预扣预缴应纳税所得额×预扣率－速算扣除数）－累计减免税额－累计已预扣预缴税额

累计预扣预缴应纳税所得额＝累计收入－累计免税收入－累计减除费用－累计专项扣除－累计专项附加扣除－累计依法确定的其他扣除

表5－4　　个人所得税预扣率表一(居民个人工资、薪金所得预扣预缴适用)

级　数	全年应纳税所得额	税率(%)	速算扣除数
1	不超过36 000元的	3	0
2	超过36 000元至144 000元的部分	10	2 520
3	超过144 000元至300 000元的部分	20	16 920
4	超过300 000元至420 000元的部分	25	31 920
5	超过420 000元至660 000元的部分	30	52 920
6	超过660 000元至960 000元的部分	35	85 920
7	超过960 000元的部分	45	181 920

（2）居民个人劳务报酬所得、稿酬所得、特许权使用费所得预扣预缴税款的方法。扣缴义务人向居民个人支付劳务报酬所得、稿酬所得和特许权使用费所得的，按以下方法按次或者按月预扣预缴个人所得税：

劳务报酬所得、稿酬所得、特许权使用费所得以每次收入减除费用后的余额为收入额；其中，稿酬所得的收入额减按70%计算。

预扣预缴税款时，劳务报酬所得、稿酬所得、特许权使用费所得每次收入不超过4 000元的，减除费用按800元计算；每次收入4 000元以上的，减除费用按收入的20%计算。

劳务报酬所得、稿酬所得、特许权使用费所得，以每次收入额为预扣预缴应纳税所得额，计算应预扣预缴税额。劳务报酬所得适用个人所得税预扣率表二（见表5－5），稿酬所得、特许权使用费所得适用20%的比例预扣率。

表5－5　　个人所得税预扣率表二(居民个人工资、薪金所得预扣预缴适用)

级　数	全年应纳税所得额	税率(%)	速算扣除数
1	不超过20 000元的	20	0
2	超过20 000元至50 000元的部分	30	2 000
3	超过50 000元的部分	40	7 000

(3)非居民个人工资、薪金所得,劳务报酬所得,稿酬所得和特许权使用费所得代扣代缴税款的方法。扣缴义务人向非居民个人支付工资、薪金所得,劳务报酬所得,稿酬所得和特许权使用费所得时,按以下方法按月或者按次代扣代缴税款:

非居民个人的工资、薪金所得,以每月收入额减除费用 5 000 元后的余额为应纳税所得额;劳务报酬所得、稿酬所得、特许权使用费所得,以每次收入额为应纳税所得额,适用个人所得税税率表三(见表 5—6)计算应纳税额。劳务报酬所得、稿酬所得、特许权使用费所得以收入减除 20%的费用后的余额为收入额。其中,稿酬所得的收入额减按 70%计算。

表 5—6　　个人所得税税率表三(非居民个人工资、薪金所得,劳务报酬所得,稿酬所得,特许权使用费所得适用)

级　数	全年应纳税所得额	税率(%)	速算扣除数
1	不超过 3 000 元的	3	0
2	超过 3 000 元至 12 000 元的部分	10	210
3	超过 12 000 元至 25 000 元的部分	20	1 410
4	超过 25 000 元至 35 000 元的部分	25	2 660
5	超过 35 000 元至 55 000 元的部分	30	4 410
6	超过 55 000 元至 80 000 元的部分	35	7 160
7	超过 80 000 元的部分	45	15 160

第四节　其他税种简介

一、城市维护建设税及教育费附加

(一)城市维护建设税

城市维护建设税是我国为了加强城市建设,扩大和稳定维护城市建设资金的来源,对从事工商经营、缴纳增值税和消费税的单位和个人征收的一种税。它是一种典型的附加税,没有独立的征税对象,依附于“二税”(增值税和消费税,下同)而存在。

我国现行的城市维护建设税的基本规范是 1985 年 2 月 8 日国务院颁布并于同年起实施的《中华人民共和国城市维护建设税暂行条例》。

1. 城市维护建设税的纳税人

城市维护建设税的纳税人是在征税范围内从事工商经营,缴纳“二税”的单位和个人,包括国有企业、集体企业、股份制企业、私营企业、其他企业、事业单位、军事单位、社会团体、个体户及其他个人。根据现行税法的规定,自 2010 年 12 月 1 日起,对外资企业、外国企业以及外籍个人同样征收城市维护建设税。

2. 城市维护建设税的税率

根据《中华人民共和国城市维护建设税暂行条例》及其《实施细则》规定,城市维护建设税根据城市维护建设资金的不同层次需要而实行分区域的差别比例税率,即按纳税人所在城市、县城或镇的不同行政区域分别规定不同的比例税率。

(1)纳税人所在地在市区的,税率为 7%。

(2)纳税人所在地为县城、镇的,税率为5%。

(3)纳税人所在地不在市区、县城、镇的,税率为1%。

纳税人在外地发生缴纳增值税、消费税的,按纳税发生地的适用税率计征城市维护建设税。

3. 城市维护建设税的应纳税额

城市维护建设税是在"二税"的基础上计算出来的,其计算公式为:

应纳税额=(实际缴纳增值税+消费税)×适用税率

城市维护建设税原则上不单独减免,其减免随"二税"的减免而减免。

4. 城市维护建设税的征收管理

(1)城市维护建设税的纳税期限。城市维护建设税的纳税期限与"二税"的纳税期限一致,其具体纳税期限由主管税务机关根据纳税人应纳税额大小分别核定;不能按照固定期限纳税的,可以按次纳税。

(2)城市维护建设税的纳税地点。纳税人缴纳"二税"的地点,就是该纳税人缴纳城市维护建设税的地点。但是,代扣代缴、代收代缴"二税"的单位和个人,如果同时也是城市维护建设税的代扣代缴、代收代缴义务人,其城市维护建设税的纳税地点在代扣代缴地。

(二)教育费附加和地方教育附加

教育费附加和地方教育附加是我国财政性教育经费的来源。其中,教育费附加是为了加快地方教育事业发展、扩大地方教育经费而征收的一项专用基金。地方教育附加是省、自治区、直辖市政府根据国家有关规定,为实施"科教兴省"战略,增加地方教育的资金投入,促进省、自治区、直辖市教育事业发展而开征的一项政府基金。

我国现行的教育费附加的基本规范是国务院于1986年4月28日颁布的《征收教育附加的暂行规定》,后经两次修订和补充。

1. 教育费附加和地方教育附加的征收范围

教育费附加对缴纳增值税、消费税的单位和个人征收,对外资企业2010年12月1日之后发生纳税义务的"二税"征收教育费附加。

教育费附加、地方教育附加都是以单位和个人实际缴纳的增值税和消费税的税额为计税依据,都是附加税。纳税人违反"二税"有关规定而加收的滞纳金、罚款,不作为教育费附加的计税依据。

2. 教育费附加和地方教育附加的税率

教育费附加的计征比率曾多次变化。1986年开征时,税率为1%;1990年5月《国务院关于修改〈征收教育费附加的暂行规定〉的决定》中规定税率为2%;按照1994年2月7日《国务院关于教育费附加征收问题的紧急通知》的规定,现行的教育费附加的征收率为3%,地方教育附加征收率统一为2%。

(1)统一内外资企业和个人教育费附加制度。2010年12月1日起统一内外资企业和个人城市维护建设税、教育费附加制度,教育费附加统一按增值税、消费税实际缴纳税额的3%征收。

(2)全面开征地方教育附加。各省(区、市)人民政府应根据《中华人民共和国教育法》的相关规定和《财政部关于统一地方教育附加政策有关问题的通知》(财综[2010]98号)的要求,全面开征地方教育附加。地方教育附加统一按增值税、消费税实际缴纳税额的2%征收。

3. 教育费附加和地方教育附加的应纳税额

教育费附加和地方教育附加的计算公式为：

应纳税额=(实际缴纳增值税+消费税)×(3%+2%)

二、关税

关税是指一国海关根据该国法律规定，对进出境货物、物品征收的一种税。其中“境”是指关境，又称“海关境域”，是国家《海关法》全面实施的领域。关税的种类和税率的高低直接影响国际贸易的价格，因此关税在调节国民经济和对外贸易、保护民族产业、增加国家财政收入方面起着重要作用。

1951年国务院颁布《中华人民共和国海关进出口税则》和《海关进出口税则暂行条例》，形成了关税的基本法规，使我国关税制度逐步统一。1985年，国务院颁布了新的《中华人民共和国进出口关税条例》和《中华人民共和国进出口税则》。1987年1月，第六届全国人民代表大会通过《中华人民共和国海关法》。2003年10月国务院通过了新的《中华人民共和国海关进出口关税条例》，自2004年1月1日起施行。2007年1月我国实施新的《海关进出口税则》，使我国的关税制度更加规范化和法制化。2009年1月1日进一步修订了《海关进出口税则》。

(一)关税的征税对象和纳税人

1. 关税的征税对象

关税的征税对象是准许进出境的货物和物品。货物是指贸易型商品；物品是指入境随旅客随身携带的行李物品、个人邮递物品、各种运输工具上的服务人员携带进出口的自用物品、馈赠物品以及其他方式进境的物品。

2. 关税的纳税人

关税的纳税人是进口货物的收货人、出口货物的发货人、进出境物品的所有人。

进出口货物的收、发货人是依法取得对外贸易经营权，并进口或者出口货物的法人或者其他社会团体。进出境物品的所有人包括该物品的所有人和推定为所有人的人。一般情况下，对于携带进境的物品，推定其携带人为所有人；对分离运输的行李，推定相应的进出境旅客为所有人；对以邮递方式进境的物品，推定其收件人为所有人；以邮递或其他运输方式出境的物品，推定其寄件人或托运人为所有人。

(二)关税的税率

关税的税率是关税法的核心内容，也是关税政策的重要体现。为履行加入WTO的降税承诺，我国自2001年12月11日起正式加入世界贸易组织以来，关税总水平逐年降低。

1. 进口货物的税率

根据我国《海关进出口关税条例》的规定，进口关税设置有最惠国税率、协定税率、特惠税率、普通税率、暂定税率、关税配额税率等税率。对进口货物在一定期间内可以实行暂定税率。

2. 出口货物的税率

我国出口关税税率为一栏税率，即出口关税。我国征收出口关税的总原则是：既要服从于鼓励出口的政策，又要做到能够控制一些商品的盲目出口。因此，国家仅对少数资源性产品及易于竞相杀价、盲目出口、需要规范出口秩序的半制成品征收出口关税。

与进口暂定税率一样，出口暂定税率优先适用于进口税则中规定的出口税率。

(三)关税完税价格

我国对进出口货物征收关税，除从量征收的计税方法外，其余计税方法均涉及“完税价格”的确定，因而关税完税价格的确定是计算关税的基本前提。根据我国《海关法》及《进出口关税条例》的规定，进出口货物的完税价格，由海关以该货物的成交价格为基础审查确定。成交价格不能确定时，完税价格由海关估定。

1. 一般进口货物的完税价格

进口货物的完税价格由海关符合《进出口关税条例》确定的成交价格及该货物运抵中华人民共和国境内输入地点起卸前的运输及相关费用、保险费为基础审查确定。进口货物的成交价格是指卖方向中华人民共和国境内销售该货物时买方为进口该货物向卖方实付、应付的，并按照《进出口关税条例》规定调整后的价款总额，包括直接支付的价款和间接支付的价款。

按照《进出口关税条例》的规定，下列费用计入关税完税价格：

(1)由买方负担的购货佣金以外的佣金和经纪费。

(2)由买方负担的在审查确定完税价格时与该货物视为一体的容器的费用。

(3)由买方负担的包装材料费用和包装劳务费用。

(4)与该货物的生产和向中华人民共和国境内销售有关的，由买方以免费或者以低于成本的方式提供并可以按适当比例分摊的料件、工具、模具、消耗材料及类似货物的价款，以及在境外开发、设计等相关服务的费用。

(5)作为该货物向中华人民共和国境内销售的条件，买方必须支付的、与该货物有关的特许权使用费。

(6)卖方直接或间接从买方获得的该货物进口后转售、处置或者使用的收益。

2. 特殊进口货物的完税价格

(1)以租赁方式进口货物，以海关审查确定的该货物租金作为完税价格。

(2)复运进境的境外加工货物，在出境时已向海关报明并在海关规定的期限内复运进境的，应当以海关审定的境外加工费、料件费及该货物复运进境的运输及相关费用和保险费审查确定完税价格。

(3)对于境内留购的进口货样、展览品和广告陈列品，以海关审定的留购价格作为完税价格。

(4)以易货贸易、寄售、捐赠、赠送等其他方式进口货物时，应当按照一般进口货物的估价办法的规定，估定完税价格。

3. 出口货物的完税价格

出口货物的完税价格由海关以该货物的成交价格及该货物运至中华人民共和国境内输出地点装卸前的运输及相关费用、保险费为基础审查确定。出口货物的成交价格是指该货物出口时卖方为出口该货物向买方直接收取和间接收取的价款总额。出口关税不计入完税价格。

(四)关税应纳税额

1. 进出口货物应纳税额

根据《进出口关税条例》的规定，进出口货物关税，以从价计征、从量计征或者国家规定的其他方式征收。

(1)从价税应纳税额的计算：

应纳税额＝关税完税价格×关税税率

(2)从量税应纳税额的计算：

应纳税额＝货物数量×单位税率

(3)复合税应纳税额的计算：

应纳税额＝关税完税价格×关税税率＋货物数量×单位税率

2. 进境物品应纳税额

海关总署规定数额以内的个人自用进境商品，免征进口税。超过海关总署规定的数额但仍在合理数量以内的个人自我进境物品，由进境物品的纳税人在进境物品旅行前按照规定缴纳进口税。进口税采用从价计征的方法。

进口关税税额＝完税价格×进口税税率

（五）关税的征收管理

进口货物自运输工具申报进境之日起 14 日内，出口货物在运抵海关监管区后装货的 24 小时以前，应由进出口货物的纳税人向货物进（出）境地海关申报，海关根据税则归类和完税价格计算应缴纳的关税，并填发税款缴款书。纳税人应当自海关填发税款缴款书之日起 15 日内，向指定银行缴纳税款。

三、土地增值税、房产税、城镇土地使用税和资源税

（一）土地增值税

土地增值税是对有偿转让国有土地使用权及地上建筑物和其他附着物产权，取得增值收入的单位和个人征收的一种税。土地增值税的开征，一方面可以加强国家对房地产开发和房地产交易市场的宏观调控，抑制土地炒买炒卖；另一方面有利于国家规范参与土地增值收益的分配方式，增加财政收入。

1993 年 12 月 13 日国务院颁布《中华人民共和国土地增值税暂行条例》，从 1994 年 1 月 1 日起开征土地增值税。1995 年 1 月 27 日财政部颁布《中华人民共和国土地增值税暂行条例实施细则》，进一步细化了土地增值税征收管理办法。2016 年 11 月国家税务总局发布《关于营改增后土地增值税若干征管规定的公告》，明确了营改增后的土地增值税若干征管问题。

1. 土地增值税的纳税人

土地增值税的纳税义务人为转让国有土地使用权、地上建筑物及附着物并取得收入的单位和个人。单位包括各类企业、事业单位，国家机关，社会团体及其他组织；个人包括个体经营者。

2. 土地增值税的税率

土地增值税实行四级超率累进税率。

（1）增值额未超过扣除项目金额 50％的部分，税率为 30％。

（2）增值额超过扣除项目金额 50％，未超过扣除项目金额 100％的部分，税率为 40％。

（3）增值额超过扣除项目金额 100％，未超过扣除项目金额 200％的部分，税率为 50％。

（4）增值额超过扣除项目金额 200％的，税率为 60％。

3. 土地增值税的应纳税额

由于计算土地增值税是以增值额与扣除项目金额的比率大小按相适应的税率累进计算征收的，增值额与扣除项目金额的比率越大，适用的税率也越高，因此增值额是土地增值税的本质所在。

土地增值额是指转让房地产取得的收入减除规定的房地产开发成本、费用等支出后的金额。其中，纳税人转让房地产应税收入应包括转让房地产的全部价款及有关的经济利益。从收入的形式上包括货币收入、实物收入和其他收入。税法准许纳税人从转让收入额中减除的扣除项目包括取得土地使用权所支付的金额、房地产开发成本、房地产开发费用、与转让房地产有关的税金及其他扣除项目。

土地增值税是按照纳税人转让房地产取得的增值额和规定的税率计算征收。土地增值税的计算公式为：

$$应纳税额=\sum(每级距的土地增值额\times适用税率)$$

4. 土地增值税的纳税申报

土地增值税纳税人应在转让房地产合同签订后的7日内，到房地产所在地主管税务机关办理纳税申报，并向税务机关提交房屋及建筑物产权、土地使用证书，土地转让、房屋买卖合同，房屋评估报告及其他相关资料。纳税人因经常发生房地产转让而难以在每次转让后申报的，经税务机关审核同意后，可以定期进行纳税申报，具体期限由税务机关根据情况确定。

(二)房产税

房产税是以房屋为征税对象，按照房屋的计税余值或租金收入，向产权所有人征收的一种财产税。现行房产税法的基本规范是1986年9月15日国务院颁布的《中华人民共和国房产税暂行条例》(以下简称《房产税暂行条例》)。

1. 房产税纳税人

房产税纳税人是在征税范围内的房屋产权所有人，具体包括以下情形：

(1)产权属国家所有的，由经营管理单位纳税；产权属集体和个人所有的，由集体单位和个人纳税。

(2)产权出典的，由承典人依照房产余值缴纳房产税。所谓出典，是指产权所有人将房屋、生产资料等的产权，在一定期限内典当给他人使用而取得资金的一种融资业务。

(3)产权所有人、承典人不在房屋所在地的，由房产代管人或者使用人纳税。

(4)产权未确定及租典纠纷未解决的，由房产代管人或者使用人纳税。

(5)无租使用其他单位房产的应税单位和个人，依照房产余值代缴纳房产税。

2. 房产税税率

我国现行房产税采用的是比例税率。由于房产税的计税依据分为从价计征和从租计征两种形式，所以房产税的税率也分为两种：一种是按房产原值一次减除10%～30%后的余值计征，税率为1.2%；另一种是按房产出租的租金收入计征，税率为12%。从2001年1月1日起，对个人按市场价格出租的居民住房，用于居住的，可暂减按4%的税率征收房产税。

3. 房产税应纳税额

房产税的计税依据是房产的计税价值或房产的租金收入。按房产计税价值征税的，称为从价计征；按照房产租金收入计征的，称为从租计征。

(1)从价计征。《房产税暂行条例》规定，房产税依照房产原值一次减除10%～30%后的余值计算缴纳。各地扣除比例由当地省、自治区、直辖市人民政府确定。应纳税额的计算公式为：

$$应纳税额=应税房产原值\times(1-扣除比例)\times1.2\%$$

(2)从租计征。从租计征是按房产的租金收入计征，其计算公式为：

$$应纳税额=租金收入\times12\%(或4\%)$$

4. 房产税的纳税申报

纳税人将原有房产用于生产经营的，从生产经营之月起缴纳房产税；纳税人自行新建房屋用于生产经营，从建成之次月起缴纳房产税；纳税人委托施工企业建设的房屋，从办理验收手续之次月起缴纳房产税；纳税人购置新建商品房，自房屋交付使用之次月起缴纳房产税；纳税人购置存量房，自办理房屋权属转移、变更登记手续，房地产权属登记机关签发房屋权属证书之次月起，缴纳房产税；纳税人出租、出借房产，自交付出租、出借房产之次月起，缴纳房产税；房地产开发企业自用、出租、出借本企业建造的商品房，自房屋使用或交付之次月起缴纳房产税。

（三）城镇土地使用税

城镇土地使用税是以开征范围内的土地为征税对象，以实际占用的土地面积为计税依据，按规定税额对拥有土地使用权的单位和个人征收的一种税。开征城镇土地使用税，便于国家加强对土地的管理，利于土地的节约与合理使用，从而提高土地的使用效率。

1. 城镇土地使用税纳税人

城镇土地使用税纳税人是在城市、县城、建制镇、工矿区范围内使用土地的单位和个人。其纳税人通常包括以下几类：

（1）拥有土地使用权的单位和个人。

（2）拥有土地使用权的单位和个人不在土地所在地的，其土地的实际使用人和代管人为纳税人。

（3）土地使用权未确定或权属纠纷未解决的，其实际使用人为纳税人。

（4）土地使用权共有的，共有各方都是纳税人，由共有各方分别纳税。

2. 城镇土地使用税税率

城镇土地使用税采用定额税率，即采用有幅度的差别税率，按大、中、小城市和县城、建制镇、工矿区分别规定每平方米城镇土地使用税应纳税额（见表5—7）。

表5—7　　城镇土地使用税税率表

级　别	人　口	每平方米税额（元）
大城市	50万人以上	1.5～30
中等城市	20万～50万人	1.2～24
小城市	20万人以下	0.9～18
县城、建制镇、工矿区		0.6～12

各省、自治区、直辖市人民政府可根据市政建设情况和经济繁荣程度在规定的税额幅度内，确定所辖地区适用税额幅度。经济落后地区，土地使用税的适用税额标准可适当降低，但降低额不得超过上述规定最低税额的30％。

3. 城镇土地使用税应纳税额

城镇土地使用税应纳税额可以通过纳税人实际占用的土地面积乘以该土地所在地段的适用税额计算。其计算公式为：

全年应纳税额＝实际占用应税土地面积（平方米）×适用税率

4. 城镇土地使用税的征收管理

城镇土地使用税实行按年计算、分期缴纳的征收方式，具体纳税期限由省、自治区、直辖市人民政府确定，各省、自治区、直辖市税务机关结合当地情况，一般分别确定按月、季、半年或年等不同的期限缴纳。城镇土地使用税在土地所在地缴纳。

（四）资源税

资源税是以部分自然资源为征税对象，对在我国境内开采应税矿产品及生产盐的单位和个人，就其应税产品销售额或销售数量和自用数量为计税依据征收的一种税。国家开征资源税，有利于促进资源的合理使用和有效配置，同时有助于发挥税收杠杆的整体功能，增加财政收入。

1. 资源税纳税人

资源税的纳税人是在中华人民共和国领域及管辖海域开采或者生产应税产品的单位和个人。为加强对资源税零散税源的管控，节约征纳税成本，现行资源税规定以收购未税矿产品的独立矿山、联合企业以及其他单位作为资源税的扣缴义务人。

2. 资源税税率

资源税实施“普遍征收、级差调节”的原则。纳税人具体适用的税率，在《资源税税目税率表》(见表5—8)规定的税率幅度内，根据纳税人所开采、生产应税产品的资源品位、开采条件等情况，由财政部有关部门规定。纳税人开采或者生产不同税目应税产品，应当分别核算不同税目应税产品的销售额或销售数量。

表5—8　　　　资源税税目税率表

税目		税率(额)
一、原油		销售额的5%～10%
二、天然气		销售额的5%～10%
三、煤炭	焦煤	每吨8～20元
	其他煤炭	每吨0.3～5元
四、其他非金属矿产	普通非金属矿产	每吨或每立方米0.5～20元
	其他非金属矿产	每千克或每克拉0.5～20元
五、黑色金属矿原矿		每吨2～30元
六、有色金属矿原矿	稀土矿	每吨0.4～60元
	其他有色金属矿原矿	每吨0.4～30元
七、盐	固体盐	每吨10～60元
	液体盐	每吨2～10元

3. 资源税应纳税额

资源税的应纳税额，按照从价定率或者从量定额的方法，分别以应税产品的销售额乘以纳税人具体适用的比例税率，或者以应税产品的销售数量乘以纳税人具体适用的定额税率计算。

4. 资源税的纳税申报

凡是缴纳资源税的纳税人，都应当向应税产品的开采或者生产所在地主管税务机关缴纳税款。其纳税期限为1日、3日、5日、10日、15日或者1个月。纳税人以1个月为纳税期的，自期满之日起10日内申报纳税；以1日、3日、5日、10日或者15日为纳税期的，自期满之日起5日内预缴税款，于次月1日起10日内申报纳税并结清上月税款。

四、车辆购置税、车船税和印花税

(一)车辆购置税

车辆购置税是以在中国境内购置规定车辆为课税对象、在特定环节向购置车辆的个人和单位征收的一种税。2018年12月29日，十三届全国人大常委会第七次会议表决通过了《中华人民共和国车辆购置税法》，规定车辆购置税的税率为10%，2019年7月1日起施行。2000年10月22日国务院颁布的《中华人民共和国车辆购置税暂行条例》同时废止。

1. 车辆购置税纳税人

车辆购置税纳税人是指在中华人民共和国境内购置汽车、有轨电车、汽车挂车、排气量超过150毫升的摩托车(以下统称应税车辆)的单位和个人。其中，购置是指以购买、进口、自产、受赠、获奖或者其他方式取得并自用应税车辆的行为。

2. 车辆购置税税率

车辆购置税实行统一比例税率，税率为10%。

3. 车辆购置税应纳税额

车辆购置税实行从价定率的方法计算应纳税额，计算公式为：

应纳税额=计税依据×税率

我国车辆购置税的计税依据是应税车辆的价格，即计税价格。由于车辆购置的来源不同，应税行为的发生不同，计税价格的组成也不一样。应税车辆的计税价格，按照下列规定确定：

(1)纳税人购买自用应税车辆的计税价格，为纳税人实际支付给销售者的全部价款，不包括增值税税款；

(2)纳税人进口自用应税车辆的计税价格，为关税完税价格加上关税和消费税；

(3)纳税人自产自用应税车辆的计税价格，按照纳税人生产的同类应税车辆的销售价格确定，不包括增值税税款；

(4)纳税人以受赠、获奖或者其他方式取得自用应税车辆的计税价格，按照购置应税车辆时相关凭证载明的价格确定，不包括增值税税款。

4. 免征车辆购置税的情况

(1)依照法律规定应当予以免税的外国驻华使馆、领事馆和国际组织驻华机构及其有关人员自用的车辆；

(2)中国人民解放军和中国人民武装警察部队列入装备订货计划的车辆；

(3)悬挂应急救援专用号牌的国家综合性消防救援车辆；

(4)设有固定装置的非运输专用作业车辆；

(5)城市公交企业购置的公共汽电车辆。

4. 车辆购置税征收管理

我国的车辆购置税实行"一车一申报"的制度。纳税人应当在向公安机关等车辆管理机构办理车辆登记注册手续前，缴纳车辆购置税。纳税人购买自用的应税车辆，自购买之日起60日内申报纳税；进口自用的应税车辆，应当自进口之日起60日内申报纳税；自产、受赠、获奖和其他方式取得并自用的应税车辆，应当自取得之日起60日内申报纳税。

(二)车船税

车船税是对在中华人民共和国境内属于《中华人民共和国车船税法》(以下简称《车船税法》)中《车船税税目税额表》所规定的车辆、船舶的所有人或者管理人征收的一种税。

1. 车船税纳税人

在中华人民共和国境内属于《车船税法》所附《车船税税目税额表》规定的车辆、船舶的所有人或者管理人，为车船税的纳税人。管理人是指对车船具有管理权或者使用权，不具有所有权的单位和个人。

2. 车船税税率

车船税实行定额税率，其适用税率依照条例所附《车船税税目税额表》执行。车船税税率的基本原则是：非机动车船的税负轻于机动车船；人力车税负轻于畜力车；小吨位船舶的税负轻于大船舶。

国务院财政部门、税务主管部门可根据实际情况在《车船税税目税额表》规定的税目范围和税额幅度内，划分子税目并明确车辆的子税目税额幅度和船舶的具体适用税率。车辆的具体适用税额由省、自治区、直辖市人民政府在规定的子税目税额幅度内确定。

3. 车船税征收管理

车船税的纳税义务发生时间，为车船管理部门核发的车船登记证书或者行驶证书所记载日期的当月。车船税按年申报，分月计算，一次性缴纳。

(三)印花税

印花税是以经济活动和经济交往中书立、领受应税凭证的行为为征税对象的一种税。国务院于1950年颁布了《中华人民共和国印花税暂行条例》，在全国范围内开征印花税，1958年将印花税并入工商统一税。十一届三中全会后，随着我国商品经济的迅速发展，国务院于1988年颁布《中华人民共和国印花税暂行条例》，自同年10月1日起施行，印花税重新开征。

1. 印花税纳税人

印花税纳税义务人，是在中国境内书立、使用、领受印花税法所列举的凭证并应依法履行纳税义务的单位和个人。单位和个人，按照书立、使用、领受应税凭证的不同，可以分别确定为立合同人、立据人、立账簿人、领受人、使用人和电子凭证签订人。

2. 印花税税率

现行印花税采用比例税率和定额税率两种。

印花税的比例税率分为四档，即1‰、0.5‰、0.3‰、0.05‰。按比例税率征收的应税项目包括各种合同及具有合同性质的凭证、记载资金的账簿和产权转移书据等。

适用定额税率的是权利许可证照和营业账簿中的其他账簿，采取按件规定固定税额，单位税额均为每件5元。对其他营业账簿、权利许可证照，单位税额均为每件5元。

3. 印花税征收管理

印花税的纳税方法较其他税种不同，是由纳税人根据税法规定，自行计算应纳税额，自行购买印花税票，自行贴花和画销，自行完成纳税义务。

第五节　税收征收管理法律制度

税收征收管理法是调整、规范税收征收管理的法律制度的总称。我国现行的税收管理法的主要内容规定在《中华人民共和国税收征收管理法》(以下简称《征管法》)和国务院颁布的《中华人民共和国税收征收管理法实施细则》当中。其中，《中华人民共和国税收征收管理法》于1992年9月4日第七届全国人民代表大会常务委员会第二十七次会议通过，1995年2月28日第八届全国人民代表大会常务委员会第十二次会议对该法进行第一次修订。2013年6月29日第十二届全国人民代表大会常务委员会第三次会议对该法再次修订。现行版本为2015年4月24日第十二届全国人民代表大会常务委员会第十四次会议修正。

《征管法》第一条规定“为加强税收征收管理，规范税收征收和缴纳行为，保障国家税收收入，保护纳税人的合法权益，促进经济和社会发展，制定本法”。

一、税务管理

税务管理是税务机关为了贯彻执行国家的税收法律制度，加强税收管理工作，协调征税关系而开展的一项有关活动。它是税收管理的基础环节，具体包括税务登记管理、发票管理和纳税申报管理等内容。

（一）税务登记管理

税务登记是税务机关对纳税人的生产经营活动进行登记并据此对纳税人实施税务管理的一种法定制度。其目的主要在于加强户籍管理，严格税源监控。

1. 税务登记对象

根据《征管法》的相关规定，税务登记的对象主要包括企业、企业在外地设立的分支机构和从事生产、经营的场所，个体工商户和从事生产、经营的事业单位应按照规定办理税务登记；除国家机关、个人和无固定生产、经营场所的流动性农村小商贩以外的其他纳税人，也应当办理税务登记；根据规定，负有扣缴义务的扣缴义务人（国家机关除外），应当按照规定办理扣缴税款登记。

2. 税务登记的内容

我国现行的税务登记主要包括开业税务登记，变更税务登记，停业、复业登记，外出经营报验登记，注销税务登记等内容。

（1）开业税务登记。开业税务登记是指从事生产经营的纳税人，经国家工商行政管理部门批准开业后到税务机关办理登记，从而将其纳入国家税务管理体系。

①开业税务登记的时间和地点。从事生产、经营的纳税人自领取营业执照之日起 30 日内，持有关证件向生产、经营地或纳税义务发生地的主管税务机关申报办理税务登记，如实填写税务登记表。

②开业税务登记的内容。税务登记应包含以下内容：单位名称、法定代表人或者业主姓名及其居民身份证、护照或者其他合法证件的号码、住所、经营地点、登记类型、核算方式、生产经营方式、生产经营范围、注册资本、投资总额、生产经营期限、财务负责人姓名、负责人联系电话、国家税务总局规定的其他有关事项。

③开业税务登记的程序。纳税人在申报办理税务登记时，应当根据不同情况向税务机关提供以下证件和资料：营业执照或者其他核准执业证件、有关合同、章程、协议书、法定代表人或者负责人或者业主的居民身份证、护照或者其他合法证件。税务机关应当自收到申报之日起 30 日内审核并发放给税务登记证件。

（2）变更税务登记。变更税务登记是指纳税人的原税务登记内容发生变化时，向主管税务机关申报变更的税务登记。

《中华人民共和国税收征收管理法》第十六条规定：从事生产、经营的纳税人，税务登记内容发生变化的，自工商行政管理机关办理变更登记之日起 30 日内持有关证件向税务机关申报办理变更税务登记。

纳税人应向主管税务机关如实提供下列证件和资料以办理变更登记：工商登记变更表及工商营业执照、纳税人变更登记内容的有关证明文件、税务机关发放的原税务登记证件（登记证件、副本和税务登记表等）、其他有关资料。

纳税人申报办理变更税务登记时，应如实填写税务登记表。税务登记表的内容包括纳税人名称、变更项目、变更前内容、变更后内容、上缴的证件情况等。税务机关应当自受理税务变更登记申请之日起30日内，审核办理税务变更登记。

(3)停业、复业登记。

①停业登记。停业登记是指实行定期定额征收方式的纳税人暂停生产经营活动而办理的税务登记。纳税人的停业期限不得超过一年。

纳税人在申报办理停业登记时，应如实填写停业申请登记表，说明停业理由、停业期限、停业前的纳税情况和发票的领、用、存情况，并结清应纳税款、滞纳金、罚款。税务机关应收存其税务登记证件及副本、发票领购簿、未使用完的发票及其他税务证件。纳税人在停业期间发生纳税义务的，应当按照税收法律、行政法规的规定申报缴纳税款。

②复业登记。复业登记是指纳税人恢复生产经营活动而办理的税务登记。

纳税人应当与恢复生产经营之前，向税务机关申报办理复业登记，如实填写停、复业登记报告书，领回并启用税务登记证件、发票领购簿及停业前领购的发票。纳税人停业期满不能及时恢复生产经营的，应当在停业期满前向税务机关提出延长停业登记申请，并如实填写停、复业报告书。

(4)外出经营报验登记。外出经营报验登记是指纳税人到外县(市)临时从事生产经营活动而办理的税务登记。

纳税人到外县(市)从事临时生产经营的，应当在外出生产经营之前持税务登记证向主管税务机关申请开具"外出经营活动税收管理证明"(以下简称"外管证")，纳税人在外管证注明地进行生产经营前向当地税务机关报验登记，并提交税务登记证件副本和外管证。纳税人在外管证注明地销售货物的，还应当如实填写外出经营货物报验单，申报查验货物。外出经营活动结束，应当向经营地税务机关填报外出经营活动情况申报表，并结清税款、缴销发票。

外管证按照一地一证的原则核发，其有效期限一般为30日，最长不得超过80天。

(5)注销税务登记。注销税务登记是指纳税人由于法定原因，需要终止履行纳税义务时向主管税务机关申报办理的税务登记。

纳税人发生解散、破产、撤销及其他情形，依法终止纳税义务的，应当在向工商行政管理机关或者其他机关办理注销登机前，持有关证件和资料向原税务登记机关申报办理注销税务登记。按规定不需要在工商行政管理机关或者其他机关办理注册登记的，应当自有关机关批准或者宣告终止之日起15日内，持有关证件和资料向原税务登记机关申报办理注销税务登记。

纳税人被工商行政管理机关吊销营业执照或者其他机关予以撤销登记的，应当自营业执照被吊销或者被撤销登记之日起15日内，向原税务登记机关申报办理注销税务登记。

纳税人因住所、经营地点变动，涉及改变税务登记机关的，应当在向工商行政管理机关或其他机关申请办理变更、注销登记前，或者住所、经营地点变动前，持有关证件和资料，向原税务登记机关申报办理注销税务登记，并自注销税务登记之日起30日内向迁达地税务机关办理税务登记。

境外企业在中国境内承包建筑、安装、装配、勘探工程和提供劳务的，应当在项目完工、离开中国前15日内，持有关证件和资料，向原税务登记机关申报办理注销税务登记。

纳税人办理注销税务登记前，应当向税务机关提交有关证明文件和资料，结清应纳税款、多退税款、滞纳金和罚款，缴纳发票、税务登记证件和其他税务证件，经税务机关核准后，办理注销税务登记手续。

(二)发票管理

发票是指一切单位和个人在购销商品、提供或者接受服务以及从事其他生产经营活动中，开具、收取的收付款凭证。它是会计核算的原始凭证，也是税务机关税务稽查的重要依据。

1. 发票的种类

税务机关是发票的主管机关，负责发票的印制、领购、开具、取得以及报关的管理和监督。发票种类的划分，由省级以上税务机关确定，一般分为增值税专用发票、普通发票和专业发票。

(1)增值税专用发票。增值税专用发票是指专门用于结算销售货物和提供加工、修理修配劳务使用的一种发票。增值税发票仅限于增值税一般纳税人领用，增值税小规模纳税人不得领购使用。增值税专用发票不仅具有商事凭证的作用，而且具有完税凭证的作用，对于税务机关加强增值税管理具有重要作用。

(2)普通发票。普通发票主要由增值税小规模纳税人使用，增值税一般纳税人在不能开具增值税专用发票时也可使用普通发票。普通发票由行业发票和专用发票组成。行业发票适合某个行业的经营业务，如商业零售统一发票；而专用发票仅适用于某一经营项目，如广告费用结算发票、商品房销售发票。

(3)专业发票。专业发票是指国有金融、保险企业的存贷、汇兑、转账凭证、保险凭证；国有邮政、电信企业邮票、邮单、话务、电报收据；国有铁路、国有航空企业和交通部门、国有公路和水上运输企业的客票、货票等。

2. 发票的开具和保管

(1)发票开具的要求。发票的开具必须依照国家的有关规定进行，具体包括以下几个方面：

①单位和个人应在发生经营业务、确认营业收入时开具发票，未发生经营业务一律不得开具发票。

②开具发票时应按号顺序填开，填写项目齐全、内容真实、字迹清楚，全部联次一次性复写或打印，内容完全一致，并在发票联和抵扣联加盖单位财务印章或者发票专用章。

③填写发票应当使用中文。民族自治地区可以同时使用当地通用的一种民族文字；外商投资企业或外资企业可以同时使用一种外国文字。

④使用电子计算机开具发票，需经主管税务机关批准，并使用税务机关统一监制的机打发票。开具后的存根联应当按照顺序号装订成册。

⑤开具发票时限、地点应当符合规定。

⑥任何单位和个人不得转借、转让、代开发票；未经税务机关批准，不得拆本使用发票，不得自行扩大专用发票的适用范围。

(2)发票的保管。开具发票的单位和个人应当按照税务机关的规定存放和保管发票，不得擅自损毁。已开具发票的发票存根联和发票登记簿，应当保存5年。保存期满，报经税务机关查验后销毁。

(三)纳税申报管理

纳税申报是指纳税人、扣缴义务人按照税法的规定，在纳税期限内向税务机关提交有关纳税事项书面报告的法律行为。按照《征管法》的规定，纳税人必须依照法律、行政法规规定，或者税务机关按照法律、行政法规的规定确定的申报期限、申报内容如实办理纳税申报，报送纳税申报表、财务会计报表以及税务机关根据实际需要，要求纳税人报送的其他纳税有关材料。

《征管法》第二十六条规定，纳税人、扣缴义务人可以直接到税务机关办理纳税申报或者报送代扣代缴、代收代缴税款报告表，也可以按照规定采取邮寄、数据电文或者其他方式办理上述申报、报送事项。因此，纳税申报的方式可以归结为直接申报、邮寄申报、数据电文申报三种。

按照《征管法》相关规定，纳税人、扣缴义务人按照规定的期限办理纳税申报或者报送代扣代缴、代收代缴税款报表、委托代征税款报告表确有困难、需要延期的，应当在规定的申报期限内向主管税务机关提出书面申请，经主管税务机关核准，在核准期内办理。

二、税款征收

税款征收是指税务机关按照税法法律、法规规定，将纳税人应纳的税款收缴入库的系列活动的总称。税款征收是税收管理工作的核心，也是税务登记、票证管理、纳税申报等税务管理工作的目的和归宿。

(一)税款征收的原则

根据《征管法》及《实施细则》的相关规定，税款征收应遵循以下原则：

1. 纳税机关是唯一的税收征收主体的原则

《征管法》第二十九条规定，除税务机关、税务人员以及经税务机关依照法律、行政法规委托的单位和人员外，任何单位和个人不得进行税款征收活动。

2. 征收法定原则

税务机关的一切征税及其有关活动必须有法律明确规定，没有法律明确规定的，纳税人不负有纳税义务。征收法定原则又包括税权法定、税种法定、程序法定等。其中，税权法定是指税收的立法权和执法权是法定的，税务机关不得自行处分税权。税种法定是指税务机关不得擅自增减变更税目、调高或降低税率，不得违反法律、行政法规规定开征、停征、多征、少征、提前征收、延缓征收或者摊派税款。程序法定是指税收的征收程序由法律规定，税务机关应当及时将各种税款、滞纳金、罚金按照国家规定的预算科目和预算级次及时缴入国库。

3. 税款优先原则

税款优先原则是指税务机关征收税款，税收优先于无担保债权，法律另有规定的除外；纳税人欠缴的税款发生在纳税人及其财产设定抵押、质押或者纳税人财产被留置之前的，税收应当优先于抵押权、质权、留置权的执行。

(二)税款征收的方式

根据《征管法》及其《实施细则》的相关规定，我国可供选择的税款征收方式主要有以下几种：

1. 查账征收

查账征收是指纳税人在规定的期限内根据自己的财务报告表向税务机关申报应税收入或应税所得及纳税额，并向税务机关报送有关账册和资料，由税务机关进行审查核实。该种征收方式比较适合财务会计制度健全的企业法人。

2. 查定征收

查定征收是指由税务机关根据纳税人的从业人员、生产设备、产量等按期审查核实纳税人的生产经营情况以确定应纳税额，并征收税款的一种征收方式。该种征收方式比较适合于生产经营规模较小、会计制度不够健全的小型企业和个体工商户。

3. 查验征收

查验征收是指税务机关对纳税人的应税商品，通过查验数量，按照市场一般销售单价计算其销售收入并据以征税的方式。该种方式一般适用于经营品种单一，经营地点、时间和商品来源不固定的纳税单位。

4. 定期定额征收

定期定额征收是指税务机关依据有关法律、法规的规定，按照一定的程序，核定纳税人在一定期间的应纳税额，分期征税的一种征收方式。该种征收方式主要适用于一些没有记账能力、无法查实其销售收入和所得额的小型纳税单位。

5. 代扣代缴

代扣代缴是指按照税法规定，负有扣缴税款义务的法定义务人，在向纳税人支付款项时，从所支付的款项中直接扣收税款的征收方式。

6. 代收代缴

代收代缴是指负有代收代缴义务的法定义务人，对纳税人的税款进行代收代缴的方式。即由与纳税人有经济业务往来的单位和个人在向纳税人收取款项时，按照税法的规定收取税款并代为缴入国库。

7. 委托代征

委托代征是指受托单位按照税务机关核发的代征证书的要求，以税务机关的名义向纳税人征收一些零散税款的征收方式。

8. 其他方式

其他方式包括邮寄方式、自计自填自缴方式、自报核缴方式等。

三、税收检查及法律责任

(一)税收检查

税收检查是指税务机关依法对纳税人履行缴纳税款义务和扣缴义务人履行代扣、代收税款义务的状况进行审查、核实和监督。税收检查是税收征收管理工作的重要环节，对于确保国家税收收入、增强纳税人纳税意识具有重要作用。

1. 税收保全措施

税收保全措施是指税务机关对可能由于纳税人的行为或者某种客观原因，致使以后税款的征收不能保证或难以保证的情况采取的限制纳税人转移或处理商品、货物或其他财产的措施。

根据《征管法》第三十八条规定，税务机关有根据认为从事生产、经营的纳税人有逃避纳税人义务行为的，可以在规定的纳税期之前，责令限期缴纳税款；在限期内发现纳税人有明显的转移、隐匿其应纳税的商品、货物及其他财产或者应纳税收入的迹象的，税务机关可以责成纳税人提供纳税担保。如果纳税人不能提供纳税担保的，经县级以上的税务局(分局)局长批准，税务机关可以采取下列税收保全措施：一是书面通知纳税人开户银行或者其他金融机构冻结纳税人的金额相当于应纳税款的存款；二是扣押、查封纳税人的价值相当于应纳税款的商品、货物或者其他财产。其他财产包括纳税人的房地产、现金、有价证券等不动产和动产。

2. 税收强制执行

税收强制执行是指当事人不履行法律、行政法规规定的纳税义务，税务机关采取法定的强制手段，强迫当事人履行义务，以保障税款入库。

根据《征管法》及其《实施细则》的规定，从事生产、经营的纳税人、扣缴义务人未按照规定的期限缴纳税款或者解缴税款，纳税担保人未按照规定的期限缴纳所担保的税款，由税务机关责令期限缴纳，逾期未缴纳的，经县级以上税务局(分局)局长批准，税务机关可以采取下列强制执行措施：一是书面通知其开户行或者其他金融机构从其存款中扣缴税款；二是扣押、查封、依法拍卖或者变卖其价值相当于应纳税款的商品、货物或者其他财产，以拍卖或者变卖所得抵缴税款。

(二)法律责任

税收法律责任是指税收法律关系主体即征税主体和纳税主体因违反税收法律规范所应承担的法律后果。根据违反法律的性质和危害的不同，违法者承担的法律责任也不同。税收违法行为承担的法律责任可以分为行政法律责任和刑事法律责任。

1. 税务违法行政处罚

税务违法行政处罚是指从事生产经营的纳税人和其他税务当事人违反税收法律的相关规定，但尚未构成犯罪，由税务机关或税务机关提请有关部门依照行政程序所给予的一种税务行政制裁。行政处罚的形式主要有以下几种：

(1)责令期限改正。主要适用于情节轻微尚未构成实际危害后果的违法行为，是一种较轻的处罚形式。如果纳税义务人或者扣缴义务人违反税务登记、账簿管理、凭证管理、纳税申报等法律法规规定，可以责令限期改正，并给予其他行政处罚。

(2)罚款。罚款是对违反税收法律规定，不履行法定义务的当事人给予的一种经济上的处罚。由于罚款既不影响被处罚人的人身自由及其合法活动，又能起到对违法行为的惩戒，因而是税务行政处罚中应用最广的一种。

(3)没收财产。没收财产是对行政管理相对一方当事人的财产权予以剥夺的处罚。一是对相对人非法所得的财物的没收，该财物并非相对一方当事人所有，而是被其非法占有；二是财物虽系一方当事人，但因其用于非法活动而被没收。

(4)收缴未用发票和暂停供应发票。税法规定，从事生产、经营的纳税人或扣缴义务人有本法规定的税收违法行为，拒不接受税务机关处理的，税务机关可以收缴其发票或停止向其发售发票。

(5)停止出口退税权。税法规定，纳税人以假报出口或者其他欺骗手段，骗取国家出口退税款的，税务机关可以在规定期间内停止为其办理出口退税。

2. 税务违法刑事处罚

税务违法刑事处罚是指对违反税法行为情节严重，已构成犯罪的当事人或者直接责任人给予刑事制裁。根据《征管法》的相关规定，对于下列行为，情节严重构成犯罪的，应当依法追究刑事责任：

(1)纳税人伪造、变造、隐匿、擅自销毁账簿、记账凭证，或者在账簿上多列支出或者不列、少列收入，或者经税务机关通知申报而拒不申报或者进行虚假的纳税申报，不缴或者少缴应纳税款的。

(2)纳税人欠缴应纳税款，采取转移或者隐匿财产的手段，妨碍税务机关追缴欠缴税款的。

(3)以假报出口或者其他欺骗手段，骗取国家出口退税的。

(4)以暴力或威胁方式拒不缴纳税款的。

(5)非法印制发票的。

(6)税务人员徇私舞弊，对依法应当移送司法机关追究刑事责任的不移送，情节严重的。

(7)税务人与纳税人、扣缴义务人勾结，唆使或者协助纳税人、扣缴义务人有偷逃税款行为的。

(8)税务人员利用职务上的便利，收受或者索取纳税人、扣缴义务人财物或者牟取其他不正当利益的。

(9)税务人员徇私舞弊或者玩忽职守,不征收或者少征收应征税款,致使国家税收遭受严重损失的。

(10)税务人员对控告、检举税收违法违纪行为的纳税人、扣缴义务人以及其他检举人进行打击报复的。

(11)违反法律、行政法规规定,擅自作出税收的开征、停征或者减税、免税、退税、补税以及其他与税收法律、行政法规相抵触的决定的。

四、纳税评估与纳税担保

(一)纳税评估

纳税评估是指税务机关利用获取的涉税信息,对纳税人和扣缴义务人的纳税申报(包括减、免、缓、抵、退税申请)情况的真实性和合理性做出审核评价,并采取进一步征管措施的税收管理行为。纳税评估是防范税收风险、加强税收监管的重要手段,在整个税收管理活动中占有重要地位。

纳税评估工作主要由基层税务机关的税源管理部门及其税收管理员负责,重点税源和重大事项的纳税评估也可由上级税务机关负责。纳税评估的主要工作内容包括:利用设立的分地区、分行业评估指标及其预警值,进行地区和行业指标对比分析,确定疑点纳税人,筛选评估对象;通过对所辖纳税人纳税申报资料等的审核评析,判断纳税人遵守税法、执行税收政策的情况,及时发现纳税人在纳税申报过程中存在的问题;对评估过程中发现的税收政策和征管中存在的漏洞,提出建议和意见。

1. 纳税评估对象

纳税评估对象为主管税务机关负责管理的所有纳税人及其应纳所有税种。在进行纳税评估前,要首先利用计算机自动筛选、人工分析筛选、重点抽样筛选等方法确定纳税评估对象。

在评估时,综合审核对比分析中发现有问题或疑点的纳税人作为重点评估分析对象;重点税源户、特殊行业的重点企业、税负异常变化、长时间零税负和负税负申报、纳税信用等级低下、日常管理和税务检查中发现较多问题的纳税人要作为纳税评估的重点分析对象,进行综合性的全方位分析。

2. 纳税评估的基本工作程序

纳税评估的程序可划分为确定评估对象、审核评析、约谈举证、调查核实、评定处理。

确定评估对象可采用计算机自动筛选、人工分析筛选等方法,依据税收经济分析、行业税负监控等数据,参照纳税人所属行业、经济类型、经营规模等因素综合确定。评估人员根据纳税评估对象的异常涉税信息,通过审核纳税申报情况,推测纳税人的具体纳税疑点或其实际纳税能力,并据此进行审核评析。对经评估分析得出的纳税疑点,采取税务约谈、实地调查以及电话、信函、网络等方式进行核实并做好记录。通过审核评析、调查核实等各阶段的确认结果,对具体纳税评估对象问题的性质进行评估认定,并按照税法的相关规定进行分类处理。纳税人有偷税、欠税、骗税、抗税或其他税收违法行为需要立案查处的,移交税务稽查部门处理。

3. 评估工作管理

基层税务机关及其税源管理部门要根据所辖税源的规模、管户的数量等情况,并结合自身的纳税评估能力,制定评估工作计划,合理确定纳税评估工作量,对重点税源户,要保证每年至少重点评估分析一次。

基层税务机关及其税源管理部门要充分利用现代化信息手段,广泛收集纳税人的各类信息，不断提高评估工作水平；要经常对评估结果进行分析研究，提出加强征管工作的建议；要做好评估资料整理，建立纳税评估档案，妥善保管纳税人报送的各类资料，保护纳税人的商业秘密和个人隐私；要健全纳税评估工作岗位责任制、岗位轮换制等各项制度；要加强纳税评估工作人员的培训，不断提高纳税评估工作人员的综合素质和评估能力。

(二)纳税担保

纳税担保是指经税务机关同意或确认，纳税人或其他自然人、法人、经济组织以保证、抵押、质押等方式，为纳税人应当缴纳的税款及滞纳金提供担保的行为。纳税担保根据担保方式的不同，可分为纳税保证、纳税抵押和纳税质押。

1. 纳税担保的范围

纳税担保的范围包括税款、滞纳金和实现税款、滞纳金的费用。费用包括抵押、质押登记费用，质押保管费用以及保管、拍卖、变卖担保财产等相关费用支出。

用于纳税担保的财产、权利的价值不得低于应当缴纳的税款、滞纳金，并考虑相关费用。纳税担保的财产价值不足以抵缴税款、滞纳金的，税务机关应当向提供担保的纳税人或纳税担保人继续追缴。

用于纳税担保的财产、权利的价格估算，除法律、行政法规另有规定外，由税务机关按照《税收征管实施细则》第六十四条规定的方式，参照同类商品的市场价、出厂价或评估价估算。

2. 纳税保证

纳税保证是指纳税保证人向税务机关保证，当纳税人未按照税收法律、行政法规规定或税务机关确定的期限缴清税款、滞纳金时，由纳税保证人按照约定履行缴纳税款及滞纳金的行为。

纳税保证人必须是在中国境内具有纳税担保能力的自然人、法人或者其他经济组织。国家机关、幼儿园、学校、医院等事业单位、社会团体不得作为纳税保证人。企业法人的职能部门、未经授权的分支机构也不得作为纳税人。按照税法相关规定，有过偷税、抗税、骗税等行为被税务机关追究过法律责任未满 2 年，因税收违法行为正在被税务机关立案处理的，纳税信誉评级较低的纳税人均不得作为纳税保证人。

纳税保证为连带责任保证，纳税人和纳税保证人对所担保的税款及滞纳金承担连带责任。当纳税人在税收法律、行政法规或税务机关确定的期限届满未缴清税款及滞纳金的，税务机关可要求纳税保证人在其保证范围内承担保证责任。

3. 纳税抵押

纳税抵押是指纳税人或纳税担保人不转移可抵押财产的占有，将该财产作为税款及滞纳金的担保。纳税人逾期未缴清税款及滞纳金的，税务机关有权依法处置该财产以抵缴税款及滞纳金。

可抵押的财产一般包括：抵押人所有的房屋和其他地上定着物；抵押人所有的机器、交通运输工具及其他财产；抵押人依法有权处分的国有的房屋和其他地上定着物；抵押人依法有权处分的国有的机器、交通运输工具和其他财产；经社区的市、自治州及以上税务机关确认的其他可抵押的合法财产。

纳税人在规定的期限内未缴清税款、滞纳金的，税务机关应当依法拍卖、变卖抵押物，变价抵缴税款、滞纳金。

4. 纳税质押

纳税质押是指经税务机关同意，纳税人或纳税担保人将其不动产或者权利凭证移交税务机关占有，将该动产或权利凭证作税款及滞纳金的担保。纳税人逾期未缴清税款及滞纳金的，税务机关有权依法处置该动产或权利凭证以抵缴税款及滞纳金。

纳税质押又分为动产质押和不动产质押。其中动产质押是指以现金及其他除不动产以外的财产提供的质押。

纳税人在规定的期限内缴清税款及滞纳金的，税务机关应当自纳税人缴清税款及滞纳金之日起 3 个工作日内返还质押物，解除质押关系；纳税人在规定的期限内未缴清税款、滞纳金的，税务机关应当在期限届满之日起 15 日内书面通知纳税担保人；纳税担保人自收到纳税通知书之日起 15 日内缴纳担保的税款、滞纳金。纳税担保人未按照上述规定的缴纳期限缴纳所担保的税款、滞纳金的，由税务机关责令限期在 15 日内缴纳；逾期仍未缴纳的，经县级以上税务局局长批准，税务机关可依法拍卖、变卖质押物，抵缴税款、滞纳金。

第六节　税务行政法律责任

一、税务行政处罚

为保护纳税人和其他税务主体的合法权益，规范税务行政处罚行为，1996 年 9 月 28 日国家税务总局发布了《税务案件调查取证与处罚决定分开制度实施办法（试行）》和《税务行政听证程序实施办法（试行）》，并于 1996 年 10 月 1 日起实施。

税务行政处罚是指从事生产经营的纳税人和其他税务当事人违反税收法律的相关规定，但尚未构成犯罪，由税务机关或税务机关提请有关部门依照行政程序所给予的一种税务行政制裁。其目的在于保障和监督行政机关有效实施行政管理、保护当事人的合法权益。

（一）税务行政处罚的原则和种类

1. 税务行政处罚的原则

（1）法定原则。税务机关对公民和组织实施税务行政处罚的实体内容和程序内容必须依据法律的规定，对公民和组织实施税务行政处罚必须有法可依。

（2）公开公正原则。税务机关在进行税务处罚时，必须查明事实，以事实为依据，处罚结果应与违法行为的性质、事实、危害程度相适当，做到公正。公开包括实体公开和程序公开，其中实体公开是指对违法行为给予行政处罚的规定必须公开；程序公开是指处罚的程序要公开，如表明身份、说明理由、告知权利、听证公开等。

（3）处罚与教育相结合的原则。税务机关在实施行政处罚时要责令当事人改正或限期改正违法行为，通过处罚，教育公民自觉守法、纠正违法行为。

（4）制约、监督原则。为提高税务机关的执法效率与质量，在税务行政处罚中应坚持制约、监督原则。通过适当的分权和制衡，保障税务机关内部机构之间的独立性并实现相互制约。

2. 税务行政处罚的种类

现行的税务行政处罚种类包括罚款、没收非法所得、停止出口退税权、收缴发票和暂停供应发票以及税收法律法规规定的其他行政处罚。

（二）税务行政处罚的主体与管辖

1. 税务行政处罚的主体

根据《征管法》和《行政处罚法》的相关规定，税务行政处罚由县级以上的税务机关执行，各级税务机关的内设机构、派出机构不具备主体资格，不能以自己的名义实施税务处罚，但税务所可以实施罚款额在 2 000 元以下的税务行政处罚。

2. 税务行政处罚的管辖

根据《征管法》和《行政处罚法》的相关规定，税务行政处罚由当事人违法行为发生地的县(市、旗)级以上的税务机关管辖。法律、行政法规另有规定的除外。

(三)税务行政处罚执行

税务机关作出处罚决定后，当事人应当在税务行政处罚决定的期限内予以履行。当事人对税务行政处罚决定不服，申请税务行政复议或者提起行政诉讼的，行政处罚不停止执行，法律另有规定的除外。

税务机关对当事人当场处罚决定，具有依法给予 20 元以下的罚款或者当场不收缴罚款事后难以执行等情况的，税务机关工作人员可当场向当事人收缴罚款。除以上情况外，税务机关及其执法人员不得自行收缴罚款。

除依法当场收缴罚款的情形外，我国税务行政处罚实行税务行政处罚决定与罚款收缴相分离。当事人应当自收到税务行政处罚决定书之日起 15 日内，到指定银行缴纳罚款；银行应当收受罚款，并将罚款直接上缴国库。当事人逾期不履行行政处罚决定的，每日按照罚款额的3%加处罚款，根据法律规定，将查封、扣押的财物拍卖或者将冻结的存款划拨抵缴罚款。当事人确有经济困难的，需要延期或者分期缴纳罚款的，经当事人书面申请和税务机关批准，可以暂缓或者分期缴纳。

二、税务行政复议

税务行政复议是我国税收救济制度的重要组成部分，是指纳税人、扣缴义务人、纳税担保人以及其他税务当事人认为征税机关的行政行为侵犯其合法权益时，依法向上一级税务机关(复议机关)提出复查该税务具体行政行为的申请，由复议机关对该具体行为的合法性和适当性进行审查、作出裁决的制度。

我国税务行政复议适用的法律包括《征管法》和 1999 年 4 月 29 日全国人大常委会通过的《中华人民共和国行政复议法》(以下简称《行政复议法》)，以及 2010 年 2 月 10 日国家税务总局制定的《税务行政复议规则(暂行)》。

(一)税务行政复议的管辖

根据《行政复议法》和《税务行政复议规则》的相关规定，我国税务行政复议管辖实行由上一级税务机关管辖下一级税务机关的复议制度。具体内容包括一般管辖和特殊管辖。

1. 一般管辖

(1)对各级税务机关作出的具体行政行为不服的，向其上一级税务机关申请行政复议。

(2)对省、自治区、直辖市地方税务局作出的具体行政行为不服的，可以向国家税务总局或者省、自治区、直辖市人民政府申请行政复议。

(3)对国家税务总局作出的具体行政行为不服的，可以向国家税务总局申请行政复议。对行政复议决定不服的，申请人可以向人民法院提起行政诉讼，也可以向国务院申请裁决，国务院的裁决为终局裁决。

2. 特殊管辖

(1)对计划单所列市国家税务局作出的具体行政行为不服的，向省税务局申请行政复议。

(2)对税务所(分局)、各级税务局的稽查局的具体行政行为不服的，向其所属税务局申请行政复议。

(3)对税务机关作出的逾期不缴纳罚款加处罚款的决定不服的，向作出行政处罚决定的税务机关申请行政复议；对已处罚款和加处罚款都不服的，一并向作出行政处罚决定的税务机关的上一级税务机关申请行政复议。

(4)对两个以上的税务机关共同作出的具体行政行为不服的，向共同上一级税务机关申请行政复议；对税务机关及其他行政机关共同作出的具体行政行为不服的，向其共同上一级行政机关申请行政复议。

(5)对被撤销的税务机关在撤销前所作出的具体行政行为不服的，向继续行使其职权的税务机关的上一级税务机关申请行政复议。

(二)税务行政复议的程序

1. 税务行政复议的申请

在行政复议中，依法提起行政复议的纳税人、扣缴义务人、纳税担保人和其他当事人为税务行政复议的申请人，作出具体行政行为的税务机关是被申请人。申请人可以在知道税务机关作出具体的行政行为之日起 60 日内提出行政复议申请。因不可抗力或者被申请人设置障碍等其他正当理由耽误法定申请期限的，申请期限自障碍消除之日起继续计算。

纳税人、扣缴义务人、纳税担保人同税务机关在纳税上发生争议时，必须先依照税务机关根据法律、行政法规确定的税额、期限缴纳或者解缴税款或者提供相应的担保，方可在实际缴清税款或滞纳金后或者所提供相应担保得到税务机关确认之日起 60 日内提出行政复议申请。

2. 税务行政复议的受理

复议机关收到行政复议申请后，应当在 5 日内进行审查，决定是否受理。对不符合规定的行政复议申请，决定不予受理，并书面告知申请人。根据《税务行政复议规则》的相关规定，对有下列情形之一的行政复议申请，复议机关可以决定不予受理。

(1)不属于行政复议的受案范围。

(2)超过法定的申请期限。

(3)没有明确的被申请人和行政复议对象。

(4)已向其他法定复议机关申请行政复议且被受理。

(5)已向人民法院提起行政诉讼，人民法院已经受理。

(6)申请人就纳税发生争执，没有按规定缴清税款、滞纳金，并且没有提供担保或者担保无效。

(7)申请人不具备申请资格。

对符合规定的行政复议申请，复议机关的法制工作机构自收到申请之日即为受理；受理行政复议申请，应当书面告知申请人。

3. 税务行政复议决定

税务行政复议机关应当依据事实证据、法律程序、法律依据等对被申请人作出的具体税务行政行为的适当性和合法性进行全面审查。复议机关法制工作机构应当自受理行政复议申请之日起 7 日内，将行政复议申请书副本或者申请笔录复印件发送被申请人。被申请人应当自收到申请书副本或者申请笔录复印件之日起 10 日内提出书面答复，并提交当初作出具体行政行为的证据、依据及其他相关材料。

税务行政复议机关应当自受理申请之日起 60 日内作出税务行政复议决定。情况复杂不能在规定的期限作出税务行政复议决定的，经税务行政复议机关负责人批准，可以适当延长，并告知申请人和被申请人，但延长期限最多不得超过 30 日。税务行政复议机关作出税务行政复议决定，应当制作税务行政复议决定书，并加盖印章。税务行政复议决定书一经送达，即发生法律效力。

三、税务行政诉讼

税务行政诉讼是指公民、法人和其他组织认为税务机关的具体税务行政行为违法或者不当，侵犯了其合法权益，依法向人民法院提起行政诉讼，由人民法院对具体的税务行政行为的合法性和适当性进行审查并作出裁决的司法活动。其既包括税务当事人直接向人民法院提起诉讼，也包括税务当事人对征税行为提出行政复议后，对复议结果不服向人民法院提起诉讼。我国现行的税务行政诉讼适用的主要法律规范是《征管法》和 1989 年 4 月 4 日全国人大第二次会议通过的《中华人民共和国行政诉讼法》。

(一)税务行政诉讼的原则

除遵循行政诉讼的一般原则，如人民法院独立行使审判权，税务行政诉讼相比于一般行政诉讼，有其独特的特点。

1. 人民法院特定主管原则

即人民法院对税务行政案件只有部分管辖权，根据《中华人民共和国行政诉讼法》的规定，人民法院只能受理因具体行政行为引起的税务行政争议案。

2. 合法性审查原则

除审查税务机关是否滥用权力、税务行政处罚是否显失公平外，人民法院只对具体税务行政行为是否合法予以审查，并不审查具体税务行为的适当性。同时，人民法院原则上不直接判决变更。

3. 不适用调解原则

税务行政管理权是国家权力的重要组成部分，税务机关无权依自己意愿进行处置，因此，人民法院不能对税务行政诉讼法律关系的双方当事人进行调解。

4. 起诉不停止执行原则

即当事人不能以起诉为由而停止执行税务所作出的具体行政行为，如税收保全措施和强制执行措施。

5. 税务机关负责举证责任

由于税务行政行为是税务机关单方依一定事实和法律作出，只有税务机关了解该行为作出的依据，如果税务机关不能提供或不提供证据，则其可能败诉。

6. 由税务机关负责赔偿的原则

依据《中华人民共和国国家赔偿法》，税务机关及其工作人员因执行职务不当，给当事人造成人身及财产损害，应负担赔偿责任。

(二)税务行政诉讼的程序

税务行政诉讼主要包括起诉、受理、审理、判决和执行等程序。

1. 税务行政诉讼的起诉

纳税人、扣缴义务人和纳税担保人对税务机关作出的征税行为不服或者对税务机关作出的不予审批减免税或者出口退税、不予抵扣税款、不予退还税款等行为不服，应当先向复议机关申请行政复议，对行政复议决定不服的，可以在收到复议决定书之日起 15 日内向人民法院提起诉讼。税务当事人直接向人民法院提起诉讼的，应当在知道作出具体税务行政行为之日起 3 日内提出。

税务当事人在向人民法院提起诉讼时，必须有明确的被告，有具体的诉讼请求和事实依据。

2. 税务行政诉讼的受理

人民法院在接到原告的起诉后，应当组成合议庭对起诉进行审理。根据审理结果在7日内作出受理或不予受理的裁定。原告对不予受理的裁定不服的，可以在接到裁定书之日起10日内向上一级人民法院提出上诉，上一级人民法院的裁定为终局裁定。7日内不能决定是否受理的，应当予以受理；受理后经审查不符合起诉条件的，可以裁定驳回起诉。

3. 税务行政诉讼的审理

人民法院审理行政案件实行合议、回避、公开审判和两审终审的审判制度。审判的核心是审查税务被诉具体行政行为的合法性。

4. 税务行政诉讼的判决

人民法院对受理的税务行政案件经过审理之后，可以作出如下判决：

(1)维持判决，即具体行政行为证据确凿，适用法律、法规正确，符合法定程序。

(2)撤销判决，即具体行政行为证据不足，适用法律、法规错误，违反法定程序，或者超越职权、滥用职权。人民法院应判决撤销或部分撤销，同时可判决税务机关重新作出具体行政行为。

(3)履行判决。税务机关不履行或拖延履行法定职责，判决其在一定期限内履行。

(4)变更判决。税务行政处罚显失公平，可以变更判决。

(5)税务行政诉讼的执行。税务当事人必须履行人民法院发生法律效力的判决，税务当事人拒绝履行判决的，另一当事人可以向第一审人民法院申请强制执行或者依法强制执行。

四、税务代理与税务筹划

(一)税务代理

税务代理是指税务代理人在国家规定的代理范围内，接受纳税人、扣缴义务人的委托，依据国家税收法律和行政法规的规定，代其办理涉税事宜的各项民事法律行为的总称。税务代理是推进依法治税的内在要求，对于完善税收征管的监督制约机制，保护征纳双方的合法权益具有重要作用。

1. 税务代理的特点

税务代理作为民事代理中的一种委托代理，其主要特点表现为以下几个方面：

(1)公正性。税务代理机构不是税务行政机关，而是征税双方的中介机构，因而只能站在公正的立场上客观地评价被代理人的经济行为；同时，代理人必须在法律允许的范围内为被代理人办理涉税事宜，客观公正地执行业务。

(2)自愿性。税务代理的选择一般有单向选择和双向选择，无论哪种选择都应建立在双方自愿的基础上。也就是说，税务代理人实施税务代理行为，应当以纳税人、扣缴义务人的自愿委托和自愿选择为前提。

(3)有偿性。税务代理机构是社会中介组织，因此同其他企事业单位一样要自负盈亏，实行有偿服务，通过代理取得收入并抵补费用，获得利润。

(4)独立性。税务代理机构与国家行政机关、纳税人、扣缴义务人等没有行政隶属关系，既不受税务行政部门的干预，又不受纳税人、扣缴义务人的左右，独立代办涉税事宜。

(5)确定性。税务代理人的税务代理业务范围是以法律、行政法规和行政规章的形式确定的,因此税务代理人不得超越规定的内容从事代理活动。

2. 税务代理的业务范围

税务代理的业务范围是指按照国家有关法律规定,允许税务代理人从事的业务内容。

《税务代理业务规程》规定,代理人可以接受纳税人、扣缴义务人的委托,从事下列范围内的业务代理:办理税务登记、变更税务登记和注销税务登记手续;办理纳税、退税和减免税申报;建账建制、办理账务;办理除增值税专用发票外的发票领购手续;办理纳税申报或扣缴税款报告;制作涉税文书;开展税务咨询、税收筹划、涉税培训等涉税服务业务;办理税务行政复议手续;审查纳税情况;办理增值税一般纳税人资格认定申请;利用主机共享服务系统为增值税一般纳税人代开增值税专用发票;国家税务总局规定的其他业务。

(二)税务筹划

税务筹划是指在纳税行为发生之前,在不违反法律、法规(税法及其他相关法律、法规)的前提下,通过对纳税主体(自然人或法人)的经营活动或投资行为等涉税事项作出事先安排,以达到少缴税或递延纳税目标的一系列谋划活动。税务筹划是纳税人的一项基本权利,纳税人在法律允许或不违反税法的前提下进行税务筹划,税务筹划所取得的收益应属于合法收益。

1. 税务筹划的原则

企业在进行税务筹划活动时,务必遵循一定的原则,才能有利于企业长期目标的实现。

(1)守法性原则。税务筹划的守法性原则是税务筹划与逃税、骗税、抗税的本质区别。纳税人在按照税法规定履行纳税人义务的前提下,可以合法节税方式对企业生产经营活动进行安排,实现最优纳税。

(2)事先筹划原则。税务筹划必须在纳税义务发生之前,通过对企业生产经营过程的规划与控制来进行。税务筹划的实质是运用税法的指导,通过安排生产经营活动来安排纳税义务的发生。

(3)时效性原则。税务筹划是在对一定时间、一定空间下的税收法律关系的运用,在既定的经营方式和经营范围下,有明显的针对性和特定性。随着时间的推移和经济环境的变化,企业必须灵活应对,不断调整和完善税务筹划方法。

(4)保护性原则。在企业税务筹划中,保护账证完整是最重要也是最基本的原则。税务机关在进行税务检查时,企业必须提供健全的会计记录、完整的会计凭证来证明其税务筹划的合法性。故企业在进行税务筹划后,要妥善保管好账目、记账凭证等会计资料。

2. 税务筹划的方法

税务筹划的方法是指在合理、合法或不违法的前提下使纳税人尽可能少缴税的方法和技巧。目前的税务筹划方法可以分为以下几种:

(1)降低计税依据。计税依据又称税基,是计算纳税人应纳税额的依据。降低计税依据是节税的基本方法。由于各税种的计税依据各不相同,因此,应当根据各种计税依据的具体情况来降低计税依据,通过抵免、扣除等方法缩小税基。

(2)降低适用税率。降低适用税率的实质是利用税率差异而直接节减税收。税率差异是指同一税种对不同的纳税人或不同的征税对象采用不同的税率。目前,我国的税率差异有以下几个方面:地区差异、行业差异、产品差异、经营规模差异、企业属性差异和税率类型差异等。纳税人应充分利用税率差异制定合法、合理的税务筹划方案,实现最优纳税。

(3)增加可抵扣税额。在税率和计税依据既定的情况下,增加抵扣税额就意味着纳税人实际缴纳税款的减少。增加的抵扣税额包括税法规定纳税人在计算缴纳税款时,对于以前环节缴纳的税款准予扣除的部分；税法规定纳税人在计算缴纳所得税时，准许纳税人在某一年度发生的亏损及企业所得税法规定纳税人来源于境外所得，其在境外已经缴纳的税款准予在合并纳税时予以扣除的部分。

（4）直接减免税款。主要是指纳税人利用相关减免税的税收优惠政策，直接对企业税负进行减免。

（5）推迟纳税时间。这是一种相对节税的方式，主要通过推迟收入确认时间和提前进行费用确认来实现。

（6）规避或转换纳税义务。企业可以通过改变生产流程和经营方向，一方面规避纳税义务，另一方面转换纳税义务。

案例分析①

一、专项整治＋"黑名单"持续优化行业营商环境

2018年以前，在三七交易市场里总有些人提着五花八门的小礼品，打着办理信用卡或是注册会员的名义在市场里转悠，见到种三七的农民（俗称"七农"）就送上小礼品，只需要"七农"提供一张身份证复印件即可。这可是天上掉馅饼的事，有的"七农"伸手接住了馅饼，却不知这张身份证复印件即将"背上"几百万元的三七交易。直到税务部门开展医药及农产品收购行业税收专项整治，文山州60余户企业被查，32户企业被纳入税收违法"黑名单"，联合惩戒的雷霆手段及相关宣传报道席卷而来，"七农"们方如梦初醒……

文山某药业有限责任公司的法定代表人何某，长期在文山从事三七药材生意，经过多年打拼，已经由个体户发展为大公司，在当地小有名气。税务人员现场调查时发现，公司各种生产设备齐全，员工在场地晾晒三七或在车间打磨三七粉，运转井然有序；从农产品收购、生产加工，到运输、销售、纳税申报等各环节资料记录齐备。然而，在企业营造出的产销势头强劲的表象下，却隐藏着大量的虚假产销业务，隐蔽性和欺骗性十足。

经税务部门深入调查，何某利用非法手段骗取"七农"身份信息，虚构三七收购业务，大肆虚开农产品收购发票抵扣增值税进项，继而采取收取手续费方式向下游企业大量虚开增值税专用发票，成了何某快速致富的"金蛋"。2009年至2015年期间，该公司采取上述方式偷逃税款3.8亿元，无货虚开增值税销项发票1 222份，开票金额9.5亿元，税额1.2亿元。税务部门依法作出处理决定，追缴税款3.8亿元，并移送司法机关。

文山州税务部门在专项整治基础上，大力宣传税收违法"黑名单"工作，通过"黑名单"宣讲"进企业、进市场、进社区、进农村"，进一步巩固扩大专项整治成果，探索出一条专项整治与"黑名单"深度融合的路子。目前在文山三七交易市场上，已看不到"送福利"的人，"七农"们的信息安全防护意识业已提高。"专项整治＋黑名单"在为国家挽回税款损失的同时，维护了文山三七市场的交易秩序和税收安全，优化了公平竞争的营商环境。

点评：2014年以来，随着税收违法"黑名单"制度建立健全，各地积极探索跨部门信用信息共享机制，推进纳税信用与其他社会信用联动管理，提升纳税人税法遵从度。特别是将税收违法"黑名单"与专项整治有机结合，及时推送相关部门对列入"黑名单"的企业实施联合惩戒，充分发挥了打击的持久震慑作用，巩固提升了专项整治的效果。

二、赖税出境被拒 联合惩戒显威

2018年7月，三亚某投资公司法定代表人鲁某在珠海拱北出境时被海关限制出境，出国计划被迫中断。急于出国的鲁某火急火燎地联系税务稽查部门，被告知因三亚某投资公司偷税且逃避缴纳税款，其作为法定代表人已被列入税收违法"黑名单"，受到税务、公安、海关、银行等多个部门的联合惩戒，阻止出境只是其中的一项惩戒措施。

① 本案例来源于国家税务总局网站：http://www.chinatax.gov.cn/n810219/n810724/c4284771/content.html。

原来，因被举报，三亚某投资公司于2017年被税务稽查部门立案检查。税务稽查人员发现该公司在经营Y度假公寓项目时，在项目持有、对外销售、承包合作、对外租赁等活动中，均未按照有关税法的规定履行纳税义务，存在偷税行为。经多方调查取证，税务稽查部门依法作出处理决定，补缴税款501万元，并处以罚款122万元。

然而，鲁某心里却打起了小算盘，企图打持久战而"金蝉脱壳"。他采取无视的态度，不仅消极对待税务稽查部门的处理，既不缴纳税款、罚款，也不行使法律法规赋予的行政复议、行政诉讼权利，反而利用执行过程中程序上的时间差，提前摆布公司名下财产。

税务机关依法对该公司采取强制执行措施时发现，该公司名下除一栋Y度假公寓外，无其他财产。这仅有的财产还是一个"问题财产"。原来，该别墅是公司通过法院拍卖取得，但由于该公司擅自更改设计规划，拆建成Y度假公寓后未取得相关证书，无法对其进行查封拍卖。因此，在执行过程中，"底气十足"的鲁某态度强硬，一再强调公司没有其他财产，只有公寓的房产，随便税务机关处置。

正当鲁某为自己的算计得逞而洋洋自得之时，由于该公司偷税行为已达到税收违法"黑名单"公布标准，其本人作为法定代表人和公司一同被税务机关列入税收违法"黑名单"，向全社会公布并实施联合惩戒。鲁某出境时被限制仅仅是税收失信所面临的苦果之一。税务稽查局还约谈了鲁某，如果再逃避缴纳税款，将按照国家发改委、税务总局等八部门2018年3月共同签发的关于限制特定严重失信人乘坐火车、民用航空器的文件，限制其乘坐飞机和高铁。

面对"黑名单"联合惩戒的一系列"组合拳"，鲁某害怕了，主动联系税务稽查局表示积极筹措资金缴纳税款，争取早日撤出税收违法"黑名单"。之后在不到两个月的时间，鲁某筹措资金1 000余万元，将公司所欠税款、滞纳金、罚款全部缴清入库。事后，尝到税收失信苦果的鲁某感叹："一处失信，寸步难行，身陷联合惩戒大网付出的代价太大了！"

点评：本案充分体现了税收违法"黑名单"联合惩戒中多部门"重拳出击"的威力。以提前转移资产、清空银行账户、承诺后拖延及失联隐匿行踪等手段逃避缴纳税款，曾经是"老赖们"一度惯用的"老三招"，本案例中的鲁某正是打着这样的小算盘。此次借助税收违法"黑名单"和联合惩戒措施的组合拳，特别是把企业信用与法定代表人、财务人员信息"捆绑"起来，在出境、乘坐交通工具、贷款授信等方面进行限制，税务机关得以突破执行工作瓶颈，有效打击税收失信者的"金蝉脱壳"，让心存侥幸者闻风丧胆无处遁形，让经营者对税法心存敬畏自觉遵守，切实维护了税收秩序和国家税法尊严。

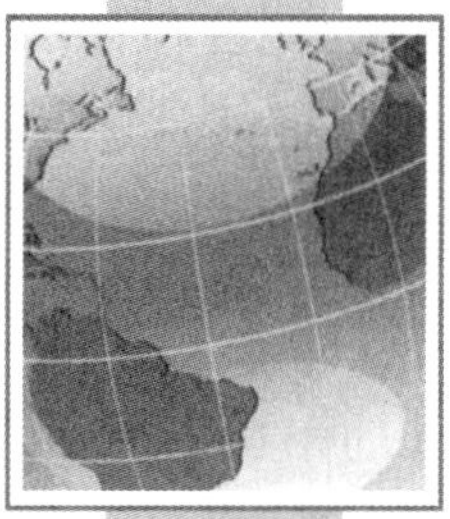

第六章 会计控制建设

会计控制源远流长，它伴随着内部控制的产生而产生，但对于什么是会计控制，从不同角度理解会有不同的认识，一般认为会计控制是内部控制的重要内容和手段，我国对会计控制的定义是："企业为了提高会计信息质量，保护资产的安全、完整，确保有关法律法规和规章制度的贯彻执行等而制定和实施的一系列控制方法、措施和程序。"会计控制还应有另一层含义，即利用会计信息对企业的生产经营活动进行控制，以保证企业管理目标的实现，这也应该是会计控制的重要内容。

企业会计控制的建设对完善公司治理结构、提高会计信息质量、纠正企业不正当行为等非常必要，对保证方针政策与法规制度的贯彻执行、企业经营目标的顺利进行、财产物资的安全完整有重要作用。因此，会计控制建设极为重要。

会计控制建设包括会计环境、控制活动、控制手段等内容。

第一节　会计环境

会计环境是会计控制组成要素的基础，是所有控制方式与方法赖以存在与运行的环境，它的设计与运作，不仅对企业整体目标，而且对整个会计控制其他组成要素都会产生重大影响。尽管现今大部分企业的会计控制制度正在建立、发展和完善，但是会计信息失真现象仍然严重，内部人控制现象仍然普遍存在，其最主要原因在于对会计环境重视不够，而会计环境的运行好坏又与公司治理紧密关联。没有一个相对完善的会计环境，其他要素不论质量如何，都不可能形成有效的会计控制。所以，对会计环境主要构成要素的深入探讨具有非常重要的意义。

一、会计环境概述

完善的会计环境是企业会计控制有效性的保障，有效的会计控制又将推进会计环境的不断完善并有助于企业目标的实现。会计环境与会计控制各方独立运作，又相互影响、相互制约，共同推进企业有效运行。会计控制的失效并不是凭空产生的，很大程度上是由于会计环境的不完善造成的，因此应该把两者联系起来加以考察。会计环境与会计控制是相互依存、密不可分的，会计控制作为一个系统，必然要与其环境发生相互作用。

(一)会计环境与会计控制相互联系又相互依存

会计环境与会计控制，二者相互区别，但在内容上又相互联系。会计环境中一些内容如不相容职务相分离等也属于会计控制，二者也相互影响。会计环境功能作用的有效发挥，需要以健全完善的会计控制的有效运行来推动，唯有健全的制度才能弥补“道德约束”的不确定性。完善的会计环境有利于内控制度的建立和执行，会促进会计控制的不断健全、完善和有效运行；缺乏良好的会计环境，企业必然缺乏一套有效的监督制衡机制，因此很可能使会计控制失效。

(二)会计环境与会计控制相互制衡

会计牵制既是会计控制的一个基本原则，也是会计控制的一项基本内容，事实上，早期的会计控制概念就是会计牵制。完善会计环境就需要建立不相容职务等之间的相互牵制、相互制衡关系。设计得再完美的会计控制制度如果没有会计环境中实施的组织保证，也只能是一种摆设，发挥不了其应有的作用；相反，如果一个公司的会计环境得以完善，董事会、监事会和经理层各负其责、各司其职、协调运转、相互制衡，这就首先在企业最高层次上保证了会计控制制度的建立和有效运作。而且良好的会计环境可以使银行对企业产生信赖，给企业好的贷款条件，利率也低，企业的融资成本会大大下降。同时，还会得到一些政府部门的信任，对企业的放权增多，这就会给企业带来很多无形价值，为企业增加了利润，使企业处于竞争优势地位。

会计环境包括组织结构、发展战略、社会责任、人力资源、企业文化五个基本要素。

二、组织结构

(一)组织结构的概念

组织结构是企业进行计划、执行、协调和监督经营活动而建立的整体架构及职责分工的框架体系。企业组织结构建设的好坏，直接影响着企业经营成果和会计控制的效果，构建企业组织结构是实行有效的会计控制的重要前提。会计控制的实施，必须有职责明确、责任到位的组织结构作保证。各企业的组织结构并非千篇一律，而是因企业的经营思想、经营热点、经营模式、管理模式的不同而不同，但其内容概括起来主要包括确定企业的组织形式、明确相关的管理职能和报告关系、划分每个组织内部的职责权限等。通过明确组织内部各个岗位的职责权限，使组织内部各部门、各岗位和每个人员都各司其职，保证各项经营管理活动有序、有效开展。在构建企业组织结构的过程中，关键是要遵循不相容职务相互分离的原则。企业的经营活动通常分为五个步骤，分别是授权、签发、核准、执行和记录。在这些步骤中，如果每一个步骤分别由相对立的人员和部门实施，就能保证不相容职务的分离，从而有利于会计控制作用的发挥。

(二)组织结构设置及权责分配

根据权力机构、决策机构、执行机构和监督机构相互独立、权责明确、相互制衡的原则，组织结构一般由股东大会、董事会、管理层和监事会组成，决定公司内部决策过程和利益相关者参与公司治理的办法。

1. 组织结构设置类型

世界各国的组织机构设置模式各不相同，但大致可分为英美法系和大陆法系两种主要模式。

(1)英美法系的机构设置模式。英美法系的机构设置模式又称“单一委员会制”，其常见的模式一般由几个方面的组织机构及职能设置组成：①由作为公司最高权力机构的股东会选举组成董事会，由董事会成员集体对股东负责，保障和监督公司的正常运作；②董事会的地位仅次于股东会，在股东会闭会期间代其行使权力；③公司内部通常不设专门的监事会，而是在董事会之下设置若干个主管委员会，如执行委员会、财务委员会、审计委员会、薪酬委员会等，由这些专门委员会分工负责相应的内部事务，如向股东提供公司真实的财务报告，决定董事及经理的报酬和奖金等；④董事会成员由内部董事和外部董事共同组成，一般以股东董事为主，但也有些大公司的董事会中非股东董事占多数。

这种结构设置模式的形成，除基于其效率至上的理念之外，还与英美等国企业融资的特点、股权结构集中程度和证券市场的高度发达等密切相关。英美公司融资以直接融资为主，证券市场高度发达，股权结构高度分散化。因此，在英美诸国，"金融市场理论"和"有效市场理论"对公司组织结构的设计产生了深远影响。这些理论认为，股东拥有公司，公司应该按股东的利益进行管理，公司的价值可以在金融市场中得以表现，因为证券市场上股票价格的涨落是公司经营状况的晴雨表。股东在证券市场上"用脚投票"可以对业绩不良的公司经营者产生持续的替代威胁。实际上，外部资本市场一度成为影响公司经营管理的一种十分重要的力量。但毕竟由于公司内部缺乏独立的监督机构，董事会兼具经营与监督的双重职能，这两种职能在行使时又不可避免地会发生冲突，从而使得公司法人治理中的监督职能很难奏效。因此，当这种缺陷暴露出来时，美国公司法率先创立了独立董事制度，由在公司中不再担任其他职务的独立董事对公司经营进行监督，并且特别强调独立。董事的独立性是履行其监督职责的保证，独立董事制度的设立可以说是单层治理模式下对公司管理层监督机制的改良和修正。

英美法系的组织结构的主要特点是董事会对公司高级经营管理者较少直接干预。英美公司的董事中包含许多外部董事，他们没有实际的股东背景，因此，公司高级经营管理者拥有很大的自主权。

(2)大陆法系的机构设置模式。大陆法系的机构设置模式又称"双重委员会制"，在这种模式下，公司组织结构强调决策权、执行权和监督权的分离。即在股东会下，分设公司独立的执行机关和监督机关，分别由董事会和监事会享有和行使。这种模式是因为大陆法系深受法国资产阶级思想家"分权制衡"思想的影响，并将政治学说中的"三权分立"理论引入公司治理中的结果。"二元制"的公司组织结构又可以按照监事会职权的大小具体分为两种模式，即德国模式和日本模式。

德国在大陆法系中对公司组织结构设置开辟了一条独特的路径。与美国相比，德国公司的股东与管理者的分离程度低，对公司的直接控制强，公司的治理活动较多地是由股东直接推动的，股东对治理活动有较多的资源投入，公司董事会较多地参与经营活动中的决策，对管理者进行直接的控制和监督；形成独特的双层董事会制度，由股东大会选举产生监事会，再由监事会公开招聘管理董事会成员组成理事会。理事会负责企业的日常经营管理活动，其职能相当于美国公司经理人员。监事会主要代表股东利益监督管理董事会，但不直接参与公司具体的经营管理活动，其职能相当于美国公司的董事会。德国公司监事会的特点主要表现在监事会的职能和组成方面：一是德国公司监事会具有经营决策与评价监督职能。监事会是公司最高决策机构，同时拥有对管理董事会的人事权和评价监督权力。这与英美国家董事会的功能相近。二是德国公司监事会的独特结构，即股东监事与雇员监事各半，充分体现了德国公司中雇员参与治理的特点。

德国模式中监事会的职权很大，其与董事会之间并不处于完全平等的地位，二者是监督与被监督、制约与被制约，甚至可以说是领导与被领导的关系。在日本模式中，董事会与监事会处于平行地位。

大陆法系的公司治理中有三个明显的特征：法人持股、银行主导性强、职工参与制度发达

(尤其在德国)。

(3)我国的机构设置模式。从我国现行的相关法规和政策取向看,目前的公司组织结构显然是两种模式交叉的混合模式,具有双重特征:一方面,从我国《公司法》的规定看,公司组织结构采用的是类似于大陆法系国家的二元治理结构;另一方面,中国证监会在2018年修订的《上市公司治理准则》中依旧突出强调了英美法系的独立董事制度下的“一元制”模式,但同时上市公司依据《公司法》要求成立的监事会制度在形式上依然保留。

目前,在该种公司治理模式下,股东是公司的所有者,股东大会是公司的最高权力机构。董事会由股东大会选举产生,由不少于法定人数的董事组成,代表公司行使其法人财产权。监事会是由股东大会选举产生的监事组成,监事会主要是对董事和经理行使监督的职能。监事会的权力来源于股东大会。经营者或经理人是由董事会聘任、负责企业经营管理的负责人。经理层也是公司业务的执行机关,与股东大会、董事会、监事会等机关不同的是,此三者都是会议体机关,而经理层则是由总经理一人总负责的。

2. 权责分配

(1)股东大会。股东大会是由公司全体股东组成、决定公司经营管理重大事项的最高权力机构。根据《公司法》的规定,股东大会主要行使以下几个方面的职权:

①决定公司的经营方针和投资计划;②选举和更换由非职工代表担任的董事、监事,决定有关董事、监事的报酬事项;③审议批准董事会的报告;④审议批准监事会或监事的报告;⑤审议批准公司年度财务预算方案、决算方案;⑥审议批准公司的利润分配方案和弥补亏损方案;⑦对公司增加或减少注册资本作出决议;⑧对发行公司债券作出决议;⑨对公司合并、分立、解散、清算或者变更公司形式作出决议;⑩修改公司章程。

由此可见,我国公司的股东大会具备以下特征:

①股东大会是公司依法必须设置的机构,它不同于股东大会会议。②股东大会由全体股东组成。由于股东人数众多,各股东观点和意见不完全一致,所以必须组成全体股东共同参加的公司权力机构,决定重大事项。③股东大会只能就有关公司的重大问题作出决议,不能对内执行公司具体事务,对外代表公司。我国的股东大会构成基本沿用国外的原有制度和做法。

(2)董事会。董事会是由股东大会选举,由不少于法定人数的董事组成的、代表公司行使法人财产权的会议体机关。董事会是公司法人的经营决策和执行业务的常设机构,经股东大会的授权,能够对公司的投资方向及重大问题作出战略决策,董事会对股东大会负责。董事会作为行使法人财产权的机关,其主要职责是对公司经营进行战略决策并对经理人员进行有效的监督,从这个意义上说,董事会是公司治理结构的核心机关。董事会可按照股东大会的有关决议,设立战略、审计、提名、薪酬与考核等委员会,明确各专门委员会的职责权限、任职资格、议事规则和工作程序,为董事会科学决策提供支持。股份公司成立以后,董事会就作为一个稳定的机构而产生。

董事会的成员可以按章程规定随时任免,但董事会本身不能撤销,也不能停止活动。董事会是公司最重要的决策和管理机构,公司的事务和业务均在董事会的领导下,由董事会选出的董事长、常务董事具体执行,其具体职权主要有:①召集股东会,执行股东会决议并向股东会报告工作;②决定公司的生产经营计划和投资方案;③制定公司的年度财务预算方案、决算方案;④制定公司的利润分配方案和弥补亏损方案;⑤制定公司增加或者减少注册资本以及发行公司债券的方案;⑥制定公司合并、分立、解散或者变更公司形式的方案;⑦决定公司内部管理机构的设置;⑧决定聘任或者解聘公司经理及其报酬事项,并根据经理的提名决定聘任或者解聘公司副经理、财务负责人及其报酬事项；⑨制定公司的基本管理制度。

董事会作为执行机关，具有极大的经营权与管理权。权力重心的下移对董事会制度的运行提出了相应的挑战，如何平衡董事会的权力并发挥其高效的工作机能，成为公司治理结构中必须解决的难题。

(3)经理人。经理是公司业务的执行机关，是公司日常经营管理活动的组织者。经理机关与股东大会、董事会、监事会等机关不同的是，前三者都是会议体机关，经理机关是由经理个人担任的。董事会与经理之间是典型的委托代理关系，经理对董事会负责。经理受董事会的委托，承担公司日常经营管理，必须拥有一定的职权，同时也应承担相应的责任。根据《公司法》规定，经理行使下列几方面的职权：①主持公司的生产经营管理工作，组织实施董事会决议；②组织实施公司年度经营计划和投资方案；③拟订公司内部管理机构设置方案；④拟订公司基本管理制度；⑤制定公司具体制度；⑥提请聘任或解聘公司副经理、财务负责人；⑦决定聘任或者解聘除应由董事会聘任或解聘以外的负责管理人员；⑧公司章程中董事会授予的其他职权。经理受董事会之委托从事具体的公司生产经营活动，在享有一定职权的同时，也要承担相应的责任。

总的来说，经理的主要责任就是：合理组织生产经营，实现公司价值与股东价值最大化，最大限度地为公司和股东服务。经理的义务与责任主要包括：①经理应当遵守公司章程，忠实履行职务，维护公司利益，不得利用在公司的地位和职权为自己谋取私利，不得利用职权收受贿赂或者其他非法收入，不得侵占公司的财产；②不得挪用公司资金或者将公司资金借贷给他人，不得将公司资产以个人名义或者以其他个人名义开立账户存储，不得以公司资产为本公司的股东或者其他个人债务提供担保；③不得自营或者为他人经营与其所任职公司同类的活动或者从事损害本公司利益的活动；④除依照法律规定或经股东大会同意以外，不得泄露公司秘密；⑤经理在执行职务时违反法律法规或者公司章程的规定，给公司造成损害的，应当承担赔偿责任。

(4)监事会。监事会是对董事和经理行使监督职能的机构。监事会和股东大会、董事会一样，都属于会议体机关，但在性质上又是完全不同的公司机构。股东大会代表全体出资者行使出资者所有权，是出资者所有权主体。董事会是法人机构，代表法人行使法人财产权，是法人财产权主体。监事会代表全体出资者对董事和经理进行监督，从性质上说，它是出资者监督权主体。监事会的权力来源于股东大会，监事会的出资者监督权是由出资者所有权决定的，是出资者所有权的延伸。作为出资者监督权主体，监事会具有以下特点：

①监事会具有完全的独立性。监事会一经授权，就完全独立地行使出资者监督权，监事会在履行职责时不受公司其他机构的干预。董事、经理和财务负责人不得兼任监事。保持监事的独立性，这是监事会有效行使出资者监督权的前提。

②监事人行使监督权的平等性。所有监事对公司的业务和会计账册均有平等的、无差别的监督权，监事会主席和其他人不得阻挠或者妨碍监事个人行使职权。监事个人行使权的平等性有利于充分掌握公司经营信息，为有效监督提供条件。这一点与董事会有很大差别，董事会是一个决策机构，它采取的是一种集体议事、少数服从多数的原则。

③监事会构成的复合型。从理论上说，监事会是代表出资者进行监督的，理应由股东组成监事会机构，但实践中，监事会的组成是复合型的，职工、社会专家都可以被选为监事。作为出资者监督权主体，监事会一般情况下不参与公司具体业务，也不干预董事会正常行使职权。监事会的主要职责是对公司的经营管理进行监督。

按照我国《公司法》的规定，监事会主要行使以下职权：①检查公司的财务；②对董事、高级管理人员执行公司职务的行为进行监督，对违反法律、行政法规、公司章程或者股东会决议的董事、高级管理人员提出罢免的建议；③当董事、高级管理人员的行为损害公司利益时，要求董事、高级管理人员予以纠正；④提议召开临时股东会会议，在董事会不履行本法规定的召集和主持股东会会议职责时召集和主持股东会会议；⑤向股东会会议提出提案；⑥依照《公司法》第一百五十二条的规定，对董事、高级管理人员提起诉讼。

同时，监事应当履行下列义务：①忠实履行其监督职责；②不得利用在公司的地位和职权为自己谋取私利，不得利用职权收受贿赂或者其他非法收入；③除依照法律法规或者经股东同意外，监事不得泄露公司秘密；④监事执行公司职务时违反法律、法规或者公司章程的规定，给公司造成损害的，应当承担赔偿责任。

（三）组织结构的运行

企业应根据组织结构的设计规范，对现有治理结构和内部机构设置进行全面梳理，确保本企业治理结构、内部机构设置和运行机制等符合现代企业制度要求。企业梳理治理结构，需重点关注董事、监事、经理及其他高级管理人员的任职资格和履职情况，以及董事会、监事会和经理层的运行效果。治理结构存在问题的，需采取有效措施加以改进。企业还应重点关注内部机构设置的合理性和运行的高效性等。内部机构设置和运行中存在职能交叉、缺失或运行效率低下的，应当及时解决。

企业拥有子公司的，应当建立科学的投资管理制度，通过合法有效的形式履行出资人资格、维护出资人权益，重点关注子公司特别是异地、境外子公司的发展战略、年度财务决策、重大投融资、重大担保、大额资金使用、主要资产处置、重要人士任免、内部控制体系建设等重要事项。

企业应当对组织结构设计与运行的效率和效果进行全面评估，发现组织结构设计与运行中存在缺陷的，应当进行优化调整。组织结构调整应当充分听取董事、监事、高级经理人员和其他员工的意见，按照规定的权限和程序进行决策审批。

（四）组织结构与会计控制

组织结构对会计控制的影响主要体现在以下方面：

1. 组织结构的设置与职能的划分

一个企业在设计其组织结构时，应当从会计控制的角度考虑其内部架构和各个机构的职能及其相互的关系，即要做到内部机构设置合理、职能明确、相互沟通、相互制约，保证企业的各项经营管理活动，通过各个机构职能的履行得到有效的开展，实现预期的经营管理活动目标。财务会计部门在企业经营管理活动中具有举足轻重的作用，所有经营活动都由财务会计部门来执行和反映。如果在组织结构中设置的内部机构不合理、各自职责不明确，就会给会计控制的执行带来很大的后患，出现财务管理混乱、信息失真、风险加大，导致投资决策失误、企业资产受损等影响企业发展的后果。

2. 内部机构主管人员的配备

科学、合理的组织结构，需要有与之相适应的人员来落实，需要在各内部机构配备与其职能履行相当的主管人员履行各部门的职能，执行企业的各项规章制度，这样才能保证组织结构的正常有效运行。如果内部各机构的主管人员不能正确理解、把握和履行各机构的职能，再科学、合理的职能划分也无法达到应有的效果。这就需要内部机构的主管人员必须具备与其承担的责任相适应的良好素质和足够的知识及丰富的经验，带领其机构不折不扣地履行好职能。

这样，各项会计控制措施才能得以有效执行。

3. 组织结构的应变能力

组织结构的应变能力对保证内部会计控制的有效运行也非常重要。企业尤其是企业面对竞争激烈的市场经济环境，时常需要主动或被动地调整经营策略和经营思想，有时可能会涉及组织结构和相应职能的调整，以适应市场环境变化的需要。这就要求企业组织结构及各机构必须具备良好的环境应变能力。

三、发展战略

组织结构是企业生存的载体，发展战略则是企业前进的方向。企业发展战略，是企业实施战略管理的基础。在经济全球化的背景下，一个企业的发展和成长，离不开合适的发展战略，因此，对企业发展战略的研究显得尤为重要。

（一）发展战略的内涵与特征

发展战略，是在市场经济高度发展的条件下，企业以超越对手、发展自己为目的，以争夺顾客、争夺市场为主要内容，所展开的一系列带有全局性、根本性和长远性的谋划。企业发展战略是一种决策模式，它决定和揭示企业的目的和目标，提出实现目标的重大方针与计划，确定企业应该从事的经营业务，明确企业的经济类型与人文组织类型，以及决定企业应对员工、顾客和社会作出的经济和非经济的贡献。

发展战略不是企业发展的中长期计划，而是企业发展中长期计划的灵魂与纲领，它指导企业发展中长期计划，中长期计划落实企业发展战略。

发展战略是企业发展的蓝图，制约着企业经营管理的一切具体活动。发展战略是对企业未来经营方向和目标的纲领性规划和设计，对企业经营管理的所有方面都具有普遍的、全面的、权威的指导意义。发展战略考虑的是企业未来相当长一段时期内的总体发展问题，发展战略通常着眼于未来3～5年乃至更长远的目标，它规定了企业在一定时期内基本的发展目标，以及实现这一目标的基本途径，指导和激励企业全体员工努力工作。

（二）发展战略类型

企业发展战略强调充分利用外部环境的机会、充分发掘企业内部的优势资源，以求得企业在现有的基础上向更高一级的方向发展。发展战略主要包括三种基本类型：一体化发展战略、密集型发展战略和多元化发展战略。一体化发展战略是指企业对居于优势和增长潜力的产品或业务，沿其经营链条的纵向或横向延展业务的深度和广度，扩大经营规模，实现企业成长。密集型发展战略是指企业在原有业务范围内，充分利用在产品和市场方面的潜力来求得成长的战略。该战略是将企业的营销目标集中到某一特定细分市场，这一特定的细分市场可以是特定的顾客群，可以是特定的地区，也可以是特定用途的产品等。多元化发展战略是指企业进入与现有产品和市场不同的领域。由于市场变化如此迅速，企业必须持续地调查市场环境以寻求多元化的机会。当现有产品和市场不存在期望的增长空间时（例如，受到地理条件限制、市场规模或竞争太过激烈的限制），企业通常会考虑多元化战略。

企业发展战略的分类方法较多，其划分标志不同，划分的种类也就不同。适用于一般企业的分类方法主要有如下三种：

1. 按照战略管理层次划分，可分为公司战略、经营部门战略和职能部门战略

（1）公司战略也称企业战略，它需要根据企业的目标，选择企业可以竞争的经营领域，合理配置企业所必需的资源，使各项经营业务相互支持、相互协调，即由公司最高领导层对公司整

体应该从事什么、放弃什么以及如何分配资源等重大问题所制定的总体发展战略。

(2)经营部门战略,是指在公司所属各业务经营部门战略指导下,确定每种事业经营的商品品种,以及在市场、地区范围追求的竞争优势(如质量、服务、市场份额、信誉、商品特色)上制定的分战略。

(3)职能部门战略,是指经营部门战略所规定的目标、各专业职能部门制定的战略,主要涉及企业内各职能部门,如营销、财务、生产、研发、人力资源、信息技术等,确保更好地配置企业内部资源,为各级战略服务,提高组织效率。它实际上反映了实现经营战略的近期目标。

2. 按照偏离战略起点的程度划分,可分为发展型战略、稳定型战略和退却型战略

(1)发展型战略,是指为了利用机会和优势,在现有基础上向更高一级方向发展,由小到大,由弱到强,不断成长壮大的战略。为了使企业不断成长壮大,可采用结构优化、科技兴企、企业形象塑造、国际化经营、全球营销战略。其中以结构优化战略为重点。

(2)稳定型战略,是指限于经营环境和内部条件,企业在战略初期所期望达到的经营状况基本维持在战略起点的范围和水平上的战略,即企业保持在现有战略基础水平上或者仅有较少增长的一种战略。在市场需求基本保持稳定平衡,企业暂时还没有发展条件的情况下,企业为了维持原有的市场地位和竞争地位,采取保持经营规模、经营范围、经营资源、经营组织的对策,使企业维持良好的经营水平。该种战略也不需要改变自己的宗旨和目标,而只需要集中资源用于原有的经营范围和产品,以增加其竞争优势。

(3)退却型战略。是指采取从现有战略基础起点往后倒退的战略。企业采用退却型战略的原因有很多,大致分为主动和被动两大类。主动原因:首先,大企业战略重组的需要,为了筹措资本运营所需的资金,改善企业投资回报率等。其次,小企业的短期行为。例如,一些小型企业家的目标是“赚100万元”,当基本完成目标后,不愿再承担经营的风险和代价。被动原因:首先,整体经济形势严峻,在需求紧缩、资源有限、政策变化、社会价值观变化等情况下,导致企业赖以生存的外部环境出现危机。其次,企业失去了原有的竞争优势,由于企业内部经营机制不顺、决策失误、管理不善等原因,企业陷入经营困境,不得不采取防御措施。退却战略有两种:一种是以退为进;另一种是失败性的退却战略。

3. 按经营形态划分,可分为内涵发展战略、外延发展战略和混合发展战略

(1)内涵发展战略。内涵发展战略是指依据企业内部资源和竞争能力,制定一个风险较低、发展平缓的战略。

(2)外延发展战略。外延发展战略是指企业通过外部获取新的经营项目来扩大实力的战略。这种战略包括兼并、收购别的企业,或以联合经营的方式达到企业的战略目标。

(3)混合发展战略。混合发展战略是指根据不同事业、不同商品要求,以及所具有的不同的内部条件和外部环境等分别选择内涵和外延发展战略,或选择一种为主、多种经营的战略。一个企业兼用几种战略,就构成了混合战略。

(三)发展战略的构成要素与制定

1. 发展战略的构成要素

企业发展战略自成系统,该系统一般由六大要素构成,即战略思想、战略方向、战略目标、战略重点、战略对策、战略阶段。各个战略要素相互联系,形成了一个完整的战略。

(1)战略思想。战略思想是指导战略制定和实施的基本思想及观念,是企业整个战略的灵魂。它对战略方向、战略目标、战略重点、战略对策、战略阶段起着一个统率作用。有什么样的战略思想就有什么样的战略。战略思想来自战略理论、战略环境分析以及企业领导的战略风

格。战略理论是研究、制定和实施战略的基础，战略管理要以科学的理论为指导。这些理论涉及面很广，包括：战略的哲学理论、社会经济理论，如社会主义市场经济运行规律；现代管理科学理论，如系统论、控制论、信息论；军事、政治、经济等方面的战略理论；国内外有关现代企业战略管理的理论；等等。

战略环境是战略思想形成的客观条件，有什么样的战略环境就会产生什么样的战略思想，其中外部的机会和内部的优势对战略思想的形成影响很大。企业领导的战略风格是战略思想形成的主观因素。战略环境相同，但领导的战略风格不同，就会有不同的战略思想。战略风格包括领导者素质、能力、管理风格和对风格的态度。

(2)战略目标。战略目标是指企业在战略思想指导下，根据企业发展战略分析，确定企业发展战略期内所要达到的水平。它是一定战略期内企业完成任务的预期成果，它决定着企业战略方向、战略重点、战略对策和战略阶段。战略目标要回答企业在一个较长的时间里完成什么这一问题，它是企业管理部门借以判断企业业绩，并期待员工和社会公众也据此做出判断的标准。战略目标具有时限性、客观性、综合性、风险性和可行性等特点。

每个企业在不同的历史时期有不同的战略目标。企业战略目标一般包括满足社会需要目标、服务目标、企业发展目标、竞争性目标、经济利益目标等。

满足社会需要目标，是企业经营的基本战略目标。企业的任务就是要为满足社会日益增长的物质文化生活需要作出贡献，对国民经济建设作出贡献。它是以企业能为社会提供的商品和劳务的品种、质量、销售额等目标，反映满足社会需要的程度和水平。

服务目标在企业战略目标中占有特殊的位置，企业必须在社会需求不断变化的客观要求下，努力提高服务质量，改善服务设施，实现服务质量标准化，与国际标准接轨，使服务工作达到先进水平，创造一流服务。

企业发展战略目标，是指表明企业进步和发展水平的目标。这种目标的实现，能够使企业的经营能力有明显的提高。企业发展目标包括市场开拓、物质技术设备、资金开发、规模扩大、组织改制、人才开发等。

竞争性目标，是指表明企业的竞争能力和企业形象。竞争性指标包括设备技术领先程度、商品价格地位、商品质量名次、绝对市场占有率和相对市场占有率、企业知名度和美誉度。

经济利益目标是反映企业经营效果的尺度。它包括利润总额及增长率、投资收益率、投入产出比率、奖励、福利基金等。

上述战略目标相互联系，形成了一个战略目标体系。

(3)战略方向。战略方向是指企业制定战略方案和战略决策的指导方向，它指出了企业经营运行的方向。战略方向包括企业经营的发展方向、企业经营结构的调整等。

企业经营的发展方向是战略方向的核心。企业要根据外部环境和内部条件发展变化的趋势，确定拟进入或退出、拟支持或限制的某些业务领域。例如是在原有的商品和市场的基础上谋求发展，还是开拓新市场，扩大经营范围。前者如进一步划细目标市场，优化商品构成，使企业经营更加专门化、集约化；后者如调整原来的目标市场，由本地市场扩展到外地市场，由面向国内市场到打入国际市场，由城市市场发展到面向农村市场，由面向单一的或少数的消费者阶层扩大到大众消费者阶层。

企业经营结构调整方向，主要指企业经营的行业、所有制、业态、商品等结构调控方向。例如在行业结构方面，只搞单一的商品经营，即纯商业，还是兼营餐饮、旅馆、旅游、娱乐等其他的一些服务性行业，实现多元化的经营结构，或既有商品经营，也兼商品生产，实现产销一体化的经营结构;在商品经营中既经营批发,也经营零售。商品结构调整方向,主要指调整商品大类、商品品种和商品档次等。

(4)战略重点。战略重点是指对实现企业战略目标具有关键作用,而又有发展优势,或自身发展薄弱,需要着重加强的方面(部门、环节、项目等)。抓住关键部位,突出薄弱环节,就便于带动全局,实现战略目标。战略本身就是为了解决重大问题,没有重点就没有战略。战略重点也是资本、劳动和技术投入的重点,这是它们作为重点在物质上的保证。战略重点还是决策人员实行战略指导的重点,这是它作为战略在组织上的保证。可见战略重点包括三层含义:第一,实行战略目标的重点;第二,资源配置的重点;第三,战略指导的重点。

战略重点是由企业所处的内外部条件和环境所决定的。一是市场需求多样化,企业能力有限性,要求企业根据自己的优势选择战略重点。二是环境多变性、经营相对稳定性,要求企业既要从总体上适应环境变化,又要保持其战略目标相对稳定,保持其重点,不能朝令夕改,反复无常。三是集中兵力,实现资源重点配置,集中优势兵力,打歼灭战,解决主要矛盾,实现战略目标。四是没有重点,就没有效果;没有重点,就很难根据具体情况,规定相关的政策。一个企业确定了战略重点,就可以从资源、组织、管理方面予以重点倾斜,为战略重点的实现提供必要的保证。战略重点也是有层次性的,不同战略层次都要有各层次的战略重点。例如总体发展战略中有经营领域的重点,在市场战略中有重点市场,商品战略中有重点商品,结构调整战略中的重点有所有制结构、行业结构和业态结构调整,等等。

(5)战略对策。战略对策是指为实现战略指导思想和战略目标而采取的重要方法、措施和策略。战略对策是战略管理的主要内容。战略制定就是确定对策,战略实施就是实施对策。目标和措施是相对的,比如发展总战略是实现总目标的对策,发展分战略是实现发展总战略的对策,次战略是实现分战略的对策。战略对策具有针对性、多重性、预见性、灵活性的特征。针对性,指它是针对实现战略指导思想和战略目标的需要,战略对策是为了解决未来可能出现或业已存在的问题。多重性是指战略对策不是单一的,而是一个群体,战略对策越是配套形成系列,就越有利于战略目标的实现。预见性,指战略对策更多的是通过预测,对未来事件提出解决办法。对未来事件的对策往往具有预见性、不确定性。灵活性是指战略对策没有一个固定的模式,必须根据具体情况,从多种对策中选择一种或几种有效的方法。战略对策的灵活性表现在它具有主动转换、优化弥补、自然淘汰等特性。

(6)战略阶段。战略阶段是指实施战略或实现战略目标所必须经历的步骤。一个较长期的战略,如五年、十年的战略规划,必须是逐步实现、逐步推进,需要划分若干阶段。战略阶段的划分,因企业所处行业和规模不同、战略环境的差异、战略目标的差别、战略期长短的不同而有所不同。一个大的战略,可划分为三个阶段:一是准备阶段。它包括战略目标的细化,企业内部人力、物力、财力等各种资源的配置,技术装备上的调整和组合,企业内部经营机制的转换,特别是管理体制和运行机制的改革。二是发展阶段,它是实现战略目标的主要阶段。即在准备阶段工作的基础上,尽力发展企业的销售能力、竞争能力等,以长足地提高市场占有率、经济效益和社会效益。三是完善阶段。经过发展阶段之后,根据高速增长带来的矛盾和问题,对战略重新进行平衡和协调,力争使企业在商品结构、增长速度、预期目标等方面取得新的协调发展,以保持战略目标和企业经营环境之间的动态平衡,为企业制定新的战略目标和迈上新的台阶打下坚实的基础。每个战略阶段,都应有一个特定的战略任务、各自的战略重点,各阶段要有衔接性。战略阶段的划分是按年度划分的,要根据实际情况而定。

企业发展战略各要素,最终汇集到战略规划或战略方案之中。战略规划或战略方案是把企业战略思想、战略目标、战略方向、战略重点、战略对策和战略阶段加以综合，通过协调平衡而形成的。

2. 发展战略的制定

企业在制定发展目标时，应当充分调查研究，科学分析预测，广泛征求意见。企业在制定发展目标的过程中，还应综合考虑宏观经济政策、国内外市场需求变化、技术发展趋势、行业及竞争对手状况、可利用资源水平和自身优势与劣势等影响因素。

企业应当根据发展目标制定战略规划。战略规划应当明确发展的阶段性和发展程度，确定每个发展阶段的具体目标、工作任务和实施路径。

企业应当在董事会下设立战略委员会，或指定相关机构负责发展战略管理工作，履行相应职责。企业应当明确战略委员会的职责和议事规则，对战略委员会会议的召开程序、表决方式、提案审议、保密要求和会议记录等做出规定，确保议事过程规范透明、决策程序科学民主。战略委员会应当组织有关部门对发展目标和战略规划进行可行性研究和科学论证，形成发展战略建议方案；必要时，可借助中介机构和外部专家的力量为其履行职责提供专业咨询意见。战略委员会成员应当具有较强的综合素质和实践经验，其任职资格和选任程序应当符合有关法律法规和企业章程的规定。

董事会应严格审议战略委员会提交的发展战略方案，重点关注其全局性、长期性和可行性。董事会在审议方案中如果发现重大问题，应当责成战略委员会对方案作出调整。企业的发展战略方案经董事会审议通过后，报经股东大会批准实施。

（四）发展战略的实施

企业应当根据发展战略制定年度工作计划，编制全面预算，将年度目标分解、落实；同时，完善发展战略管理制度，确保发展战略有效实施。企业应当重视发展战略的宣传工作，通过内部各层级会议和教育培训等有效方式，将发展战略及其分解落实情况传递到内部各管理层级和全体员工。

战略委员会应当加强对发展战略实施情况的监控，定期收集和分析相关信息，对于明显偏离发展战略的情况，应当及时报告。

由于经济形势、产业政策、技术进步、行业状况以及不可抗力等因素发生重大变化，确需对发展战略作出调整的，应当按照规定权限和程序调整发展战略。

（五）企业发展战略与会计控制

企业发展战略与会计控制密切相关，保证企业发展战略顺利实施是会计控制的目标之一。我国对会计控制目标设定为：合理保证企业经营管理合法合规、资产安全、财务报告及相关信息真实完整、经营效率和效果以及企业发展战略顺利实施。企业最高层次的目标就是其战略目标，因此企业发展战略是否能够顺利实施直接影响到企业经营风险的高低，会计控制能够保证企业合法合规、规范运营，能够直接降低企业的经营风险，使企业发展战略能够顺利实施。

企业发展战略与会计控制相互影响，发展战略能够影响会计控制的设计和运行。会计控制设计需要识别和分析企业会计控制目标实现的风险因素及其水平。企业风险因素及风险水平与其发展战略目标、整体和具体的业务等相关。发展战略直接决定企业经营风险的高低，是引发企业经营风险的首要因素，是会计控制建设中首要考虑的因素。因此，企业需要切实依据发展战略，设计和实施会计控制。企业应当根据发展战略的要求，建设和优化会计控制环境，包括合理设置或调整企业组织结构和权责分配，建立董事会的战略委员会和经理层的战略管理机构，合理确定它们的职责权限和相互关系，优化公司治理结构；合理配置企业的人力资源，充分考虑发展战略实施的需要和企业现有员工的专业特长、工作态度，适当调配人员组合，补充或削减工作人员。

相应的，企业发展战略的制定也必须以会计控制的风险控制能力为重要依据，发展战略及其实施引发的相关风险不能超越企业在战略实施过程中可以实施会计控制的风险控制能力。企业发展战略的制定过程必须符合会计控制的要求。企业发展战略的制定是企业最重要的决策之一。为了保证决策的科学性和民主化，这一决策过程也应当置于会计控制之下，按会计控制的要求，合理设置组织结构和配置职权，建立合理的工作程序，进行严格的审批手续，建立有效的监督机制等。

四、社会责任

在经济全球化背景下，经济、社会和环境问题的强烈互动，使越来越多的企业清楚地认识到，企业不仅是区域经济的基本组织，也是区域社会的基本组织。企业不仅要追求"利润最大化"，并且要为创造实现"利润最大化"的经济和社会服务。有眼光的企业家开始提出"企业社会责任"(corporate social responsibility，CSR)的概念——包括消除贫困，促进社区发展，保护资源环境，改善、维护职工权益等，作为企业发展的新机遇。深圳证券交易所于 2006 年颁布了《上市公司社会责任指引》，要求上市公司积极履行社会责任，定期评估公司社会责任的履行情况，自愿披露公司社会责任报告。

(一)社会责任的内涵

传统的企业理论认为，企业只有一个目标，那就是实现其自身利益最大化，进而达到股东利润最大化。但随着企业理论的不断发展，企业社会责任理论也得到不断发展。企业社会责任理论主张，企业的目标是多元的，除追求利润最大化之外，企业还应保障和提升社会绩效；在确保股东利润最大化的同时，也实现企业非股东利益相关者利益的最大化。

按照与企业利益关系程度的不同，利益相关者可以分为直接利益相关者和间接利益相关者。前者包括企业员工、政府、商业伙伴；后者包括竞争对手、当地社区和非政府组织。因而相应地把企业社会责任分为两个层次：企业与直接利益相关者(员工、政府和商业伙伴)的权利义务关系；企业与间接利益相关者的权利义务关系。前者是企业社会责任范畴的核心层次，居于主导地位；后者则是企业社会责任范畴的次要层次，居于从属地位。

企业社会责任可以区分为以下不同的利益相关者群体：员工、供应商、顾客、广大社区、股东、同业竞争者以及组织伦理，这主要包括促进企业责任行为的一些工具和手段。各利益相关者的企业社会责任表现总结如表 6－1 所示。从内容上看，企业社会责任可区分为经济责任、社会责任和环境(生态)责任三个部分。

表 6－1　　利益相关者的企业社会责任表现

方　面	内　容
员工	人权、同非政府组织的对话、对妇女的平等机会、对少数民族的平等机会、培训、健康和安全、参与、正确的态度、员工的和谐关系
供应商	产品安全，产品以及生产过程对环境的影响，供应商的工作条件，对供应商的尊敬
顾客	产品的安全与质量，持续的产品可供选择性，尊敬顾客
广大社区	对环境影响，同环境组织的积极对话，重新安置残疾人，对第三世界消除贫困的贡献，对地方项目的支持

续表

方　面	内　容
股东	预防股票和利益的内部交易，实现利润最大化
同业竞争者	公平竞争，尊重竞争者的智力资本，预防共谋的措施，预防贿赂的措施
组织伦理	各种手段，包括生产守则、ISO认证、外部审计、社会报道、社交指南、伦理委员会和伦理培训

1. 经济责任

实现利润最大化（长期和短期的），提高生产率（生产要素的质量、生产过程的质量、产品或服务的质量），保护（提高）股东和投资者的福利，对供应商的尊敬，与竞争者公平竞争，关注员工（提供或创造就业机会、公平的劳动报酬、提供社会福利、员工的培训再教育和个人发展机会），服务顾客，防止企业利益的内部交易，防止勾结和贿赂等措施。

2. 社会责任

对解决社会问题的贡献，遵守法律法规，遵守社会习俗和文化遗产，有选择地从事社会文化和政治活动，对本企业和供应商生产条件的关注等。

3. 环境（生态）责任

企业以及供应商的生产过程和产品对环境的影响，承诺"可持续发展"，消耗更少的自然资源，减少对环境的影响。

从整体上看，企业履行社会责任具有一定的层次性，第一层责任是最低限度的责任需求，如对员工的诚信，保障员工的合法权益，创造良好的工作环境，这三个方面的内容作为必要的道德底线，在大多数国家和地区以法律责任的形式确定下来，是企业必须遵守的，具有一定的强制性。第二层责任是超越最低限度的积极职责，如SA8000（社会责任认证标准）就是介于强制责任和非强制责任之间的责任，其中规定了企业对工作环境、员工健康与安全、员工培训、薪酬、工会权利等一系列问题承担"最低责任"。第三层责任是对责任的最高目标的追求，把企业社会责任作为企业自身的追求，例如对公共环境的责任，主要包括维护公共环境质量、使用清洁能源、共同应对气候变暖、保护生物多样性等。

（二）社会责任的管理

按照我国《企业内部控制应用指引》（以下简称《指引》）的要求，社会责任管理主要包括安全生产、产品质量、环境保护与资源节约、促进就业与员工权益保护等内容。

1. 安全生产

《指引》要求企业应根据国家有关安全生产的规定，结合本企业实际情况，建立严格的安全生产管理体系、操作规范和应急预案，强化安全生产责任追究制度，切实做到安全生产。企业应当设立安全管理部门和安全监督机构，负责企业安全生产的日常监督管理工作。应当重视安全生产投入，在人力、物力、资金、技术等方面提供必要的保障，健全检查监督机制，确保各项安全措施落实到位，不得随意降低保障标准和要求。

企业应当贯彻预防为主的原则，采用多种形式增强员工安全意识，重视岗位培训，对于特殊岗位实行资格认证制度。企业应当加强生产设备的经常性维护管理，及时排除安全隐患。

如果发生生产安全事故，应当按照安全生产管理制度妥善处理，排除故障，减轻损失，追究责任。重大生产安全事故应当启动应急预案，同时按照国家有关规定及时报告，严禁迟报、谎报和瞒报。

2. 产品质量

《指引》要求企业应当根据国家和行业相关产品质量的要求，从事生产经营活动，切实提高产品质量和服务水平，努力为社会提供优质安全健康的产品和服务，最大限度地满足消费者的需求，对社会和公众负责，接受社会监督，承担社会责任。企业应当规范生产流程，建立严格的产品质量控制和检验制度，严把质量关，禁止缺乏质量保障、危害人民生命健康的产品流向社会。此外，企业还应加强产品的售后服务。售后发现存在严重质量缺陷、隐患的产品，应当及时召回或采取其他有效措施，最大限度地降低或消除缺陷、隐患产品的社会危害。应当妥善处理消费者提出的投诉和建议，切实保护消费者权益。

3. 环境保护与资源节约

《指引》要求企业应当按照国家有关环境保护与资源节约的规定，结合本企业实际情况，建立环境保护与资源节约制度，认真落实节能减排责任，积极开发和使用节能产品，发展循环经济，降低污染物排放，提高资源综合利用效率。企业应当通过宣传教育等有效形式，不断提高员工的环境保护和资源节约意识。

企业应当重视生态保护，加大对环保工作的人力、物力、财力的投入和技术支持，不断改进工艺流程，降低能耗和污染物排放水平，实现清洁生产。企业应当加强对废气、废水、废渣的综合治理，建立废料回收和循环利用制度。

企业应当重视资源节约和资源保护，着力开发利用可再生资源，防止对不可再生资源进行掠夺性或毁灭性开发。企业应当重视国家产业结构相关政策，特别关注产业结构调整的发展要求，加快高新技术开发和传统产业改造，切实转变发展方式，实现低投入、低消耗、低排放和高效率。

企业应当建立环境保护和资源节约的监控制度，定期开展监督检查，发现问题，及时采取措施予以纠正。污染物排放超过国家有关规定的，企业应当承担治理或相关法律责任。发生紧急、重大环境污染事件时，应当启动应急机制，及时报告和处理，并依法追究相关责任人的责任。

4. 促进就业与员工权益保护

《指引》要求企业应当依法保护员工的合法权益，贯彻人力资源政策，保护员工依法享有劳动权利和履行劳动义务，保持工作岗位相对稳定，积极促进充分就业，切实履行社会责任。企业应当避免在正常经营情况下批量辞退员工，增加社会负担。

企业应当与员工签订并履行劳动合同，遵循按劳分配、同工同酬的原则，建立科学的员工薪酬制度和激励机制，不得克扣或无故拖欠员工薪酬。企业应当建立高级管理人员与员工薪酬的正常增长机制，切实保持合理水平，维护社会公平。

企业应当及时办理员工社会保险，足额缴纳社会保险费，保障员工依法享受社会保险待遇。企业应当按照有关规定做好健康管理工作，预防、控制和消除职业危害；按期对员工进行非职业性健康监护，对从事有职业危害作业的员工进行职业性健康监护。企业应当遵守法定的劳动时间和休息休假制度，确保员工的休息休假权利。

企业应当加强职工代表大会和工会组织建设，维护员工合法权益，积极开展员工职业教育培训，创造平等发展机会。企业应当尊重员工人格，维护员工尊严，杜绝性别、民族、宗教、年龄等各种歧视，保障员工身心健康。

企业应当按照产学研用相结合的社会需求，积极创建实习基地，大力支持社会有关方面培养，锻炼社会需要的应用型人才。企业应当积极履行社会公益方面的责任和义务，关心帮助社会弱势群体，支持慈善事业。

（三）社会责任与会计控制

2010年财政部发布的《企业内部控制应用指引》第4号即为社会责任，明确提出了企业社会责任内部控制的主要内容及方法等。《企业内部控制应用指引》把社会责任作为一个单项的配套指引，这说明社会责任是内部控制规范体系的重要组成部分。企业会计控制是内部控制的核心，因此社会责任是企业会计控制的关键要素，是保证会计控制实施的主要因素之一。会计控制屡屡失效与我国会计控制建设中缺乏对企业社会责任的重视密不可分，完善的社会责任是会计控制有效运作的前提。

企业生产经营中可能存在各种社会责任风险，如：安全生产措施不到位，责任不落实，可能导致企业发生安全事故；产品质量低劣，侵害消费者利益，可能导致企业巨额赔偿、形象受损，甚至破产；环境保护投入不足，资源耗费大，造成环境污染或资源枯竭，可能导致企业巨额赔偿、缺乏发展后劲，甚至停业；促进就业和员工权益保护不够，可能导致员工积极性受挫，影响企业发展和社会稳定。企业要针对社会责任方面可能的风险制定出针对性的会计控制制度并保证其能够得到切实执行，才能真正实现规避经营过程中的社会责任风险。同时，要使企业积极主动地履行社会责任，就必须通过会计控制将其内化为企业的一种自觉行为。企业在社会责任方面的积极行动，不仅可以提升企业形象，还可以在企业内部形成一个良好的组织氛围，促进会计控制中会计环境的建设。积极履行社会责任可以保障会计控制制度的有效执行；反过来，有效的会计控制又能够促进社会责任的不断完善并有助于企业目标的实现。社会责任与会计控制相互影响、相互制约，共同推进企业有效运行。

五、人力资源

（一）人力资源概述

人是控制环境中一个最活跃的控制因素，人力资源政策是不断补充企业能力、提高员工素质、保证企业计划实施和目标实现的关键因素。因此，人力资源管理政策是会计环境一个关键要素。企业应当重视人力资源建设，根据发展战略，结合人力资源现状和未来需求预测，建立人力资源发展目标，制定人力资源总体规划和能力框架体系，优化人力资源整体布局，明确人力资源的引进、开发、使用、培养、考核、激励、退出等管理要求，实现人力资源的合理配置，全面提升企业核心竞争力。

企业在人力资源管理中应当重点关注以下风险：

（1）人力资源缺乏或过剩、结构不合理、开发机制不健全，可能导致企业发展战略难以实现。

（2）人力资源激励约束制度不合理、关键岗位人员管理不完善，可能导致人才流失、经营效率低下或关键技术、商业秘密和国家机密泄露。

（3）人力资源退出机制不当，可能导致法律诉讼或企业声誉受损。

（二）人力资源的内容

人力资源政策是影响企业会计控制环境的关键因素，它所包括的雇佣、培训、评价、考核、晋升、奖惩等业务，向员工传达着有关诚信、道德行为和胜任能力的期望水平方面的信息，这些业务都与公司员工密切相关，而员工正是公司中执行会计控制的主体。一个良好的人力资源政策，能够有效地促进会计控制在企业中的顺利实施，并保证其实施的质量。

《企业内部控制基本规范》第十六条指出，企业应当制定和实施有利于企业可持续发展的人力资源政策。人力资源政策包括招聘、培训、考核、晋升与奖惩以及退出等方面。

1. 招聘

企业招聘是保证员工素质的第一环。企业应当根据人力资源总体规划，结合生产经营实际需要，制定年度人力资源需求计划，完善人力资源引进制度，规范工作流程，按照计划、制度和程序组织人力资源引进工作。企业人事部门应严格审查应聘人员的专业能力等因素，以便保证其能满足具体的工作要求。企业应当根据人力资源能力框架要求，明确各岗位的职责权限、任职条件和工作要求，遵循德才兼备、以德为先和公开、公平、公正的原则，通过公开招聘、竞争上岗等多种方式选聘优秀人才，重点关注选聘对象的价值取向和责任意识。招聘人员可以通过资格审查、初选、面试、测试以及甄选等方式评估人员的专业情况和掌握的技能，以及调查其过去有无不诚实行为和渎职情况的发生。面试和测试是招聘选拔中的主要手段。通过面试，可对应聘人员有深层次的了解；测试是在面试的基础上进一步了解应聘者的一种手段，一般包括心理测试和智能测试。

此外，《企业内部控制应用指引》中人力资源部分还要求企业选拔高级管理人员和聘用中层及以下员工，应当切实做到因事设岗、以岗选人，避免因人设事或设岗，确保选聘人员能够胜任岗位职责要求。企业选聘人员应当实行岗位回避制度。企业确定选聘人员后，应当依法签订劳动合同，建立劳动用工关系。

企业对于在产品技术、市场、管理等方面掌握或涉及关键技术、知识产权、商业秘密或国家机密的工作岗位，应当与该岗位员工签订有关岗位保密协议，明确保密义务。企业应当建立选聘人员试用期和岗前培训制度，对试用人员进行严格考察，促进选聘员工全面了解岗位职责，掌握岗位基本技能，适应工作要求。试用期满考核合格后，方可正式上岗；试用期满考核不合格者，应当及时解除劳动关系。

2. 培训

企业应该定期通过员工培训和继续教育的方式对员工进行培训，并通过一定的考核办法，对培训结果进行评价。培训是提高员工素质的最重要的方式，例如有些公司对员工素质的培训就非常重视，一旦有员工完不成任务，或者履行职责不理想，公司立即决定将其选出培养学习，保持员工整体素质的优良状态。

3. 员工的约束与激励

约束是控制员工素质的一个重要途径，可以促使员工自觉提高其自身素质。约束主要包括对员工确立责任、考勤和处罚方面的内容。确立责任是明确员工的职责范围。考勤与处罚是促使员工自觉遵守纪律，严格完成任务。激励同样是控制员工素质一个重要方面，可以激发员工内在的工作动力，激发他们努力工作，更好地去实现企业既定的目标和任务，更好地履行其工作职责。激励的方式有物质激励和精神激励。物质激励在企业的应用方式主要有增加薪酬，颁发奖品、奖金以及休假、疗养、旅游等福利待遇。精神激励的形式多样化，大到让员工参与企业管理，小到对员工嘘寒问暖，具体方式有榜样激励、目标激励、文化激励和参与激励等多种形式。在实施时要根据具体情况采取不同的激励方式，才可以达到最合适的效果。企业在设计薪酬制度时，应当与人力资源考核相挂钩，体现对人力资源的保护作用，注重长期激励与短期激励相结合、物质激励与精神激励相结合，以保持和吸收优秀人才。

4. 考核

考核即为按照一定标准，采用科学的方法，检查和评定企业员工对职务所规定职责的履行程度，以确定其工作成绩的一种有效的管理方法。简而言之，它是指主管或相关人员对员工的工作做系统的评价。考核是人力资源管理中的一项主要的控制手段。员工在完成其工作职责和任务后，可以通过考核结果的即时反馈，了解到自己的工作状况，包括成绩有哪些，哪些地方还存在不足，有待改进。考核的过程不仅可以促使员工改善现有的工作，还可以在考核过程中提高自身的专业素质。考核内容一般应涵盖员工的个人素质、工作态度、专业知识、工作能力、工作成果等。

考核一般包括以下四个步骤：

(1)制定考核计划，设计考核标准。考核应该按照计划进行，首先应明确考核的目的和对象，再根据目的和对象确定考核的内容、时间和安排。

考核标准是否合理是考核能否发挥实质作用的关键。这种标准应该是通过协商制定，得到考核者和被考核者的共同认可，标准的内容也应该标准化、定量化，而且是员工可以达到的。

(2)实施考核。对员工的工作结果进行综合评价，将其实际工作绩效与工作期望进行对比和衡量，按照考核计划体系，确定出考核结果。

(3)考核结果反馈。考核结果反馈是指将考核的意见反馈给被考核者。只有将结果反馈回来，才能够达到考核的目的，因此，这是考核中必不可少的步骤。结果反馈可以有两种方式：一是绩效考评意见认可；二是绩效考评面谈。绩效考评意见认可，即考评者将书面的考评意见反馈给被考评者，由被考评者予以统一认可，并签名盖章。绩效考评面谈，则是通过考评者与被考评者之间的谈话，将考评意见反馈给被考评者。在面谈过程中，可以协助被考评者认识到工作中的不足，以及找到改进的方法等。

(4)考核结果运用。考核并不是最终目的，它是晋升、惩罚、培训以及员工职业生涯规划等众多工作的基础。企业综合运用考核的结果，进一步执行其他工作。

另外，企业应当建立顺畅的考核沟通渠道，及时与员工就考核结果进行充分沟通。企业还应当建立正式的人力资源考核记录制度，确保考核记录完整保存。

5. 晋升与奖惩

晋升可以考核结果以及其他因素为基础来实现。通过职位晋升，可以给员工赋予更多的责任，为其提供充分发挥能力的更大舞台，同时也极大地调动了员工的积极性，促使其更加努力提高自己的素质，以适应更高的工作要求。奖惩则通常是以考核结果为依据而实现的。奖惩的作用主要在于营造积极向上的氛围，避免“干好干坏一个样”的消极不良情绪的滋生。奖惩可以一方面在员工做得好的方面予以鼓励，另一方面也可以让员工积极改进不好的一面，有利于员工素质的提高。

6. 退出

企业应当按照有关法律法规规定，结合企业实际，建立健全员工退出(辞职、解除劳动合同、退休等)机制，明确退出的条件和程序，确保员工退出机制得到有效实施。

企业对考核不能胜任岗位要求的员工，应当及时暂停其工作，安排再培训，或调整工作岗位，安排转岗培训；仍不能满足岗位职责要求的，应当按照规定的权限和程序解除劳动合同。

企业应当与退出员工依法约定保守关键技术、商业秘密、国家机密和竞业限制的期限，确保知识产权、商业秘密和国家机密的安全。企业关键岗位人员离职前，应当根据有关法律法规的规定进行工作交接或离任审计。

(三)人力资源与会计控制

随着知识经济时代的到来，人力资本在经济发展中的作用越来越突出，企业人力资源管理也面临新的挑战和风险。企业至少应当关注人力资源管理的下列风险：

(1)人力资源缺乏、结构不合理，可能导致企业发展战略难以实现。例如，人力资源需求计划不合理，岗位职责安排不科学，可能会导致企业无法获得经营管理所需要的员工。

(2)人力资源激励约束制度不合理、优胜劣汰机制不完善，可能导致关键人才流失或经营效率低下。

面对挑战和风险，企业应当重视人力资源内部控制，建立科学的人力资源管理制度，充分调动员工的积极性、主动性和创造性，以提升企业的核心竞争力。企业在建立与实施人力资源政策内部控制中，应当至少强化对下列关键方面或者关键环节的控制，以有效地防范上述风险：

(1)岗位职责和任职要求应当明确规范，人力资源需求计划应当科学合理；

(2)招聘及离职程序应当规范，人员聘用应当引入竞争机制，培训工作应当能够提高员工道德素养和专业胜任能力；

(3)人力资源考核制度应当科学、合理，应当能够引导员工实现企业目标；

(4)薪酬制度应当能保持和吸引优秀人才，并符合国家有关法律法规的要求，薪酬发放标准和程序应当规范化。

六、企业文化

(一)企业文化的定义

企业文化是企业在生产经营实践中逐步形成的、为整个团队所认同并遵守的价值观、经营理念和企业精神，以及在此基础上形成的行为规范的总称。它是将企业员工的思想观念、思维方式、行为方式进行的统一和融合，使员工自身价值的体现和企业发展目标的实现达到有机的结合。各项制度都有失效的时候，而当制度失效时，企业经营靠的就是企业文化。企业文化是一个企业的中枢神经，它所支配的是人们的思维方式、行为方式。在良好的企业文化基础上所建立的控制制度，必然会成为人们的行为规范，得到很好的贯彻执行，会有效地解决公司治理和会计信息失真的问题。

企业在文化建设方面应当注意以下风险：

(1)缺乏积极向上的企业文化，可能导致员工丧失对企业的信心和认同感，企业缺乏凝聚力和竞争力。

(2)缺乏开拓创新、团队协作和风险意识，可能导致企业发展目标难以实现，影响可持续发展。

(3)缺乏诚实守信的经营理念，可能导致舞弊事件的发生，造成企业损失，影响企业信誉。

(4)忽视企业间的文化差异和理念冲突。

(二)企业文化的表现形式

企业文化属于精神范畴，常常要通过企业制度和物质形态表现出来。我国目前关于企业文化的表现形式是将其划分为四个层次：精神文化、制度文化、行为文化和物质文化。

企业精神文化是指在内外环境的影响下，企业在长期的生产经营过程中形成的精神成果和文化观念。它主要由经营哲学、道德观念以及企业价值观等因素构成。它是企业各种活动的指导思想，属于“核心文化”。

企业制度文化是由企业的法律形态、组织形态和管理形态构成的外显文化，一般包括企业法规、企业的经营制度和企业的管理制度。它一方面是精神文化这一抽象东西的具体体现；另一方面也是指导和约束员工行为文化和物质文化建设的纲领性的东西。制度文化是精神文化与物质文化的"中介",属于"中层文化"。

企业行为文化是指企业员工在生产经营、学习娱乐中产生的活动文化。它包括在企业经营、教育宣传、人际关系活动、文娱体育活动中产生的文化现象。它是企业经营作风、精神面貌、人际关系的动态体现,也是企业精神、企业价值观的折射。行为文化比物质文化"隐藏"得相对深一些,但也比较容易观察与感知,所以它仍然属于"浅层文化"。

企业物质文化是指客观物体及其相应组合为表现形式的文化。它由企业的物质环境、生产设备、最终产品与包装设计等构成。由于物质文化的表现形式相对直观,容易"触摸",所以物质文化也被称为"表层文化"。

精神文化是基础,是核心,是企业文化的内容实质;企业的制度则是企业文化的骨架,保证企业文化价值理念的达成和经营目标的实现。在企业的各项规章制度中,控制制度是最高行为规范,是检查管理者、各部门员工工作质量的尺度,也是衡量企业经济效益和管理水平的标准。企业控制制度的建立完善、贯彻执行是企业文化建设的重要内容。培养员工爱岗敬业、诚实守信、廉洁自律、忠于职守、刻苦钻研、勤勉尽责的一种制度约束,有助于员工对企业控制制度的建立和完善统一的行为标准产生强烈的认同感,在长期遵守和执行控制制度过程中达成价值观的共识,潜移默化地塑造企业精神支柱,形成企业风格和形象,以无形的精神力量,推动企业不断进步。

(三)企业文化的建设与评估

1. 企业文化的建设

企业应当采取切实有效的措施,积极培育具有自身特色的企业文化,引导和规范员工行为,打造以主业为核心的企业品牌,形成整体团队的向心力,促进企业长远发展。企业应当培育体现企业特色的发展愿景、积极向上的价值观、诚实守信的经营理念、履行社会责任和开拓创新的企业精神以及团队协作和风险防范意识。企业应当重视并购重组后的企业文化建设,平等对待被并购方的员工,促进并购双方的文化融合。

企业应当根据发展战略和实际情况,总结优良传统,挖掘文化底蕴,提炼核心价值,确定文化建设的目标和内容,形成企业文化规范,使其成为构成员工行为守则的重要组成部分。

董事、监事、经理和其他高级管理人员应当在企业文化建设中发挥主导和垂范作用,以自身的优秀品格和脚踏实地的工作作风,带动影响整个团队,共同营造积极向上的企业文化环境。企业应当促进文化建设在内部各层级的有效沟通,加强企业文化的宣传贯彻,确保全体员工共同遵守。

企业文化建设应当融入生产经营全过程,切实做到文化建设与发展战略的有机结合,增强员工的责任感和使命感,规范员工行为方式,使员工自身价值在企业发展中得到充分体现。企业应当加强对员工的文化教育和熏陶,全面提升员工的文化修养和内在素质。

2. 企业文化的评估

企业应当建立企业文化评估制度,明确评估的内容、程序和方法,落实评估责任制,避免企业文化建设流于形式。

企业文化评估,应当重点关注董事、监事、经理和其他高级管理人员在企业文化建设中的责任履行情况、全体员工对企业核心价值观的认同感、企业经营管理行为与企业文化的一致性、企业品牌的社会影响力、参与企业并购重组各方文化的融合度,以及员工对企业未来发展的信心。

企业应当重视企业文化的评估结果，巩固和发扬文化建设成果，针对评估过程中发现的问题，研究影响企业文化建设的不利因素，分析深层次的原因，及时采取措施加以改进。

（四）企业文化与会计控制

《企业内部控制基本规范》第十八条第一款规定："企业应当加强文化建设，培育积极向上的价值观和社会责任感，倡导诚实守信、爱岗敬业、开拓创新和团队协作精神，树立现代管理理念，强化风险意识。"一方面，企业会计控制制度的执行需要企业提供文化氛围和实施环境；另一方面，在会计制度实行过程中不断丰富企业文化的内涵，为加强企业文化建设作出贡献。会计控制与企业文化同为现代企业制度，二者在各自制度建设中互为前提，相互支撑，齐头并进，共同完善。企业文化的核心是企业成员的思想观念，它决定着企业成员的思维方式和行为方式。

1. 会计控制是实现企业目标的保障机制

企业的会计控制是管理者为确保企业目标的实现而建立的一系列规则、政策和实施的程序。会计控制作为企业的一项管理和保障机制，其有效性直接关系到企业经济效益、会计信息的质量、资产的安全完整、抵御风险的能力等方面，对实现企业目标具有十分重要的保障作用。会计控制制度是企业运营的基本规定，是检查管理者和员工工作质量的尺度，也是衡量企业经济效益和管理水平的标准。

2. 企业文化是企业科学发展的基石

企业文化是在长期的生产经营过程中形成的、区别于其他组织的价值观念和精神风貌，它将企业员工的思想观念、思维方式、行为准则融合统一，是员工自身价值和企业发展目标的有机结合。企业文化的核心是企业精神，代表着一个企业的形象，表现为企业的追求与理想。企业文化是一种企业的经营理念，是依存于企业的价值观念，是培养员工忠于职守、乐于助人、勤勉尽责、诚实守信的一种制度，是企业的精神支柱和全体员工的力量源泉。优秀的企业文化可以促进企业科学、快速发展，阻止企业衰败；而落后的企业文化则可能使企业陷入困境，直至导致企业破产。

3. 会计控制与企业文化互为动力、互相促进

企业会计控制的逻辑起点是自我管理，而自我管理是企业文化的一项基本内容。优秀的企业文化促进会计控制的建设，而完善的会计控制能够进一步规范企业文化。会计控制保障企业规范经营，企业文化促进企业科学发展。企业会计控制制度的建设和执行与企业文化的建设密切相关，企业会计控制制度的贯彻执行有赖于企业文化的支持和维护；科学、完善的会计控制制度，能够展示企业的精神风貌，融会企业经营理念，打造和谐企业形象，有利于促进优秀企业文化的形成，在实施过程中推动企业文化的进一步发展。良好的企业文化氛围能够为会计控制制度的执行创造良好的人文环境。

4. 会计控制有效性的保持依赖于企业文化的支持

良好的企业文化氛围保证会计控制制度的贯彻执行。企业文化是一种无形的力量，能够增强企业的凝聚力，提高企业会计控制的有效性。企业文化是一个企业的中枢神经，它支配着人们的思维方式和行为方式。只有企业中的每一个员工目标明确、观念趋同，会计控制才会更有实效。会计控制要发挥作用，需要企业各方面的支持、协调与配合。如果没有各方面的支持、协调与配合，会计控制制度就很难发挥应有的作用。重视会计控制的企业文化，不仅有利于科学、合理地制定和执行会计控制制度，还可以弥补会计控制制度的不足，使企业的会计控制始终处于有效状态。在良好的企业文化基础上建立的会计控制制度，必然成为人们的行为

规范，会得到很好的贯彻执行。

第二节　控制活动

控制活动是确保管理层指令得以执行的政策及程序，控制活动在企业内的各个阶层和职能之间都会出现。《企业内部控制应用指引》（以下简称《指引》）介绍了如下几项重要的控制活动，包括资金活动、采购业务、资产管理、销售业务、工程项目、担保业务等。

一、资金活动

资金活动，是指企业筹资、投资和资金营运等活动的总称。企业制定资金活动政策及程序，有利于企业正常组织资金活动，防范和控制资金风险，保证资金安全，提高资金使用效益。企业制定资金活动政策及程序需要关注如下风险：

（1）筹资决策不当，引发资本结构不合理或无效融资，可能导致企业筹资成本过高或债务危机；

（2）投资决策失误，引发盲目扩张或丧失发展机遇，可能导致资金链断裂或资金使用效益低下；

（3）资金调度不合理、营运不畅，可能导致企业陷入财务困境或资金冗余；

（4）资金活动管控不严，可能导致资金被挪用、侵占、抽逃或遭受欺诈。

企业应当根据自身发展战略，科学确定投融资目标和规划，完善严格的资金授权、批准、审验等相关管理制度，加强资金活动的集中归口管理，明确筹资、投资、营运等各环节的职责权限和岗位分离要求，定期或不定期检查和评价资金活动情况，落实责任追究制度，确保资金安全和有效运行。企业财会部门负责资金活动的日常管理，参与投融资方案等可行性研究。总会计师或分管会计工作的负责人应当参与投融资决策过程。企业有子公司的，应当采取合法有效措施，强化对子公司资金业务的统一监控。有条件的企业集团，应当探索财务公司、资金结算中心等资金集中管控模式。

（一）筹资

筹资业务是企业生存和发展的重要基础，是企业生产经营与业务活动的重要内容。

1. 筹资循环

企业从事生产经营与业务活动，必须拥有一定数量的包括现金在内的财产物资。这些财产物资可以从投资者取得，也可以从债权人取得。这种从投资者或债权人获取财产物资的活动为筹资。

按照资金取得方式的不同，筹资途径通常有吸收直接投资、银行借款、发行债券股票、融资租赁、商业信用，以及企业内部筹资等；按照其资金使用期限的长短，筹资可分为短期筹资，即使用时间在 1 年（含 1 年）或者超过 1 年的一个营业周期的短期借款等资金，长期筹资，即使用期在 1 年或者超过 1 年的一个营业周期以上的资本金、长期借款、长期应付款等资金；按照资金体现的属性，筹资分为股权筹资和债权筹资，前者是指资本金等权益资本（所有者权益），后者是指短期借款、长期借款、应付账款等借入资金（负债）。

筹资循环包括筹资决策、筹资执行、筹资偿付等内容。

（1）筹资决策。企业在进行筹资业务前，要对资金需要量进行测算，确定筹资方式，并经过管理当局决策批准后，据以编制筹资预算。

①资金需要量测算。确定资金需要量，就是要求财务人员依据财务和生产技术等有关资料，采用科学的方法，对企业固定资产和流动资金的需要量及其发展趋势或变化程度进行数量上的测算和估计。

②确定筹资方式。根据资金需要量的大小，以及企业的资金筹措环境，选择合适的资金筹集方式。或对内筹集，或对外筹集；或发行股票筹集，或发行债券筹集；或向银行贷款，或争取财政拨款；等等。

③编制筹资预算。就是将企业资金需要量、筹资方式、筹资成本、偿还日期、利率，以及资金筹集对企业未来收益的影响，通过筹资预算反映出来，并据以制定筹资方案。筹资预算与筹资方案必须经企业管理当局审批后方能执行。

(2)筹资执行。当企业采取发行公司债券和股票的方式筹集资金时，应在投资决策之后到有关部门办理债券与股票发行登记的注册手续，与受托发行商签订委托合同，委托办理发行，取得相应的资金，并进行会计账务处理。

①办理债券与股票发行登记的注册手续。企业如果采取发行股票或债券的方式筹集资金，必须按照规定准备好发行股票或债券的申请书、企业营业执照、公司章程、发行章程和经营估算书、验资证明等各种文件，到证券管理机构办理发行登记的注册手续。

②与受托发行商签订委托合同。证券发行经有关部门批准后，如果企业向社会公众公开发行债券或股票，按规定应委托证券经营机构承销。企业应与证券经营机构签订承销协议，办理相应手续。

③委托办理发行。企业同证券承销机构办理了债券或股票委托发行手续后，由证券承销机构负责向社会公众发行债券或股票。

④取得资金。企业在债券或股票发行后，从证券发行机构取得发行债券或股票所得到的资金，即收取款项，并办理相应的会计账务处理。

(3)筹资偿付。企业将筹集的资金用于生产经营与业务活动之后，应当按照筹资合同或协议定期计算与支付利息、租金和股息，对于到期的债务归还本金，并进行相应的会计账务处理。

①计算与支付利息。企业在债券发行后，按照债券上规定的利率、付息日期，定期计算和支付债券利息。

②确定和支付股利。年末，企业管理当局根据股东会批准的利润分配方案，授权财务部门支付股息，并进行相应的会计账务处理。

③归还借款本金。企业发行的债券到期，财务部门按照规定归还债券本金，并进行相应的会计账务处理。

2. 筹资控制

企业应当根据筹资目标和规划，结合年度预算，拟订筹资方案，明确筹资用途、规模、结构和方式等相关内容，对筹资成本和潜在风险作出充分估计。境外筹资还应考虑所在地的政治、经济、法律、市场等因素。企业应当对筹资方案进行科学论证，不得依据未经论证的方案开展筹资活动。重大筹资方案应当形成可行性研究报告，全面反映风险评估情况。企业可以根据实际需要，聘请具有相应资质的专业机构进行可行性研究。

企业应当对筹资方案进行严格审批，重点关注筹资用途的可行性和相应的偿债能力。重大筹资方案，应当按照规定的权限和程序实行集体决策或者联签制度。筹资方案需经有关部门批准的，应当履行相应的报批程序。筹资方案发生重大变更的，应当重新进行可行性研究并履行相应审批程序。

企业应当根据批准的筹资方案，严格按照规定权限和程序筹集资金。银行借款或发行债券，应当重点关注利率风险、筹资成本、偿还能力以及流动性风险等；发行股票应当重点关注发行风险、市场风险、政策风险以及公司控制权风险等。企业通过银行借款方式筹资的，应当与有关金融机构进行洽谈，明确借款规模、利率、期限、担保、还款安排、相关的权利义务和违约责任等内容。双方达成一致意见后签署借款合同，据此办理相关借款业务。企业通过发行债券方式筹资的，应当合理选择债券种类，对还本付息方案作出系统安排，确保按期、足额偿还到期本金和利息。企业通过发行股票方式筹资的，应当依照《中华人民共和国证券法》等有关法律法规和证券监管部门的规定，优化企业组织架构，进行业务整合，并选择具备相应资质的中介机构协助企业做好相关工作，确保符合股票发行的条件和要求。

企业应当严格按照筹资方案确定的用途使用资金。筹资用于投资的，应当防范和控制资金使用的风险。由于市场环境变化等确需改变资金用途的，应当履行相应的审批程序。严禁擅自改变资金用途。

企业应当加强债务偿还和股利支付环节的管理，对偿还本息和支付股利等作出适当安排。企业应当按照筹资方案或合同约定的本金、利率、期限、汇率及币种，准确计算应付利息，与债权人核对无误后按期支付。企业应当选择合理的股利分配政策，兼顾投资者近期和长远利益，避免分配过度或不足。股利分配方案应当经过股东大会批准，并按规定履行披露义务。

企业应当加强筹资业务的会计系统控制，建立筹资业务的记录、凭证和账簿，按照国家统一会计准则制度，正确核算和监督资金筹集、本息偿还、股利支付等相关业务，妥善保管筹资合同或协议、收款凭证、入库凭证等资料，定期与资金提供方进行账务核对，确保筹资活动符合筹资方案的要求。

（二）投资

投资是企业在未来获取收益的一种行为，是企业生产经营活动的重要内容，它是企业生存和发展的重要途径与手段。广义上的投资，不仅包括对外投资，还包括工程项目投资和固定资产投资等对内投资。

按照其回收期限，投资可分为短期投资和长期投资两类。前者又称流动资产投资，通常是指能够随时变现并且持有时间不准备超过 1 年（含 1 年）的投资，包括股票、债券、基金等；后者是指持有时间准备超过 1 年（不含 1 年）的各种股权性质的投资、不能变现或不准备随时变现的债券、长期债权投资和其他长期资产投资。

1. 投资循环

（1）短期投资循环。一般来说，短期投资的目的是为了充分利用企业暂时闲置的资金，提高其利用效果而进行的持有期限在 1 年以内的股票、债券、基金等的投资。其业务活动要经过投资预测、投资决策、投资审批、办理投资、投资收益和投资收回等几个阶段。

短期投资业务流程中各阶段的业务内容如下：

①投资预测。企业在从事短期投资前，要先对投资市场进行调查分析，了解证券、股票市场行情，搜集有关投资方面的信息、资料，测算投资回收与盈利情况，并测算出几种可供选择的方案。

②投资决策。对短期投资的几个备选方案进行比较分析，根据企业的闲置资金量、预计投资期及投资期望利润等情况作出投资决策，并形成书面报告上报。

③投资审批。企业管理当局或投资主管对短期投资决策分析进行审核后，以书面形式批准或否定投资报告。

④办理投资。企业投资部门凭批准的投资报告,到财务部门办理资金支付手续,到物资管理部门办理财产转移手续,财务部门和物资管理部门办理相应的价值核算与实物核算手续。

⑤投资收益阶段。财务部门定期收到证券利息或股票股息,办理相关的会计核算手续。

⑥投资收回阶段。当企业急需资金周转而以货币资金或物资形式收回投资时,财务部门和物资管理部门办理相应的价值核算与实物核算手续,并作好投资资料的记录与积累,为日后进行短期投资提供借鉴。

(2)长期投资循环。长期投资是指除短期投资以外的投资,其投资目的在于控制被投资公司的经营管理权,或为了企业未来经营活动而积累资金。相对短期投资而言,长期投资具有投资金额大、投资期限长和投资风险大的特点。因而,长期投资的业务流程较短期投资要显得复杂一些,需要经过对外投资可行性研究、评估与决策、对外投资执行和对外投资处置等环节。

①可行性研究。企业对拟进行的长期投资提出投资建议,编制投资建议书,对投资建议项目进行分析、论证,对被投资企业及其他投资者的资信情况进行实地调查了解,形成可行性研究报告。

②评估与决策。企业相关部门或委托评估机构,对可行性研究报告进行评估,作出书面评估报告,供决策参考;管理当局根据可行性研究报告及评估报告,集体作出投资与否的决策,对于同意投资的项目下达投资指令。

③投资执行。制定投资实施方案,需要签订合同的投资项目,还应签订投资合同;按照投资方案或合同支付款项或转移资产,并进行相应的会计处理;对股权实施日常管理,并进行会计处理。

④投资处置。经企业管理当局决策后收回或转让投资,或核销投资,办理相应的款项收取、资产接收与会计账务处理手续。

2. 投资控制

企业应当根据投资目标和规划,合理安排资金投放结构,科学确定投资项目,拟订投资方案,重点关注投资项目的收益和风险。企业选择投资项目应当突出主业,谨慎从事股票投资或衍生金融产品等高风险投资。境外投资还应考虑政治、经济、法律、市场等因素的影响。企业采用并购方式进行投资的,应当严格控制并购风险,重点关注并购对象的隐性债务、承诺事项、可持续发展能力、员工状况及其与本企业治理层及管理层的关联关系,合理确定支付对价,确保实现并购目标。

企业应当加强对投资方案的可行性研究,重点对投资目标、规模、方式、资金来源、风险与收益等作出客观评价。企业根据实际需要,可以委托具备相应资质的专业机构进行可行性研究,提供独立的可行性研究报告。

企业应当按照规定的权限和程序对投资项目进行决策审批,重点审查投资方案是否可行,投资项目是否符合国家产业政策及相关法律法规的规定,是否符合企业投资战略目标和规划,是否具有相应的资金能力,投入资金能否按时收回,预期收益能否实现,以及投资和并购风险是否可控等。重大投资项目,应当按照规定的权限和程序实行集体决策或者联签制度。投资方案需经有关管理部门批准的,应当履行相应的报批程序。投资方案发生重大变更的,应当重新进行可行性研究并履行相应的审批程序。

企业应当根据批准的投资方案,与被投资方签订投资合同或协议,明确出资时间、金额、方式、双方权利义务和违约责任等内容,按规定的权限和程序审批后履行投资合同或协议。企业应当指定专门机构或人员对投资项目进行跟踪管理,及时收集被投资方经审计的财务报告等相关资料，定期组织投资效益分析，关注被投资方的财务状况、经营成果、现金流量以及投资合同履行情况，发现异常情况，应当及时报告并妥善处理。

企业应当加强对投资项目的会计系统控制，根据对被投资方的影响程度，合理确定投资会计政策，建立投资管理台账，详细记录投资对象、金额、持股比例、期限、收益等事项，妥善保管投资合同或协议、出资证明等资料。企业财会部门对于被投资方出现财务状况恶化、市价当期大幅下跌等情形的，应当根据国家统一的会计准则制度规定，合理计提减值准备，确认减值损失。

企业应当加强投资收回和处置环节的控制，对投资收回、转让、核销等决策和审批程序做出明确规定。企业应当重视投资到期本金的回收。转让投资应当由相关机构或人员合理确定转让价格，报授权批准部门批准，必要时可委托具有相应资质的专门机构进行评估。核销投资应当取得不能收回投资的法律文书和相关证明文件。企业对于到期无法收回的投资，应当建立责任追究制度。

（三）营运

资金营运是企业资金活动的一个重要阶段，资金的营运是指通过投资所形成的各项资产的利用和调度活动。

1. 营运管理

所谓资金营运管理，就是选择最合理的资源配置方案，最大限度地利用企业的各项资产。企业筹资、投资是间断性工作或偶然性工作，而资金营运则是经常性、连续性工作或日常工作。因此，资金营运应当满足以下要求：

(1)保证企业资产的流动性。资产的流动性，既是满足日常支付需要的保证，也是满足偿付短期债务需要的保证。资产流动性强的企业，不但具有较好的财务信誉，而且具有较强的偿债能力。因此，企业在进行资产调度、安排各项资产的数量时，必须保证能够随时用于支付或能在短期内变现的资产占有一定的比例，以防范因资金周转困难所带来的风险。

(2)保证为企业生产经营提供必要的物质条件。开展生产经营活动，是企业生存与发展的基础，而拥有一定数量的物质条件，则是企业开展生产经营活动的前提。这些物质条件主要是指企业的劳动手段（固定资产）和其他条件（无形资产）。它的规模大小、配置情况以及先进程度，直接决定了企业的产品产量、质量以及企业产品的市场竞争能力。

(3)提高资产的利用效率。企业在进行资产调度时，既要保证企业资产的流动性，又要保证企业的生产经营能力，这就需要合理安排流动资产、固定资产、无形资产的比例关系，尤其是流动资产与固定资产的比例关系。如果流动资产的数量过多，特别是不产生盈利的货币性资产数量过多，必然不利于提高企业资产的利用效率；如果固定资产数量过多，则会造成生产经营能力的闲置浪费，同样会影响企业资产的利用效率。

(4)保证资产的安全与完整。由于企业资产的种类繁多、形式多样，在企业生产经营过程中发挥着不同的作用，资产的分布可谓点多面广，尤其是货币性资产所具有的无穷魅力，加上人性的弱点，会使资产的安全性与完整性时刻受到威胁。因此，资金营运管理必须把保护企业资产的安全与完整作为第一要务，而且必须针对不同资产的特点，采用不同的日常管理方法。

2. 营运控制

企业应当加强资金营运全过程的管理，统筹协调内部各机构在生产经营过程中的资金需求，切实做好资金在采购、生产、销售等各环节的综合平衡，全面提升资金营运效率。

企业应当充分发挥全面预算管理在资金综合平衡中的作用，严格按照预算要求组织协调资金调度，确保资金及时收付，实现资金的合理占用和营运良性循环。企业应当严禁资金的体外循环，切实防范资金营运中的风险。

企业应当定期组织召开资金调度会或资金安全检查，对资金预算执行情况进行综合分析，发现异常情况，及时采取措施妥善处理，避免资金冗余或资金链断裂。企业在营运过程中出现临时性资金短缺的，可以通过短期融资等方式获取资金。资金出现短期闲置的，在保证安全性和流动性的前提下，可以通过购买国债等多种方式，提高资金效益。

企业应当加强对营运资金的会计系统控制，严格规范资金的收支条件、程序和审批权限。企业在生产经营及其他业务活动中取得的资金收入应当及时入账，不得账外设账，严禁收款不入账、设立“小金库”。企业办理资金支付业务，应当明确支出款项的用途、金额、预算、限额、支付方式等内容，并附原始单据或相关证明，履行严格的授权审批程序后，方可安排资金支出。企业办理资金收付业务，应当遵守现金和银行存款管理的有关规定，不得由一人办理货币资金全过程业务，严禁将办理资金支付业务的相关印章和票据集中给一人保管。

二、采购业务

采购是企业为了满足生产经营活动所需材料、固定资产及办公用品等物品或提供劳务服务所需物品进行的采购及付款等相关业务活动。

(一)采购业务的特点

1. 采购业务对企业的效益影响巨大

采购环节是企业运营当中的关键环节，它具有“成本比重高、资金投入大并且管理复杂”的特点。

2. 采购业务易违反规程

在拟订采购预算、确定物资需求计划、选择供应商、签订合同、发出订单、运输、验收、存储、应付账款记录及款项支付等环节皆容易发生问题。一旦发生差错或舞弊，都会对企业造成巨大的影响。

采购业务一般通过支付现金或承诺付款的方式来进行。采购业务主要包括：生产或管理等部门根据采购预算或计划提出采购申请；对采购申请作出审批；实施采购；验收商品或劳务；支付款项；进行账务处理；对采购工作检查分析与评价。

(二)采购业务存在的问题及风险

1. 企业在采购业务中常见的主要问题

(1)盲目采购。采购部门没有根据已经批准的采购计划或采购单进行采购，盲目采购或采购不及时，出现超储积压或者供应脱节等情况。

(2)收受回扣。采购人员没有进行比价采购，而是选择有回扣的供应商，导致采购材料出现质次价高现象。

(3)混淆采购成本。会计人员对采购成本区分不严，将与材料采购无关的费用计入采购成本等。

(4)验收不严。验收人员玩忽职守，对采购材料未能够严格地按规定程序和要求进行验收。

(5)违规结算。企业收到采购发票后，未根据发票金额授权会计签发支付凭单，出纳未加审核即支付划拨账款。

2. 企业在采购业务中应关注的主要风险

（1）采购计划安排不合理，市场变化趋势预测不准确，造成库存短缺或积压，可能导致企业生产停滞或资源浪费。

（2）供应商选择不当，采购方式不合理，招投标或定价机制不科学，授权审批不规范，可能导致采购物资质次价高，出现舞弊或遭受欺诈。

（3）采购验收不规范，付款审核不严，可能导致采购物资、资金损失或信用受损。

（三）采购业务的控制目标

根据采购业务的特点，以及经营管理对采购业务的要求，对企业采购业务的控制应达到以下目标：

1. 保证采购业务会计核算资料真实准确

会计部门应当按照会计制度规定处理采购业务，正确编制会计凭证，及时登记会计账簿，全面完整地反映采购材料的来源、单价、金额以及费用等发生情况，保证采购业务会计核算资料真实准确。

2. 保证采购物资安全完整

要对采购材料的规格、质量进行认真的检验，做到与合同规定的条件一致。同时，防止材料发生丢失或损毁等情况，保证采购材料实物资产的安全完整。

3. 保证采购业务合规合法

采购计划和临时性采购活动，必须经过企业有关主管人员的批准后才能够执行。采购人员必须在授权范围内签订采购合同，不得越权采购，所有采购业务都必须符合国家有关规定和企业计划的要求，保证采购业务合规合法。

4. 保证采购活动经济合理

采购的材料物资应当满足生产对其质量和数量等方面的需要，没有超储积压或材料供应脱节情况的发生，保证采购资金得到有效的使用。

（四）采购与付款控制

采购与付款交易通常需要经过请购—订货—验收—付款这样的程序，在内部控制比较健全的企业，处理采购与付款交易通常需要使用很多单据与会计记录。以一般制造业为例，其典型的采购与付款控制在采购环节主要涉及采购计划、供应商清单、请购单、订购单、验收单、以及付款凭证。在付款环节主要涉及转账凭证（付款凭证）、应付账款明细账、库存现金日记账和银行存款日记账以及供应商对账单。

1. 购买

企业的采购业务应当集中，避免多头采购或分散采购，以提高采购业务效率，降低采购成本，堵塞管理漏洞。企业应当对办理采购业务的人员定期进行岗位轮换。重要和技术性较强的采购业务，应当组织相关专家进行论证，实行集体决策和审批。企业除小额零星物资或服务外，不得安排同一机构办理采购业务全过程。

企业应当建立采购申请制度，依据购买物资或接受劳务的类型，确定归口管理部门，授予相应的请购权，明确相关部门或人员的职责权限及相应的请购和审批程序。企业可以根据实际需要设置专门的请购部门，对需求部门提出的采购需求进行审核，并进行归类汇总，统筹安排企业的采购计划。具有请购权的部门对于预算内采购项目，应当严格按照预算执行进度办理请购手续，并根据市场变化提出合理采购申请。对于超预算和预算外采购项目，应先履行预算调整程序，由具备相应审批权限的部门或人员审批后，再行办理请购手续。

企业应当建立科学的供应商评估和准入制度，确定合格供应商清单，与选定的供应商签订质量保证协议，建立供应商管理信息系统，对供应商提供物资或劳务的质量、价格、交货及时性、供货条件及其资信、经营状况等进行实时管理和综合评价，根据评价结果对供应商进行合理选择和调整。企业可委托具有相应资质的中介机构对供应商进行资信调查。

企业应当根据市场情况和采购计划合理选择采购方式。大宗采购应当采用招标方式，合理确定招投标的范围、标准、实施程序和评标规则；一般物资或劳务等的采购可以采用询价或定向采购的方式并签订合同协议；小额零星物资或劳务等的采购可以采用直接购买等方式。

企业应当建立采购物资定价机制，采取协议采购、招标采购、谈判采购、询比价采购等多种方式合理确定采购价格，最大限度地减小市场变化对企业采购价格的影响。大宗采购等应当采用招投标方式确定采购价格，其他商品或劳务的采购，应当根据市场行情制定最高采购限价，并对最高采购限价适时调整。

企业应当根据确定的供应商、采购方式、采购价格等情况拟订采购合同，准确描述合同条款，明确双方权利、义务和违约责任，按照规定权限签订采购合同。企业应当根据生产建设进度和采购物资特性，选择合理的运输工具和运输方式，办理运输、投保等事宜。

企业应当建立严格的采购验收制度，确定检验方式，由专门的验收机构或验收人员对采购项目的品种、规格、数量、质量等相关内容进行验收，出具验收证明。涉及大宗和新、特物资采购的，还应进行专业测试。验收过程中发现的异常情况，负责验收的机构或人员应当立即向企业有权管理的相关机构报告，相关机构应当查明原因并及时处理。

企业应当加强物资采购供应过程的管理，依据采购合同中确定的主要条款跟踪合同履行情况，对有可能影响生产或工程进度的异常情况，应出具书面报告并及时提出解决方案。

企业应当做好采购业务各环节的记录，实行全过程的采购登记制度或信息化管理，确保采购过程的可追溯性。

2. 付款

企业应当加强采购付款的管理，完善付款流程，明确付款审核人的责任和权力，严格审核采购预算、合同、相关单据凭证、审批程序等相关内容，审核无误后按照合同规定及时办理付款。企业在付款过程中，应当严格审查采购发票的真实性、合法性和有效性。发现虚假发票的，应查明原因，及时报告处理。企业应当重视采购付款的过程控制和跟踪管理，发现异常情况的，应当拒绝付款，避免出现资金损失和信用受损。企业应当合理选择付款方式，并严格遵循合同规定，防范付款方式不当带来的法律风险，保证资金安全。

企业应当加强预付账款和定金的管理。涉及大额或长期的预付款项，应当定期进行追踪核查，综合分析预付账款的期限、占用款项的合理性、不可收回风险等情况，发现有疑问的预付款项，应当及时采取措施。

企业应当加强对购买、验收、付款业务的会计系统控制，详细记录供应商情况、请购申请、采购合同、采购通知、验收证明、入库凭证、商业票据、款项支付等情况，确保会计记录、采购记录与仓储记录核对一致。企业应当指定专人通过函证等方式，定期与供应商核对应付账款、应付票据、预付账款等往来款项。

企业应当建立退货管理制度，对退货条件、退货手续、货物出库、退货货款回收等做出明确规定，并在与供应商的合同中明确退货事宜，及时收回退货货款。涉及符合索赔条件的退货，应在索赔期内及时办理索赔。

三、资产管理

资产是企业生产经营与业务活动的重要物资条件，是企业从事生产经营与业务活动的重要物资资源，主要指企业拥有或控制的存货、固定资产和无形资产等。

企业资产管理至少应当关注下列风险：

(1)存货积压或短缺，可能导致流动资金占用过量、存货价值贬损或生产中断。

(2)固定资产更新改造不够、使用效能低下、维护不当、产能过剩，可能导致企业缺乏竞争力、资产价值贬损、安全事故频发或资源浪费。

(3)无形资产缺乏核心技术、权属不清、技术落后、存在重大技术安全隐患，可能导致企业法律纠纷、缺乏可持续发展能力。

企业应当加强各项资产管理，全面梳理资产管理流程，及时发现资产管理中的薄弱环节，切实采取有效措施加以改进，并关注资产减值迹象，合理确认资产减值损失，不断提高企业资产管理水平。

企业应当重视和加强各项资产的投保工作，采用招标等方式确定保险人，降低资产损失风险，防范资产投保舞弊。

(一)存货

1. 存货循环

存货是指那些具有物资形态的商品、产成品、在产品和材料物资等非货币性资产，是企业过去交易或事项形成的、由企业拥有或控制的物资资源。其实物通常在 1 年内或长于 1 年的一个营业周期内改变原有形态。

不同企业的存货，其具体构成与存在形态具有一定的差异。制造业的存货包括用于直接制造产品的库存原材料、辅助材料，以及生产制造过程中需要的其他物料，企业自制或外购零部件、半成品，正在生产过程中生产尚未完工的在产品，已经完工验收入库的产成品，为生产与销售而储备的包装物和低值易耗品等。

相对货币资产而言，存货的流动性较差、存在形式不固定，而且会随着企业生产经营与业务活动的进行有规律地改变其形态。

存货是为企业生产经营与业务活动而储备，其取得通常与采购业务相联系，其发出与耗用又与成本费用、销售业务相关联。

企业生产经营与业务活动的性质制约存货的业务流程，一般来说，企业生产经营与业务活动越复杂，其存货业务流程就会越繁杂。最典型的存货业务流程是制造企业。在那里，其存货形态会随着"供应—生产—销售"的生产循环，由"材料—在产品—产成品"，发生有规律的循环周转。可见，在制造企业的存货形态变化中，材料是存货的最初形态，产成品是其最终形态。

通常情况下，企业存货的业务流程主要包括以下几个环节：

(1)采购及有关业务部门从不同的渠道取得存货；

(2)将取得的各种存货交有关人员办理验收；

(3)购进的存货，办理验收手续后，填写入库单，交仓库保管，若是半成品、产成品、委托加工材料及自制材料，在完工或加工完毕后交仓库保管；

(4)领用部门领用存货时编制领料单或提货单，仓库收到经过审批的上述单据后，发放存货；

(5)存货管理部门定期或不定期地对存货进行盘点，发现盘盈、盘亏按照有关规定办理相应手续。

2. 存货控制

企业应当采用先进的存货管理技术和方法，规范存货管理流程，明确存货取得、验收入库、原料加工、仓储保管、领用发出、盘点处置等环节的管理要求，充分利用信息系统，强化会计、出入库等相关记录，确保存货管理全过程的风险得到有效控制。

企业应当建立存货管理岗位责任制，明确内部相关部门和岗位的职责权限，切实做到不相容岗位相互分离、制约和监督。企业内部除存货管理、监督部门及仓储人员外，其他部门和人员接触存货，应当经过相关部门特别授权。

企业应当重视存货验收工作，规范存货验收程序和方法，对入库存货的数量、质量、技术规格等方面进行查验，验收无误方可入库。外购存货的验收，应当重点关注合同、发票等原始单据与存货的数量、质量、规格等核对一致。涉及技术含量较高的货物，必要时可委托具有检验资质的机构或聘请外部专家协助验收。自制存货的验收，应当重点关注产品质量，通过检验合格的半成品、产成品才能办理入库手续，不合格品应及时查明原因、落实责任、报告处理。其他方式取得存货的验收，应当重点关注存货来源、质量状况、实际价值是否符合有关合同或协议的约定。

企业应当建立存货保管制度，定期对存货进行检查，重点关注下列事项：

(1)存货在不同仓库之间流动时应当办理出入库手续。

(2)应当按仓储物资所要求的储存条件贮存，并健全防火、防洪、防盗、防潮、防病虫害和防变质等管理规范。

(3)加强生产现场的材料、周转材料、半成品等物资的管理，防止浪费、被盗和流失。

(4)对代管、代销、暂存、受托加工的存货，应单独存放和记录，避免与本企业存货混淆。

(5)结合企业实际情况，加强存货的保险投保，保证存货安全，合理降低存货意外损失风险。

企业应当明确存货发出和领用的审批权限，大批存货、贵重商品或危险品的发出应当实行特别授权。仓储部门应当根据经审批的销售(出库)通知单发出货物。

企业仓储部门应当详细记录存货入库、出库及库存情况，做到存货记录与实际库存相符，并定期与财会部门、存货管理部门进行核对。

企业应当根据各种存货采购间隔期和当前库存，综合考虑企业生产经营计划、市场供求等因素，充分利用信息系统，合理确定存货采购日期和数量，确保存货处于最佳库存状态。

企业应当建立存货盘点清查制度，结合本企业实际情况确定盘点周期、盘点流程等相关内容，核查存货数量，及时发现存货减值迹象。企业至少应当于每年年度终了开展全面盘点清查，盘点清查结果应当形成书面报告。盘点清查中发现的存货盘盈、盘亏、毁损、闲置以及需要报废的存货，应当查明原因、落实并追究责任，按照规定权限批准后处置。

(二)固定资产

固定资产是指企业那些使用年限超过1年的房屋、建筑物、机器、机械、运输工具以及其他与生产经营和业务活动有关的设备、器具、工具等。

固定资产相对于存货等流动资产而言，具有购置支出大、使用年限长和维修费用高等特点。固定资产在使用过程中，其价值会随着生产经营与业务活动的进行不断地发生损耗，以折旧的形式转移到它所生产的产品、提供的劳务的成本之中。因而，固定资产折旧在一定程度上，对企业尤其是企业损益产生相当重要的影响。

1. 固定资产循环

固定资产的业务流程因企业生产经营与业务活动性质的不同、固定资产取得的渠道不同而异。一般情况下，企业固定资产业务包括取得，即企业购置和自建等，固定资产日常使用、保养和维修，计提固定资产折旧，对固定资产进行清查盘点，以及固定资产使用期满后的清理报废，固定资产对外投资、出售等。

(1)固定资产取得验收。固定资产的取得验收，即固定资产增加。企业固定资产取得的途径很多，包括购置、自建、改建扩建、投资者投入、融资租赁、接受债务人以非现金资产抵债、以非货币性交易换入、接受捐赠以及盘盈和无偿调入等。在取得环节通常办理以下相应业务。

①制定投资规划。企业取得固定资产，首先根据未来生产经营与业务能力发展的实际要求和资源条件，进行固定资产建设和改造的可行性研究，制定固定资产投资规划。

②编制资本预算。在固定资产投资规划实施年份，由固定资产使用部门在编制年度预算前，根据投资规划和实际需要提出购置计划，设备管理部门根据购置计划，会同财务、计划部门在市场调查、分析测算、综合平衡的基础上确定支出限额，并纳入当年财务预算。

③办理购建验收。固定资产投资支出纳入财务预算经过批准后，设备使用部门根据财务预算和投资计划向设备管理部门提出购置申请，由设备管理部门审核并报经主管领导批准后下达采购通知单，采购部门办理采购事项，验收、安装并调试固定资产。

(2)固定资产使用管理。固定资产投入使用后，由设备管理部门开具固定资产移交凭证，有关部门据以进行计价核算、管理与维修。

①资产计价核算。企业取得的固定资产，设备管理部门会同技术部门和财务部门按照有关规定确定其原始价值；设备管理部门和财务部门及时办理固定资产增加的总分类核算和明细分类核算。

②日常保养维修。固定资产的日常维护、维修和保养责任由固定资产使用部门承担。固定资产在使用过程中出现故障时，由本部门维修人员或外请维修人员进行及时维护和修理；企业定期对固定资产进行大修理。

③计提折旧减值。固定资产进入生产经营与业务活动过程之后，财务部门根据固定资产的原值、预计使用年限以及预计残值等因素，按照会计制度的统一规定确定固定资产折旧方法和折旧率，并经企业主管审批后，报主管财政、税务部门备案；财务部门按照固定资产计提折旧的范围，以及确定的折旧方法和折旧率，按月计提固定资产折旧，进行账务处理。

(3)固定资产处置转移。固定资产的处置与转移，主要包括定期清查盘点、到期清理报废和对外投资出售等几个方面。

①定期清查清理。为了保证固定资产账实相符，企业至少每年对固定资产进行一次全面性的清查盘点。对盘盈盘亏的固定资产，在查明原因的基础上，编制固定资产盘盈、盘亏报告单，并按照规定程序报经有关部门和人员批准之后，进行相应的会计处理。

固定资产使用期满后，设备管理部门应当在报经设备主管批准的前提下，及时进行清理报废，并办理相应的报废手续；财务部门根据固定资产报废手续及相应的凭证、固定资产原始价值和有关资料，进行固定资产清理报废的会计处理。

②对外投资出售。企业之间的联营与合作，或因企业生产经营与业务活动方向的调整，从而产生固定资产的闲置与向外转移。对于向外转移和闲置的固定资产，企业通常以对外投资、出售的方式处置，由设备管理部门办理报批手续，并编制固定资产调拨凭证，财务部门作相应的卡片注销和账务处理。

③内部调拨转移。企业根据生产经营与业务活动需要，将在用固定资产在各使用部门之间调拨，在用、未使用和不需用固定资产相互之间的内部转移等，都需要办理相应的手续，并进行固定资产明细核算。

2. 固定资产控制

企业应当加强房屋建筑物、机器设备等各类固定资产的管理，重视固定资产维护和更新改造，不断提升固定资产的使用效能，积极促进固定资产处于良好运行状态。

企业应当制定固定资产目录，对每项固定资产进行编号，按照单项资产建立固定资产卡片，详细记录各项固定资产的来源、验收、使用地点、责任企业和责任人、运转、维修、改造、折旧、盘点等相关内容。企业应当严格执行固定资产日常维修和大修理计划，定期对固定资产进行维护保养，切实消除安全隐患。企业应当强化对生产线等关键设备运转的监控，严格操作流程，实行岗前培训和岗位许可制度，确保设备安全运转。

企业应当根据发展战略，充分利用国家有关自主创新政策，加大技改投入，不断促进固定资产技术升级，淘汰落后设备，切实做到保持本企业固定资产技术的先进性和企业发展的可持续性。

企业应当严格执行固定资产投保政策，对应投保的固定资产项目按规定程序进行审批，及时办理投保手续。

企业应当规范固定资产抵押管理，确定固定资产抵押程序和审批权限等。企业将固定资产用作抵押的，应由相关部门提出申请，经企业授权部门或人员批准后，由资产管理部门办理抵押手续。企业应当加强对接收的抵押资产的管理，编制专门的资产目录，合理评估抵押资产的价值。

企业应当建立固定资产清查制度，至少每年进行全面清查。对固定资产清查中发现的问题，应当查明原因，追究责任，妥善处理。企业应当加强固定资产处置的控制，关注固定资产处置中的关联交易和处置定价，防范资产流失。

(三)无形资产

无形资产是企业为生产商品或者提供劳务、出租给他人，或为管理目的而持有的、没有实物形态的非货币性长期资产。无形资产分为可辨认无形资产和不可辨认无形资产，前者包括专利权、非专利技术、商标权、著作权、土地使用权等，后者则是指商誉。

无形资产同货币资金、存货、固定资产等长期资产相比，具有以下特点：(1)相对于存货、固定资产等有形资产而言，无形资产是不具有实物形态的资产；(2)同货币资金等货币性流动资产相比，无形资产属于非货币性长期资产；(3)同库存商品等存货相比，无形资产是为企业使用而非出售的资产；(4)与存货、固定资产等比较而言，无形资产在创造经济利益方面存在较大的不确定性。

1. 无形资产循环

无形资产业务流程通常包括购置(或取得)、使用与处置这三个阶段。无形资产的购置方式有外购、通过非货币性交易换入、投资者投入、债务重组取得、接受捐赠取得及企业自行开发取得等；在无形资产的使用过程中需要发生一定的后续支出，并进行无形资产价值摊销，当无形资产发生减值时，需要计提无形资产减值准备等；无形资产处置的方式有出售、出租和转销等。

2. 无形资产控制

企业应当加强对品牌、商标、专利、专有技术、土地使用权等无形资产的管理，分类制定无形资产管理办法，落实无形资产管理责任制，促进无形资产有效利用，充分发挥无形资产对提升企业核心竞争力的作用。

企业应当全面梳理外购、自行开发以及其他方式取得的各类无形资产的权属关系，加强无形资产权益保护，防范侵权行为和法律风险。无形资产具有保密性质的，应当采取严格保密措施，严防泄露商业秘密。企业购入或者以支付土地出让金等方式取得的土地使用权，应当取得土地使用权有效证明文件。

企业应当定期对专利、专有技术等无形资产的先进性进行评估，淘汰落后技术，加大研发投入，促进技术更新换代，不断提升自主创新能力，努力做到核心技术处于同行业领先水平。

企业应当重视品牌建设，加强商誉管理，通过提供高质量产品和优质服务等多种方式，不断打造和培育主业品牌，切实维护和提升企业品牌的社会认可度。

四、销售业务

销售业务就其内容而言，包括出售产成品、半成品、商品、材料，提供劳务等活动，它是企业生产经营活动的重要环节，是企业现金流入的重要途径。

（一）销售循环

企业的生产经营活动一般为“供应—生产—销售”，销售活动是企业生产经营活动的终点，是企业生产经营的重要过程，是企业价值实现和现金流入的主要环节。

企业销售业务流程与销售方式紧密相连。企业的销售方式常见的是现销、赊销和预收货款三种。下面以现销和赊销方式为例，说明销售收款业务的基本流程。

1. 现销

在现销方式下，销售与收款业务的基本流程一般包括处理客户订单、发送货物、开具销售发票、记录销售和收款业务、审批销售退回与折让等环节，具体内容如下：

（1）客户向销货人员办理购货手续，销货人员开具发票；

（2）客户持销货人员开具的发票，将货款交收款人员；

（3）收款人员将货款交会计人员；

（4）会计人员将货款存入开户银行；

（5）客户凭已经办理收款手续的发票到仓库提货。

2. 赊销

在赊销方式下，其业务流程是在现销方式的业务流程基础上，增加了批准赊销信用、定期对账和催收货款、坏账审批与注销等环节，具体内容如下：

（1）销售人员接受客户订单；

（2）销售人员对订单审核无误后，编制销售通知单交信用部门；

（3）信用部门在了解客户信用情况的基础上，对客户信用额度进行审批，并将经过审批后同意赊销的额度通知仓库人员；

（4）仓库人员开具发票，并向客户发货；

（5）仓库人员将开具的发票交会计人员记账；

（6）客户通过银行归还货款；

（7）银行通知收款。

3. 企业销售业务应当关注的风险

（1）销售政策和策略不当、市场预测不准确、销售渠道管理不当等，可能导致销售不畅、货物积压、经营难以为继。

(2)客户信用管理不到位、结算方式选择不当、账款回收不力等,可能导致销售款项不能收回或遭受欺诈。

(3)销售过程存在舞弊行为,可能导致企业利益受损。

企业应当结合实际情况,全面梳理销售业务流程,完善销售业务相关管理制度,确定适当的销售政策和策略,明确销售、发货、收款等环节的职责和审批权限,按照规定的权限和程序办理销售业务,定期检查分析销售过程中的薄弱环节,采取有效控制措施,确保实现销售目标。

(二)销售控制

企业应当加强市场调查,合理确定定价机制和信用方式,根据市场变化及时调整销售策略,灵活运用销售折扣、销售折让、信用销售、代销和广告宣传等多种策略和营销方式,促进销售目标实现,不断提高市场占有率。企业应当健全客户信用档案,关注重要客户资信变动情况,采取有效措施,防范信用风险。企业对于境外客户和新开发客户,应当建立严格的信用保证制度。

企业在销售合同订立前,应当与客户进行业务洽谈、磋商或谈判,关注客户信用状况、销售定价、结算方式等相关内容。重大的销售业务谈判应当吸收财会、法律等专业人员参加,并形成完整的书面记录。销售合同应当明确双方的权利和义务,审批人员应当对销售合同草案进行严格审核。重要的销售合同,应当征询法律顾问或专家的意见。

企业销售部门应当按照经批准的销售合同开具相关销售通知。发货和仓储部门应当对销售通知进行审核,严格按照所列项目组织发货,确保货物的安全发运。企业应当加强销售退回管理,分析销售退回原因,及时妥善处理。企业应当严格按照发票管理规定开具销售发票。严禁开具虚假发票。

企业应当做好销售业务各环节的记录,填制相应的凭证,设置销售台账,实行全过程的销售登记制度。

企业应当完善客户服务制度,加强客户服务和跟踪,提升客户满意度和忠诚度,不断改进产品质量和服务水平。

(三)收款控制

企业应当完善应收款项管理制度,严格考核,实行奖惩。销售部门负责应收款项的催收,催收记录(包括往来函电)应妥善保存;财会部门负责办理资金结算并监督款项回收。

企业应当加强商业票据管理,明确商业票据的受理范围,严格审查商业票据的真实性和合法性,防止票据欺诈。企业应当关注商业票据的取得、贴现和背书,对已贴现但仍承担收款风险的票据以及逾期票据,应当进行追索监控和跟踪管理。

企业应当加强对销售、发货、收款业务的会计系统控制,详细记录销售客户、销售合同、销售通知、发运凭证、商业票据、款项收回等情况,确保会计记录、销售记录与仓储记录核对一致。企业应当指定专人通过函证等方式,定期与客户核对应收账款、应收票据、预收账款等往来款项。企业应当加强应收款项坏账的管理。应收款项全部或部分无法收回的,应当查明原因,明确责任,并严格履行审批程序,按照国家统一的会计准则制度进行处理。

五、工程项目

工程项目是企业以工程形式进行的一种投资行为,是指具有独立的设计文件,竣工后可以独立发挥生产能力或工程效益的工程，是建设项目的组成部分。工程项目通常由若干个具有单独设计、可以独立组织施工的工程组成。工程项目管理是企业在工程开发建设中的一项重要管理内容。

工程项目按照再生产的性质划分，包括基建工程和技术改造工程，前者是指新建、扩建、改建、迁建和重建等工程，后者是指技术改造、技术引进和设备更新等工程；按照施工方式划分，包括自营工程和出包工程，自营工程指企业自己组织施工力量进行的工程，出包工程指出包给施工企业进行的工程；按照工程构成划分，包括建筑工程（即对房屋及建筑物建设进行的工程）和设备及其安装工程（即对设备购置与安装进行的工程）。

企业从事自营工程项目不仅涉及项目决策、概预算、竣工决算等业务活动，还会发生工程物资的购买、工程费用的支付、工程成本的形成，以及固定资产的交付使用等业务活动。

（一）工程项目循环

企业从事生产经营与业务活动所需要的固定资产，除从外购入以外，还可以通过工程项目等基建途径取得。进行工程项目建设，一般要经过准备、施工与竣工验收三个阶段。

1. 工程项目准备阶段

企业从事工程项目前，要对工程项目进行充分的分析论证、评估决策、咨询设计和招标等准备工作。

（1）投资机会研究。就是通过对投资工程项目的产品用途、当前与潜在的市场需求等因素，以及投资项目的必要性与可能性的分析论证，最终形成工程项目建议书。

（2）投资可行性研究。是投资前期工作的核心内容。对于一些耗资大或技术复杂的工程项目，其可行性研究需要分初步可行性研究、辅助研究和详细可行性研究三个层次进行。

（3）投资评估与决策。项目评估是投资决策的基本依据。它是对拟建项目的可行性研究报告，从投资项目是否符合企业的发展战略、技术与工程上是否可行、经济效益是否良好等方面进行分析评价，作出结论，形成投资决策。

（4）咨询设计。即由设计工程师将拟建项目进行工程设计和概算造价。

（5）招标。即采用公开招标的方式，通过评标、定标，确定承包商，并与之签订工程建造合同。

2. 工程项目施工阶段

在工程施工阶段，主要是对施工工程进行监理和成本控制。

（1）施工监理。主要是做好施工的技术咨询，监督按照设计图纸和规范施工；进行施工质量检查和验收，加强对施工过程中各个环节特别是隐蔽工程的质量检查；进行质量分析，防止施工过程中类似质量问题的发生。

（2）成本控制。通过建立工程成本管理责任制、严格的限额领料制度、费用开支审批制度和开展降低成本等活动，加强对工程成本的控制，达到降低工程成本的目的。

3. 工程项目竣工阶段

投资工程项目竣工后，要进行工程项目竣工验收与竣工决算审查，以及工程项目评价。

（1）竣工验收。验收工作要按照竣工验收标准和合同规定，分单项工程验收和全部验收两个阶段进行。

（2）竣工决算。编制竣工决算是竣工阶段的重要工作内容。竣工决算编制后，要对其准确性、完整性，有关项目的正确性，以及工程项目支出、工程竣工时间进行审查。

（3）项目评价。就是按照设计要求与规定，主要从技术、财务和经济三个方面，对项目建成后实际达到的各项指标进行分析总结，并与可行性研究方案、计划任务书、设计、计划、概（预）算进行对比，以检查设计、计划与概（预）算的完成程度，分析完成与否的原因，借以总结经验和教训，为今后的投资决策提供参考资料。

4．工程项目需要关注的风险

企业应当建立和完善工程项目各项管理制度，全面梳理各个环节可能存在的风险点，规范工程立项、招标、造价、建设、验收等环节的工作流程，明确相关部门和岗位的职责权限，做到可行性研究与决策、概预算编制与审核、项目实施与价款支付、竣工决算与审计等不相容职务相互分离，强化工程建设全过程的监控，确保工程项目的质量、进度和资金安全。

企业在工程项目管理中需要关注下列风险：

（1）立项缺乏可行性研究或者可行性研究流于形式，决策不当，盲目上马，可能导致难以实现预期效益或项目失败。

（2）项目招标暗箱操作，存在商业贿赂，可能导致中标人实质上难以承担工程项目、中标价格失实及相关人员涉案。

（3）工程造价信息不对称，技术方案不落实，概预算脱离实际，可能导致项目投资失控。

（4）工程物资质次价高，工程监理不到位，项目资金不落实，可能导致工程质量低劣，进度延迟或中断。

（5）竣工验收不规范，最终把关不严，可能导致工程交付使用后存在重大隐患。

（二）工程项目控制

1．工程立项

企业应当指定专门机构归口管理工程项目，根据发展战略和年度投资计划，提出项目建议书，开展可行性研究，编制可行性研究报告。项目建议书的主要内容包括项目的必要性和依据、产品方案、拟建规模、建设地点、投资估算、资金筹措、项目进度安排、经济效果和社会效益的估计、环境影响的初步评价等。可行性研究报告的主要内容包括项目概况，项目建设的必要性，市场预测，项目建设选址及建设条件论证，建设规模和建设内容，项目外部配套建设，环境保护，劳动保护与卫生防疫，消防、节能、节水，总投资及资金来源，经济、社会效益，项目建设周期及进度安排，招投标法规定的相关内容等。企业可以委托具有相应资质的专业机构开展可行性研究，并按照有关要求形成可行性研究报告。

企业应当组织规划、工程、技术、财会、法律等部门的专家对项目建议书和可行性研究报告进行充分论证和评审，出具评审意见，作为项目决策的重要依据。在项目评审过程中，应当重点关注项目投资方案、投资规模、资金筹措、生产规模、投资效益、布局选址、技术、安全、设备、环境保护等方面，核实相关资料的来源和取得途径是否真实、可靠和完整。企业可以委托具有相应资质的专业机构对可行性研究报告进行评审，出具评审意见。从事项目可行性研究的专业机构不得再从事可行性研究报告的评审。

企业应当按照规定的权限和程序对工程项目进行决策，决策过程应有完整的书面记录。重大工程项目的立项，应当报经董事会或类似权力机构集体审议批准。总会计师或分管会计工作的负责人应当参与项目决策。任何个人不得单独决策或者擅自改变集体决策意见。工程项目决策失误应当实行责任追究制度。

企业应当在工程项目立项后、正式施工前，依法取得建设用地、城市规划、环境保护、安全、施工等方面的许可。

2．工程招标

企业的工程项目一般采用公开招标的方式，择优选择具有相应资质的承包企业和监理企业。在选择承包企业时，企业可以将工程的勘察、设计、施工、设备采购一并发包给一个项目总承包企业，也可以将其中的一项或者多项发包给一个工程总承包企业，但不得违背工程施工组织设计和招标设计计划，将应由一个承包企业完成的工程肢解为若干部分发包给几个承包企业。企业应当依照国家招投标法的规定，遵循公开、公正、平等竞争的原则，发布招标公告，提供载有招标工程的主要技术要求、主要合同条款、评标的标准和方法，以及开标、评标、定标的程序等内容的招标文件。企业可以根据项目特点决定是否编制标底。需要编制标底的，标底编制过程和标底应当严格保密。在确定中标人前，企业不得与投标人就投标价格、投标方案等实质性内容进行谈判。

企业应当依法组织工程招标的开标、评标和定标，并接受有关部门的监督。

企业应当依法组建评标委员会。评标委员会由企业的代表和有关技术、经济方面的专家组成。评标委员会应当客观、公正地履行职务，遵守职业道德，对所提出的评审意见承担责任。企业应当采取必要的措施，保证评标在严格保密的情况下进行。评标委员会应当按照招标文件确定的标准和方法，对投标文件进行评审和比较，择优选择中标候选人。

评标委员会成员和参与评标的有关工作人员不得透露对投标文件的评审和比较、中标候选人的推荐情况以及与评标有关的其他情况，不得私下接触投标人，不得收受投标人的财物或者其他好处。

企业应当按照规定的权限和程序从中标候选人中确定中标人，及时向中标人发出中标通知书，在规定的期限内与中标人订立书面合同，明确双方的权利、义务和违约责任。企业和中标人不得再行订立背离合同实质性内容的其他协议。

3. 工程造价

企业应当加强工程造价管理，明确初步设计概算和施工图预算的编制方法，按照规定的权限和程序进行审核批准，确保概预算科学合理。企业可以委托具备相应资质的中介机构开展工程造价咨询工作。

企业应当向招标确定的设计企业提供详细的设计要求和基础资料，进行有效的技术、经济交流。初步设计应当在技术、经济交流的基础上，采用先进的设计管理实务技术，进行多方案比选。施工图设计深度及图纸交付进度应当符合项目要求，防止因设计深度不足、设计缺陷，造成施工组织、工期、工程质量、投资失控以及生产运行成本过高等问题。

企业应当建立设计变更管理制度。设计企业应当提供全面、及时的现场服务。因过失造成设计变更的，应当实行责任追究制度。

企业应当组织工程、技术、财会等部门的相关专业人员或委托具有相应资质的中介机构对编制的概预算进行审核，重点审查编制依据、项目内容、工程量的计算、定额套用等是否真实、完整和准确。工程项目概预算按照规定的权限和程序审核批准后执行。

4. 工程建设

企业应当加强对工程建设过程的监控，实行严格的概预算管理，切实做到及时备料，科学施工，保障资金，落实责任，确保工程项目达到设计要求。

按照合同约定，企业自行采购工程物资的，应当按照本节“二、采购业务”的相关内容，组织工程物资采购、验收和付款；由承包企业采购工程物资的，企业应当加强监督，确保工程物资采购符合设计标准和合同要求。严禁不合格工程物资投入工程项目建设。重大设备和大宗材料的采购应当根据有关招标采购的规定执行。

企业应当实行严格的工程监理制度，委托经过招标确定的监理企业进行监理。工程监理企业应当依照国家法律法规及相关技术标准、设计文件和工程承包合同，对承包企业在施工质量、工期、进度、安全和资金使用等方面实施监督。工程监理人员应当具备良好的职业操守，客观公正地执行监理任务，发现工程施工不符合设计要求、施工技术标准和合同约定的，应当要求承包企业改正；发现工程设计不符合建筑工程质量标准或者合同约定的质量要求的，应当报告企业要求设计企业改正。未经工程监理人员签字，工程物资不得在工程上使用或者安装，不得进行下一道工序施工，不得拨付工程价款，不得进行竣工验收。

企业财会部门应当加强与承包企业的沟通，准确掌握工程进度，根据合同约定，按照规定的审批权限和程序办理工程价款结算，不得无故拖欠。

企业应当严格控制工程变更，确需变更的，应当按照规定的权限和程序进行审批。重大的项目变更应当按照项目决策和概预算控制的有关程序和要求重新履行审批手续。因工程变更等原因造成价款支付方式及金额发生变动的，应当提供完整的书面文件和其他相关资料，并对工程变更价款的支付进行严格审核。

5. 工程验收

企业收到承包企业的工程竣工报告后，应当及时编制竣工决算，开展竣工决算审计，组织设计、施工、监理等有关企业进行竣工验收。

企业应当组织审核竣工决算，重点审查决算依据是否完备，相关文件资料是否齐全，竣工清理是否完成，决算编制是否正确。企业应当加强竣工决算审计，未实施竣工决算审计的工程项目，不得办理竣工验收手续。

企业应当及时组织工程项目竣工验收。交付竣工验收的工程项目，应当符合规定的质量标准，有完整的工程技术经济资料，并具备国家规定的其他竣工条件。验收合格的工程项目，应当编制交付使用财产清单，及时办理交付使用手续。

企业应当按照国家有关档案管理的规定，及时收集、整理工程建设各环节的文件资料，建立完整的工程项目档案。企业应当建立完工项目后评估制度，重点评价工程项目预期目标的实现情况和项目投资效益等，并以此作为绩效考核和责任追究的依据。

六、担保业务

担保是一种法律规定或当事人约定，为确保合同履行、保障债权人利益实现的法律措施。担保可以存在于债权人与债务人之间，也就是债务人为确保自己与债权人之间的合同履行，保障债权人利益实现的法律措施；担保也可以存在于债权人、债务人和第三人之间，也就是为确保债务人与债权人之间的合同履行，保障债权人利益的实现，由第三人提供的法律保护措施。

企业为其他企业提供债务担保，如果被担保方在债务到期无力清偿时，企业（即担保方）则需要履行偿还债务的连带责任。对于担保方而言，担保所引起的可能发生的连带责任就构成了一种或有负债，因而企业为担保承担着履行担保责任的潜在风险或潜在义务。

企业对外提供担保的种类比较多，通常有投标担保、履约担保、预收（付）款退款担保、工程维修担保、质量担保、付款担保、借款担保和租赁担保等；按照《中华人民共和国担保法》规定的担保方式有保证、抵押、质押、留置和定金等。上述各种类型与方式的担保均属于担保控制的范畴。

（一）担保循环

企业提供担保的业务流程，通常包括担保评估、担保审批和担保执行三个阶段。

1. 担保评估

担保评估的主要业务活动，包括受理、调查了解被担保方的经营与财务状况和进行担保风险评估。

（1）受理担保业务。企业在受理担保业务时，通常要求被担保方提供担保申请书、被担保事项的经济合同、协议及相关文件资料，以及反担保的资料，并对上述资料进行审查。

（2）调查了解被担保方的生产经营与业务活动和财务状况。这些情况包括被担保方的设立情况、产品与服务的竞争力及市场占有率、资金运作情况、资金流量、负债额度、收入与利润预测值等。

（3）风险评估。对担保风险评估的主要内容包括评估被担保方的经营战略、方针是否符合国家产业政策，被担保方的过去收益状况及未来收益增长趋势，以及被担保方的一贯资信程度、潜在的债务等。在评估时，应采取财务指标与非财务指标相结合、定量分析与定性分析相结合的方式进行。

2. 担保审批

担保审批阶段的主要业务内容包括集体决策、签订合同和登记担保业务台账。

（1）审批担保。企业有关部门在对被担保方进行担保评估后，确认被担保方符合担保条件时，将评估资料报经被授权人或企业管理当局集体审批，决定是否承接担保业务。

（2）签订合同。企业管理当局决定承接被担保方的担保申请后，授权经办部门与被担保方签订一式三份担保合同。一份交被担保方，一份交企业财务部门，一份由经办部门存查。

（3）登记担保业务台账。经办部门与被担保方签订担保合同后，根据留存的担保合同，登记担保业务台账。

3. 担保执行

担保执行阶段，企业对被担保方的生产经营与业务活动及财务状况进行实时监测，加强对担保与反担保财产的管理，按照会计制度规定核算与披露会计事项。

（1）实时监测被担保方生产经营与业务活动及财务状况。在担保有效期内，担保业务经办人对被担保方的经营资格、经营管理和担保事项进行检查，并了解担保事项的进展情况，促使被担保方按时履约。

（2）担保财产保管。对担保财产及反担保财产进行妥善保管，并定期对财产的存续情况和价值进行复核，及时处理财产管理中的问题。

（3）核算与披露担保会计事项。按照国家统一会计制度的规定，对或有负债在会计报表上进行披露，合理确认、计量与记录预计负债。

4. 担保业务涉及的主要风险

企业应当依法制定和完善担保业务政策及相关管理制度，明确担保的对象、范围、方式、条件、程序、担保限额和禁止担保等事项，规范调查评估、审核批准、担保执行等环节的工作流程，按照政策、制度、流程办理担保业务，定期检查担保政策的执行情况及效果，切实防范担保业务风险。

企业担保业务的主要风险如下：

（1）对担保申请人的资信状况调查不深，审批不严或越权审批，可能导致企业担保决策失误或遭受欺诈。

（2）对被担保人出现财务困难或经营陷入困境等状况监控不力，应对措施不当，可能导致企业承担法律责任。

(3)担保过程中存在舞弊行为,可能导致经办审批等相关人员涉案或企业利益受损。

(二)担保控制

1. 调查评估与审批

企业应当指定相关部门负责办理担保业务,对担保申请人进行资信调查和风险评估,评估结果应出具书面报告。企业也可委托中介机构对担保业务进行资信调查和风险评估工作。

企业在对担保申请人进行资信调查和风险评估时,应当重点关注以下事项:

(1)担保业务是否符合国家法律法规和本企业担保政策等相关要求。

(2)担保申请人的资信状况,一般包括基本情况、资产质量、经营情况、偿债能力、盈利水平、信用程度、行业前景等。

(3)担保申请人用于担保和第三方担保的资产状况及其权利归属。

(4)企业要求担保申请人提供反担保的,还应当对与反担保有关的资产状况进行评估。

企业对担保申请人出现以下情形之一的,不得提供担保:

(1)担保项目不符合国家法律法规和本企业担保政策的。

(2)已进入重组、托管、兼并或破产清算程序的。

(3)财务状况恶化、资不抵债、管理混乱、经营风险较大的。

(4)与其他企业存在较大经济纠纷,面临法律诉讼且可能承担较大赔偿责任的。

(5)与本企业已经发生过担保纠纷且仍未妥善解决的,或不能及时足额交纳担保费用的。

企业应当建立担保授权和审批制度,规定担保业务的授权批准方式、权限、程序、责任和相关控制措施,在授权范围内进行审批,不得超越权限审批。重大担保业务,应当报经董事会或类似权力机构批准。经办人员应当在职责范围内,按照审批人员的批准意见办理担保业务。对于审批人超越权限审批的担保业务,经办人员应当拒绝办理。

企业应当采取合法有效的措施加强对子公司担保业务的统一监控。企业内设机构未经授权不得办理担保业务。企业为关联方提供担保的,与关联方存在经济利益或近亲属关系的有关人员在评估与审批环节应当回避。对境外企业进行担保的,应当遵守外汇管理规定,并关注被担保人所在国家的政治、经济、法律等因素。

被担保人要求变更担保事项的,企业应当重新履行调查评估与审批程序。

2. 执行与监控

企业应当根据审核批准的担保业务订立担保合同。担保合同应明确被担保人的权利、义务、违约责任等相关内容,并要求被担保人定期提供财务报告与有关资料,及时通报担保事项的实施情况。担保申请人同时向多方申请担保的,企业应当在担保合同中明确约定本企业的担保份额和相应的责任。

企业担保经办部门应当加强担保合同的日常管理,定期监测被担保人的经营情况和财务状况,对被担保人进行跟踪和监督,了解担保项目的执行、资金的使用、贷款的归还、财务运行及风险等情况,确保担保合同有效履行。担保合同履行过程中,如果被担保人出现异常情况,应当及时报告,妥善处理。对于被担保人未按有法律效力的合同条款偿付债务或履行相关合同项下的义务的,企业应当按照担保合同履行义务,同时主张对被担保人的追索权。

企业应当加强对担保业务的会计系统控制,及时足额收取担保费用,建立担保事项台账,详细记录担保对象、金额、期限、用于抵押和质押的物品或权利以及其他有关事项。企业财会部门应当及时收集、分析被担保人担保期内经审计的财务报告等相关资料,持续关注被担保人的财务状况、经营成果、现金流量以及担保合同的履行情况,积极配合担保经办部门防范担保业务风险。对于被担保人出现财务状况恶化、资不抵债、破产清算等情形的，企业应当根据国家统一的会计准则制度规定，合理确认预计负债和损失。

企业应当加强对反担保财产的管理，妥善保管被担保人用于反担保的权利凭证，定期核实财产的存续状况和价值，发现问题及时处理，确保反担保财产安全完整。

企业应当建立担保业务责任追究制度，对在担保中出现重大决策失误、未履行集体审批程序或不按规定管理担保业务的部门及人员，应当严格追究相应的责任。

企业应当在担保合同到期时，全面清查用于担保的财产、权利凭证，按照合同约定及时终止担保关系。企业应当妥善保管担保合同、与担保合同相关的主合同、反担保函或反担保合同，以及抵押、质押的权利凭证和有关原始资料，切实做到担保业务档案完整无缺。

第三节　控制手段

一、全面预算

预算既是会计控制的重要内容，又是会计控制的重要方法。预算不仅是对企业生产经营与业务活动预测与决策的集中反映，也是企业未来生产经营与业务的行动方案。它是一种用数量表示的企业未来一段时间内，全部生产经营与业务活动各项目标的行动计划及其相应的措施说明。

预算就其包括的内容而言，有销售（营业）预算、生产预算、采购预算、期间费用预算、资本预算、现金预算和预计资产负债表等。它涵盖了企业生产经营与业务活动的全部内容，所以，预算控制的内容也就囊括了内部会计控制的全部。

预算工作本身并不产生会计行为，但是预算控制与会计控制存在着非常紧密的联系。一方面，由于预算控制对生产经营活动与业务进行调节和干预，会对会计事项产生一定的影响，如企业产品生产用原材料的消耗，可以通过编制与实施预算的方法进行消耗量控制，就是预算对会计事项的影响；另一方面，预算的编制、分析、执行等需要借助会计方法，从而产生相应的会计行为，如利用标准成本法对生产过程中的成本差异进行揭示与控制，就是会计方法在预算控制中的运用。因而，预算系统控制与会计系统控制相互交叉、相互作用，成为内部会计控制的重要组成部分。

（一）预算循环

预算控制已成为现代企业管理的重要手段，在企业管理中发挥着日益明显的重要作用。由于预算内容包括了企业生产经营与业务活动的全部，因此企业预算的编制、执行与检查、控制，涉及企业各个部门和生产经营与业务活动的方方面面，它需要企业的生产、经营、财务、管理等各个职能部门参与，需要整合企业的业务流、资金流、信息流和人力资源流等所有资源。

因此，从一定意义上讲，预算控制是企业的全员控制、全方位控制，是企业信息与资源的整合与优化控制，是企业的一种战略管理控制。

预算工作的业务流程包括以下几个阶段：

1. 预算编制阶段

预算编制阶段的主要业务活动是：各部门制定预算大纲、组织资源配置、明确指标水平、确定预算目标，并以此为基础编制本部门业务预算；然后，各部门将其编制的部门预算上报预算管理部门汇总编制企业总预算，经企业最高权力机构批准后执行。

2. 预算执行阶段

预算执行阶段的主要业务包括：预算执行企业根据预算管理部门下达的预算指标，制定预算实施的保障措施，将预算指标层层分解落实到车间班组及个人，并按规定程序审批执行预算，在预算执行中实施例外管理。

3. 预算调整阶段

预算执行过程中，由于市场环境变化，以及出现不可抗力的重大自然灾害等原因，需要调整时，在进行市场调研、结合执行情况对资源进行再次平衡的基础上，实行动态调整，并按预算编制程序报经批准后执行。

4. 预算分析阶段

预算分析阶段的主要工作是：有关部门通过预算目标的对比分析，检查预算执行措施是否有效；对照行业标准挖掘预算执行潜力，找出预算控制的重点与薄弱环节，客观分析预算执行情况。

5. 预算考核阶段

预算考核阶段的主要工作是：基层企业编制预算执行报告，预算管理部门坚持“公开、公正、公平”原则，对预算执行结果进行考核，认真落实奖惩措施，并作好相应记录；然后，将预算执行情况信息反馈给有关部门，为编制下期预算提供参考。

（二）预算内容

预算是企业一定时期全部生产经营与业务活动正式计划的数量说明。预算的内容因企业生产经营与业务活动的性质不同而各异。企业全面预算一般包括业务预算、资本预算、筹资预算、财务预算四个部分。

1. 业务预算

业务预算是指企业日常发生的各项具有实质性的基本经济业务活动预算。它涉及企业供应、生产、销售的各项经济活动，一般包括销售预算、生产预算、制造费用预算、产品成本预算、营业成本预算、采购预算、期间费用预算、营业外支出预算等内容。

（1）销售预算是指预算期内预算执行企业销售各种产品或者提供各种劳务可能实现的销售量或者业务量及其收入的预算，主要依据年度目标利润、预测的市场销量或劳务需求以及提供的产品结构和市场价格来编制。

（2）生产预算是指从事工业生产的预算执行企业在预算期内所要达到的生产规模及其产品结构的预算，主要是在销售预算的基础上，依据各种产品的生产能力、各项材料及人工的消耗定额及其物价水平和期末存货状况编制。实际工作中，企业可以根据具体情况，在生产预算的基础上，进一步编制直接人工预算和直接材料预算。

（3）制造费用预算是指从事工业生产的预算执行企业在预算期内为完成生产预算所需要的各种间接费用的预算，主要是在生产预算基础上，按照费用项目及其上年预算执行情况，根据预算期降低成本、费用的要求编制。

（4）产品成本预算是指从事工业生产的预算执行企业在预算期内生产产品所需的生产成本、企业成本和销售成本的预算，主要依据生产预算、直接材料预算、直接人工预算、制造费用预算等汇总编制。

（5）营业成本预算是指非生产型预算执行企业对预算期内为了实现营业预算而在人力、物力、财力方面必要的直接成本预算，主要依据企业有关定额、费用标准、物价水平、上年实际执行情况等资料编制。

(6)采购预算是指预算执行企业在预算期内为保证生产或者经营的需要而从外部购买各类商品、各项材料、低值易耗品等存货的预算，主要根据销售预算、生产预算、期初存货情况和期末存货经济存量编制。

(7)期间费用预算是指预算期内预算执行企业组织经营活动必要的管理费用、财务费用、销售费用等预算，通常是区分变动费用与固定费用、可控费用与不可控费用的性质，根据上年实际费用水平和预算期内的变化因素，结合费用开支标准和企业降低成本、费用的要求，分项目、分责任企业进行编制。在期间费用预算中，对科技开发费用以及业务招待费、会议费、宣传广告费等重要项目应予以重点列示。

(8)营业外支出预算是指企业对自办医院、学校及离退休人员费用支出，解除劳动关系补偿支出，缴纳税金，政策性补贴，对外捐赠支出及其他营业外支出等预算，根据实际情况和国家有关政策规定编制。

2. 资本预算

资本预算是指企业在预算期内进行资本性投资活动的预算，主要包括固定资产投资预算、权益性资本投资预算和债券投资预算等项内容。

(1)固定资产投资预算是指企业在预算期内购建、改建、扩建、更新固定资产进行资本投资的预算，根据本企业有关投资决策资料和年度固定资产投资计划编制。企业处置固定资产所引起的现金流入，也应列入资本预算。企业如有国家基本建设投资、国家财政生产性拨款，应根据国家有关部门批准的文件、产业结构调整政策、企业技术改造方案等资料单独编制预算。

(2)权益性资本投资预算是指企业在预算期内为了获得其他企业的股权及收益分配权而进行资本投资的预算，根据企业有关投资决策资料和年度权益性资本投资计划编制。企业转让权益性资本投资或者收取被投资企业分配的利润(股利)所引起的现金流入，也应列入资本预算。

(3)债券投资预算是指企业在预算期内为购买国债、企业债券、金融债券等所作的预算，根据企业有关投资决策资料和证券市场行情编制。企业转让债券收回本息所引起的现金流入，也应列入资本预算。

3. 筹资预算

筹资预算是指企业在预算期内需要新借入的长短期借款、经批准发行的债券以及对原有借款、债券还本付息的预算，主要依据企业有关资金需求决策资料、发行债券审批文件、期初借款余额及利率等编制。企业经批准发行股票、配股和增发股票，根据股票发行计划、配股计划和增发股票计划等资料单独编制预算。股票发行费用，也应在筹资预算中分项作出安排。

4. 财务预算

财务预算是指企业预算期内反映有关预计现金收支、经营成果和财务状况的预算，主要以预计现金流量表、预计资产负债表和预计损益表等形式反映。

(1)预计现金流量表是指按照现金流量表主要项目内容编制的反映企业预算期内一切现金收支及其结果的预算。它以业务预算、资本预算和筹资预算为基础，是其他预算有关现金收支的汇总，主要作为企业资金头寸调控管理的依据。

(2)预计资产负债表是指按照资产负债表的内容和格式编制的综合反映预算执行企业期

末财务状况的预算报表。一般根据预算期初实际的资产负债表和销售预算、生产预算、采购预算、资本预算、筹资预算等有关资料分析编制。

(3)预计损益表是指按照损益表的内容和格式编制的反映预算执行企业在预算期内利润目标的预算报表。一般根据销售预算、生产预算、产品成本预算或者营业成本预算、期间费用预算、其他专项预算等有关资料分析编制。

因为企业的业务预算、资本预算和筹资预算的资料都可以用金额的形式反映在现金预算等财务预算中,所以财务预算也可称为"主导预算",而其他各种预算则称为"辅助预算"。财务预算既是企业调控生产经营与业务活动的重要依据,也是企业进行内部会计控制的重要手段。

预算的上述各个组成部分,对于企业某个部门、生产经营的某个环节来说,是具体的、独立的,但对于企业的整个经营目标来说,则是相互关联、不可分割的一个有机整体。

(三)预算控制

企业应当加强全面预算工作的组织领导,明确预算管理体制以及各预算执行企业的职责权限、授权批准程序和工作协调机制。企业应当设立预算管理委员会履行全面预算管理职责,其成员由企业负责人及内部相关部门负责人组成。预算管理委员会主要负责拟订预算目标和预算政策,制定预算管理的具体措施和办法,组织编制、平衡预算草案,下达经批准的预算,协调解决预算编制和执行中的问题,考核预算执行情况,督促完成预算目标。预算管理委员会下设预算管理工作机构,由其履行日常管理职责。预算管理工作机构一般设在财会部门。总会计师或分管会计工作的负责人应当协助企业负责人负责企业全面预算管理工作的组织领导。

全面预算管理需要关注以下风险:

(1)不编制预算或预算不健全,可能导致企业经营缺乏约束或盲目经营。

(2)预算目标不合理、编制不科学,可能导致企业资源浪费或发展战略难以实现。

(3)预算缺乏刚性、执行不力、考核不严,可能导致预算管理流于形式。

1. 预算编制控制

企业应当建立和完善预算编制工作制度,明确编制依据、编制程序、编制方法等内容,确保预算编制依据合理、程序适当、方法科学,避免预算指标过高或过低。企业应当在预算年度开始前完成全面预算草案的编制工作。

企业应当根据发展战略和年度生产经营计划,综合考虑预算期内经济政策、市场环境等因素,按照上下结合、分级编制、逐级汇总的程序,编制年度全面预算。企业可以选择或综合运用固定预算、弹性预算、滚动预算等方法编制预算。

企业预算管理委员会应当对预算管理工作机构在综合平衡基础上提交的预算方案进行研究论证,从企业发展全局角度提出建议,形成全面预算草案,并提交董事会。

企业董事会审核全面预算草案,应当重点关注预算的科学性和可行性,确保全面预算与企业发展战略、年度生产经营计划相协调。企业全面预算应当按照相关法律法规及企业章程的规定报经审议批准。批准后,应当以文件形式下达执行。

2. 预算执行控制

企业应当加强对预算执行的管理,明确预算指标分解方式、预算执行审批权限和要求、预算执行情况报告等,落实预算执行责任制,确保预算刚性,严格预算执行。

企业全面预算一经批准下达,各预算执行企业应当认真组织实施,将预算指标层层分解,从横向和纵向落实到内部各部门、各环节和各岗位,形成全方位的预算执行责任体系。企业应当以年度预算作为组织、协调各项生产经营活动的基本依据,将年度预算细分为季度、月度预算，通过实施分期预算控制，实现年度预算目标。

企业应当根据全面预算管理要求，组织各项生产经营活动和投融资活动，严格预算执行和控制。企业应当加强资金收付业务的预算控制，及时组织资金收入，严格控制资金支付，调节资金收付平衡，防范支付风险。对于超预算或预算外的资金支付，应当实行严格的审批制度。企业办理采购与付款、销售与收款、成本费用、工程项目、对外投融资、研究与开发、信息系统、人力资源、安全环保、资产购置与维护等业务和事项，均应符合预算要求。涉及生产过程和成本费用的，还应执行相关计划、定额、定率标准。对于工程项目、对外投融资等重大预算项目，企业应当密切跟踪其实施进度和完成情况，实行严格监控。

企业预算管理工作机构应当加强与各预算执行企业的沟通，运用财务信息和其他相关资料监控预算执行情况，采用恰当方式及时向决策机构和各预算执行企业报告、反馈预算执行进度和执行差异及其对预算目标的影响，促进企业全面预算目标的实现。

企业预算管理工作机构和各预算执行企业应当建立预算执行情况分析制度，定期召开预算执行分析会议，通报预算执行情况，研究、解决预算执行中存在的问题，提出改进措施。企业分析预算执行情况，应当充分收集有关财务、业务、市场、技术、政策、法律等方面的信息资料，根据不同情况分别采用比率分析、比较分析、因素分析等方法，从定量和定性两个层面充分反映预算执行企业的现状、发展趋势及其存在的潜力。

企业批准下达的预算应当保持稳定，不得随意调整。由于市场环境、国家政策或不可抗力等客观因素，导致预算执行发生重大差异确需调整预算的，应当履行严格的审批程序。

3. 预算考核控制

企业应当建立严格的预算执行考核制度，对各预算执行企业和个人进行考核，切实做到有奖有惩、奖惩分明。

企业预算管理委员会应当定期组织预算执行情况考核，将各预算执行企业负责人签字上报的预算执行报告和已掌握的动态监控信息进行核对，确认各执行企业预算完成情况。必要时，实行预算执行情况内部审计制度。

企业预算执行情况考核工作，应当坚持公开、公平、公正的原则，考核过程及结果应有完整的记录。

二、合同管理

合同是指平等主体的自然人、法人及其他组织设立、变更、终止民事权利义务的协议。建立合同内部控制是为了避免或减少因合同管理不当而造成经济损失或不良社会影响，维护企业的合法权益。

企业应当加强合同管理，确定合同归口管理部门，明确合同拟订、审批、执行等环节的程序和要求，定期检查和评价合同管理中的薄弱环节，采取相应的控制措施，促进合同有效履行，切实维护企业的合法权益。

企业合同管理过程中应当关注以下风险：

（1）未订立合同、未经授权对外订立合同、合同对方主体资格未达要求、合同内容存在重大疏漏和欺诈，可能导致企业合法权益受到侵害。

（2）合同未全面履行或监控不当，可能导致企业诉讼失败、经济利益受损。

（3）合同纠纷处理不当，可能损害企业利益、信誉和形象。

(一)合同的订立控制

企业对外发生经济行为,除即时结清方式外,应当订立书面合同。合同订立前,应当充分了解合同对方的主体资格、信用状况等有关内容,确保对方当事人具备履约能力。对于影响重大、涉及较高专业技术或法律关系复杂的合同,应当组织法律、技术、财会等专业人员参与谈判,必要时可聘请外部专家参与相关工作。谈判过程中的重要事项和参与谈判人员的主要意见,应当予以记录并妥善保存。

企业应当根据协商、谈判等的结果,拟订合同文本,按照自愿、公平原则,明确双方的权利义务和违约责任,做到条款内容完整,表述严谨准确,相关手续齐备,避免出现重大疏漏。合同文本一般由业务承办部门起草、法律部门审核。重大合同或法律关系复杂的特殊合同应当由法律部门参与起草。国家或行业有合同示范文本的,可以优先选用,但对涉及权利义务关系的条款应当进行认真审查,并根据实际情况进行适当修改。合同文本须报经国家有关主管部门审查或备案的,应当履行相应程序。

企业应当对合同文本进行严格审核,重点关注合同的主体、内容和形式是否合法,合同内容是否符合企业的经济利益,对方当事人是否具有履约能力,合同权利和义务、违约责任和争议解决条款是否明确等。企业对影响重大或法律关系复杂的合同文本,应当组织内部相关部门进行审核。相关部门提出不同意见的,应当认真分析研究,慎重对待,并准确无误地加以记录;必要时应对合同条款作出修改。内部相关部门应当认真履行职责。

企业应当按照规定的权限和程序与对方当事人签署合同。正式对外订立的合同,应当由企业法定代表人或由其授权的代理人签名或加盖有关印章。授权签署合同的,应当签署授权委托书。属于上级管理权限的合同,下级企业不得签署。下级企业认为确有需要签署涉及上级管理权限的合同,应当提出申请,并经上级合同管理机构批准后办理。上级企业应当加强对下级企业合同订立、履行情况的监督检查。

企业应当建立合同专用章保管制度。合同经编号、审批及企业法定代表人或由其授权的代理人签署后,方可加盖合同专用章。

企业应当加强合同信息安全保密工作,未经批准,不得以任何形式泄露合同订立与履行过程中涉及的商业秘密或国家机密。

(二)合同的履行控制

企业应当遵循诚实信用原则严格履行合同,对合同履行实施有效监控,强化对合同履行情况及效果的检查、分析和验收,确保合同全面有效履行。合同生效后,企业就质量、价款、履行地点等内容与合同对方没有约定或者约定不明确的,可以协议补充;不能达成补充协议的,按照国家相关法律法规、合同有关条款或者交易习惯确定。

在合同履行过程中发现有显失公平、条款有误或对方有欺诈行为等情形,或因政策调整、市场变化等客观因素,已经或可能导致企业利益受损,应当按规定程序及时报告,并经双方协商一致,按照规定权限和程序办理合同变更或解除事宜。

企业应当加强合同纠纷管理,在履行合同过程中发生纠纷的,应当依据国家相关法律法规,在规定时效内与对方当事人协商并按规定权限和程序及时报告。合同纠纷经协商一致的,双方应当签订书面协议。合同纠纷经协商无法解决的,应当根据合同约定选择仲裁或诉讼方式解决。企业内部授权处理合同纠纷的,应当签署授权委托书。纠纷处理过程中,未经授权批准,相关经办人员不得向对方当事人作出实质性答复或承诺。

企业财会部门应当根据合同条款审核后办理结算业务。未按合同条款履约的,或应签订书面合同而未签订的，财会部门有权拒绝付款，并及时向企业有关负责人报告。

合同管理部门应当加强合同登记管理，充分利用信息化手段，定期对合同进行统计、分类和归档，详细登记合同的订立、履行和变更等情况，实行合同的全过程封闭管理。

企业应当建立合同履行情况评估制度，至少于每年年末对合同履行的总体情况和重大合同履行的具体情况进行分析评估，对分析评估中发现合同履行中存在的不足，应当及时加以改进。

企业应当健全合同管理考核与责任追究制度。对合同订立、履行过程中出现的违法违规行为，应当追究有关机构或人员的责任。

三、内部信息传递

信息是指信息系统辨识、衡量、处理及报告的标的，来源于企业内部或外部，包括获取的行业、经济、监控，以及内部生产经营管理、财务等方面的信息。企业应准确识别、全面收集、不断完善获取信息的机制，随时掌握市场、竞争对手、行业变化等动态，并及时、有效地传达给相关负责人员，使其有足够的信息处理经营业务，对变化迅速地做出反应。

（一）信息搜集与传递

1. 内部信息搜集与传递

（1）企业价值观及经营战略。

①企业价值观、道德和行为期望。企业通过广泛、深入地宣讲企业精神和核心经营管理理念及企业宗旨，引导员工实践执行。企业制定高级管理人员和普通员工诚信与道德价值观规范，并利用企业网络平台等形式不断宣传。

②企业的战略性经营目标。企业在年度工作会议上提出战略性经营目标，并通过与高级管理人员签订业绩合同的方式将经营目标层层分解。

③财务政策及程序。企业制定完善统一的财务、会计、资产和资金等方面的管理制度、办法及工作规范，并严格执行。财务会计政策发生变更时，按权限经过相关人员审批后，发文并规定执行时间。财务会计政策及核算体系可以以手册的形式发布，发至相关部门。

④人力资源政策。企业制定工作和岗位职责描述，对各岗位职责进行规范，使员工理解自己的职责和工作程序。

（2）其他内部信息。

①财务信息。下属企业及部门编制本企业的财务报表并在企业规定的时间内报送财务部门。财务部门对主要生产经营指标进行对比分析，报企业管理层。

②经营信息。下属企业及部门按照统计报表的要求，每月（或每周）通过企业信息系统自下而上地报送统计资料，企业规划部门对主要生产经营指标进行对比分析，形成月度、季度、年度生产经营运行监测报告，报企业管理层。

③规章制度信息。规章制度制定企业需要对下列事项进行全面论证：制度制定的依据和规范的对象；该制度解决的主要问题；该项制度的安排与其他相关制度的衔接；制度发布实施的条件与时机；执行中需要注意的问题。

在形成制度文稿之前必须通过企业内部网络征求职能部门和下属企业的意见，相关的部门通过邮件发布征求意见稿，在广泛吸收意见的基础上完善，最后由管理层签发执行。

2. 外部信息搜集与传递

企业内部控制活动不仅要重视内部信息，同时获取相关的外部信息也至关重要。根据《企业内部控制基本规范》第三十九条的规定，外部信息的搜集渠道主要有行业协会组织、社会中介机构、业务往来企业、市场调查、来信来访、网络媒体以及有关监管部门等。企业外部信息搜集的常用方式有调查、网络查询、咨询等。企业可以根据信息的内容选择不同的渠道和方式来搜集信息。

(1)调查。用于获取潜在信息资源和关于现实资源的各种信息，最为常见的有问卷调查法和访问调查法。问卷调查法将设计好的问卷发放给抽样选择的样本群体并在其作出回答后收回问卷。访问调查法则是与选取的样本当面交流，常用于用户需求的分析及相关信息的获取。因此，当企业需要了解客户需求、客户满意度、产品评价、面向的客户群体等信息时，可以采用调查的方式来搜集信息。当然，调查方法对问卷设计或者访问人的技巧提出了较高的要求，否则很难达到预期的信息搜集目标。

(2)网络查询。网络查询是指在现代信息技术基础上的信息搜集方式，常见的渠道有互联网、专业数据库、组织互联系统。通过互联网，企业可以获取相当多的外部公开信息，包括：经济形势、产业政策、资源供给等经济信息；法律法规、监管要求等法律信息；地区传统文化、教育水平等文化信息；科技发展、技术进步等科技信息。

(3)咨询。咨询是指企业从社会中介机构、专业协会组织、专家等相关企业和个人获取信息的过程。一般来说，企业咨询的社会中介机构、专业协会组织、专家在相关领域都有专长，常见的有经营管理、财务、法律、科技等领域，如行业协会组织、咨询公司、律师事务所等机构。这些企业和个人能为企业提供相关领域内较为全面的信息，可以满足企业经营管理的需要，但同时也存在成本较高的缺点。

当然，不同企业需要的外部信息存在差异，各企业对每类信息的侧重点也存在差异。因此，企业应结合自身特点以及成本效益原则，选择合适的方式搜集有价值的外部信息。

3. 内部信息传递应关注的风险

企业应当加强内部报告管理，全面梳理内部信息传递过程中的薄弱环节，建立科学的内部信息传递机制，明确内部信息传递的内容、保密要求及密级分类、传递方式、传递范围以及各管理层级的职责权限等，促进内部报告的有效利用，充分发挥内部报告的作用。

企业内部信息传递至少应当关注以下风险：

(1)内部报告系统缺失、功能不健全、内容不完整，可能影响生产经营有序运行。

(2)内部信息传递不通畅、不及时，可能导致决策失误、相关政策措施难以落实。

(3)内部信息传递中泄露商业秘密，可能削弱企业核心竞争力。

(二)内部报告的形成控制

企业应当根据发展战略、风险控制和业绩考核要求，科学规范不同级次内部报告的指标体系，采用经营快报等多种形式，全面反映与企业生产经营管理相关的各种内外部信息。内部报告指标体系的设计应当与全面预算管理相结合，并随着环境和业务的变化不断进行修订和完善。设计内部报告指标体系时，应当关注企业成本费用预算的执行情况。内部报告应当简洁明了、通俗易懂、传递及时，便于企业各管理层级和全体员工掌握相关信息，正确履行职责。

企业应当制定严密的内部报告流程，充分利用信息技术，强化内部报告信息集成和共享，将内部报告纳入企业统一信息平台，构建科学的内部报告网络体系。企业内部各管理层级均应指定专人负责内部报告工作，重要信息应及时上报，并可以直接报告高级管理人员。企业应当建立内部报告审核制度，确保内部报告信息质量。

企业应当关注市场环境、政策变化等外部信息对企业生产经营管理的影响，广泛收集、分析、整理外部信息，并通过内部报告传递到企业内部相关管理层级，以便采取应对策略。

企业应当拓宽内部报告渠道，通过落实奖励措施等多种有效方式，广泛收集合理化建议。企业应当重视和加强反舞弊机制建设，通过设立员工信箱、投诉热线等方式，鼓励员工及企业利益相关方举报和投诉企业内部的违法违规、舞弊和其他有损企业形象的行为。

(三)内部报告的使用控制

企业各级管理人员应当充分利用内部报告来管理和指导企业的生产经营活动，及时反映全面预算执行情况，协调企业内部相关部门和各企业的运营进度，严格绩效考核和责任追究，确保企业实现发展目标。

企业应当有效利用内部报告进行风险评估，准确识别和系统分析企业生产经营活动中的内外部风险，确定风险应对策略，实现对风险的有效控制。企业对于内部报告反映出的问题应当及时解决；涉及突出问题和重大风险的，应当启动应急预案。

企业应当制定严格的内部报告保密制度，明确保密内容、保密措施、密级程度和传递范围，防止泄露商业秘密。

企业应当建立内部报告的评估制度，定期对内部报告的形成和使用进行全面评估，重点关注内部报告的及时性、安全性和有效性。

四、信息系统

企业获取信息后，这些信息通常是零散的，不具有很强的相关性，往往不能利用它们直接进行决策，还需要做大量的分析和处理工作，这就是我们要讨论的对信息技术的利用，也即信息系统。企业的会计控制系统实质上是一个信息系统，是一个对信息进行搜集、核对、整合、传递的过程，并且通过反馈机制改进信息的搜集、处理和传递，从而形成一个灵敏的信息沟通机制，促进会计控制目标的实现。

经济社会发展到现阶段，每个企业所需的信息量已相当庞大。面对这么多的信息，没有一个适合企业的信息系统将之收集、整理、分析、处理和传递，想利用好这些信息是不可能的。信息逐渐被人们当作一种战略资源，企业内部各部门之间以及企业之间都会发生大规模的信息交换，不同部门或不同企业间的信息需要协同，信息系统的重要性日益增强。随着整个社会信息化进程的加快，企业的日常经营管理活动越来越离不开信息系统的支持。

(一)信息系统建设

完善的信息系统是企业建立有效的会计控制体系的前提。企业应当重视信息系统在会计控制中的作用，根据会计控制要求，结合组织架构、业务范围、地域分布、技术能力等因素，制定信息系统建设整体规划，加大投入力度，有序组织信息系统开发、运行与维护，优化管理流程，防范经营风险，全面提升企业现代化管理水平。

企业应当指定专门机构对信息系统建设实施归口管理，明确相关的职责权限，建立有效工作机制。企业可委托专业机构从事信息系统的开发、运行和维护。企业负责人对信息系统建设工作负责。

企业利用信息系统实施会计控制至少应当关注以下风险：

(1)信息系统缺乏或规划不合理，可能造成信息孤岛或重复建设，导致企业经营管理效率低下；

(2)系统开发不符合会计控制要求，授权管理不当，可能导致无法利用信息技术实施有效控制；

(3)系统运行维护和安全措施不到位,可能导致信息泄露或毁损,系统无法正常运行。

(二)信息系统的开发控制

企业应当根据信息系统建设整体规划提出项目建设方案,明确建设目标、人员配备、职责分工、经费保障和进度安排等相关内容,按照规定的权限和程序审批后实施。企业信息系统归口管理部门应当组织内部各企业提出开发需求和关键控制点,规范开发流程,明确系统设计、编程、安装调试、验收、上线等全过程的管理要求,严格按照建设方案、开发流程和相关要求组织开发工作。企业开发信息系统,可以采取自行开发、外购调试、业务外包等方式。选定外购调试或业务外包方式的,应当采用公开招标等形式择优确定供应商或开发企业。

企业开发信息系统,应当将生产经营管理业务流程、关键控制点和处理规则嵌入系统程序,实现手工环境下难以实现的控制功能。企业在系统开发过程中,应当按照不同业务的控制要求,通过信息系统中的权限管理功能控制用户的操作权限,避免将不相容职责的处理权限授予同一用户。企业应当针对不同数据的输入方式,考虑对进入系统数据的检查和校验功能。对于必需的后台操作,应当加强管理,建立规范的流程制度,对操作情况进行监控或者审计。企业应当在信息系统中设置操作日志功能,确保操作的可审计性。对异常的或者违背内部控制要求的交易和数据,应当设计由系统自动报告并设置跟踪处理机制。

企业信息系统归口管理部门应当加强信息系统开发全过程的跟踪管理,组织开发企业与内部各企业的日常沟通和协调,督促开发企业按照建设方案、计划进度和质量要求完成编程工作,对配备的硬件设备和系统软件进行检查验收,组织系统上线运行等。

企业应当组织独立于开发企业的专业机构对开发完成的信息系统进行验收测试,确保在功能、性能、控制要求和安全性等方面符合开发需求。

企业应当切实做好信息系统上线的各项准备工作,培训业务操作和系统管理人员,制定科学的上线计划和新旧系统转换方案,考虑应急预案,确保新旧系统顺利切换和平稳衔接。系统上线涉及数据迁移的,还应制定详细的数据迁移计划。

(三)信息系统的运行与维护控制

企业应当加强信息系统运行与维护的管理,制定信息系统工作程序、信息管理制度以及各模块子系统的具体操作规范,及时跟踪、发现和解决系统运行中存在的问题,确保信息系统按照规定的程序、制度和操作规范持续稳定运行。企业应当建立信息系统变更管理流程,信息系统变更应当严格遵照管理流程进行操作。信息系统操作人员不得擅自进行系统软件的删除、修改等操作;不得擅自升级、改变系统软件版本;不得擅自改变软件系统环境配置。

企业应当根据业务性质、重要性程度、涉密情况等确定信息系统的安全等级,建立不同等级信息的授权使用制度,采用相应技术手段保证信息系统运行安全有序。企业应当建立信息系统安全保密和泄密责任追究制度。委托专业机构进行系统运行与维护管理的,应当审查该机构的资质,并与其签订服务合同和保密协议。企业应当采取安装安全软件等措施防范信息系统受到病毒等恶意软件的感染和破坏。

企业应当建立用户管理制度,加强对重要业务系统的访问权限管理,定期审阅系统账号,避免授权不当或存在非授权账号,禁止不相容职务用户账号的交叉操作。

企业应当综合利用防火墙、路由器等网络设备,漏洞扫描、入侵检测等软件技术以及远程访问安全策略等手段,加强网络安全,防范来自网络的攻击和非法侵入。企业对于通过网络传输的涉密或关键数据,应当采取加密措施,确保信息传递的保密性、准确性和完整性。

企业应当建立系统数据定期备份制度,明确备份范围、频度、方法、责任人、存放地点、有效性检查等内容。

企业应当加强服务器等关键信息设备的管理，建立良好的物理环境，指定专人负责检查，及时处理异常情况。未经授权，任何人不得接触关键信息设备。

案例分析

生物疫苗事件

一、公司概况

长春长生生物科技股份有限公司（以下简称“长春长生”）创立于 1992 年，是国家科技部认定的高新技术企业，主要从事人用疫苗产品的研发、生产和销售，其所拥有的疫苗种类和销售数量、销售额均稳居国内民营疫苗企业前列。

二、长生生物疫苗事件概述

2017 年 10 月，国家食品药品监管总局在药品抽样检验中检出长春长生生产的某批次百白破疫苗效价指标不符合标准规定。2018 年 7 月 15 日，国家药品监督管理局通过官方网站发布通告称，国家药监局发现长春长生冻干人用狂犬病疫苗生产存在记录造假等严重违反《药品生产质量管理规范》行为，对长生生物责令停产并立案调查。“问题疫苗”引起关注，各地疾控中心停用长生生物疫苗产品，长春长生对有效期内所有批次的冻干人用狂犬病疫苗（vero 细胞）全部实施召回。

2018 年 10 月，国家药品监督管理局和吉林省食品药品监督管理局对长春长生违法违规生产行为作出行政处罚，吊销其药品生产许可证并罚款 91 亿元，其股票连续 33 个交易日跌停。一个月后，上交所和深交所正式发布实施了上市公司违法强制退市实施办法。2018 年 11 月 19 日，股票停牌，奏响了长春长生退市的前奏。2018 年 12 月 11 日，长春长生收到《深圳证券交易所重大违法强制退市事先告知书》和证监会的《行政处罚决定书》。24 日，长春长生放弃申辩，退市已成定局。

三、会计控制失效分析

1. 资金活动控制分析

从长春长生的年报上来看，企业业绩好，但在资金活动中也隐藏着危机，存在着高理财、低成长的风险，根据公司“2017 年度募集资金使用情况对照表”说明：截至期末，承诺投入金额应为 165 976.08 万元，本年度投入募集资金总额 20 800.51 万元，已累计投入募集资金总额 75 806.75 万元，占有承诺投入金额的 45.67%，截至期末，累计投入金额与承诺投入金额的差额为 90 169.33 万元，报告期末公司以闲置募集资金购买保本型理财产品 96 400 万元。根据公司年报中对其他流动资产的说明可以发现，公司的银行理财产品期末余额仍有 205 300 万元，长生生物作为一家疫苗生产企业应该在研发和设施设备上高投入，而从其年报中可以发现其募集资金投入承诺的募集投资项目不足一半，而大量的资金和闲置流动资金都进行了理财投资，虽然提高了企业的理财收入，但必将影响企业的成长能力。

2. 采购生产业务控制分析

在物料供应环节，医药企业应注意的风险点是供应商的资质、运输和贮存条件。因此药企在选择供应商时应重点核查其生产经营资质。在运输和贮存过程中，采购部门要关注运存条件，确保原料不变质。在原料出库时，库房应注意不同原材料的标识，防范原材料发错给生产环节带来的风险。

在产品生产环节，医药企业不仅要关注仓库发出的原材料是否合规，还要保证生产部门机器设备清洁、工艺流程规范、生产人员卫生健康状况良好。按照 GMP 的要求，生产部分需要对生产过程进行记录。因此，生产真实性也是该环节与产品质量息息相关的风险点。该项风险的防范应由第三方负责，检查生产部门是否按照批准的注册工艺和处方投料生产。长春长生对各个风险点的防范直接交由关联部门，没有专业的风险管理人员、机构和制度流程，极度缺乏风险意识。

3. 销售业务控制分析

2017年年报显示，长生生物的销售费用为5.8亿元，比2016年的2.3亿元同比增长了152.52%，其中4.4亿元为推广服务费，占总销售费用的75.9%，而长生生物的销售人员仅25人，人均年销售费用高达2 331.85万元，公司对此变动的解释是：主要系营销模式受疫苗流通条例影响推广费、市场服务费、会议费和运输费增加所致。为了加强对疫苗流通和预防接种的管理，国务院在2016年4月修订了《疫苗流通和预防接种管理条例》，要求疫苗的采购应当通过省级公共资源交易平台进行。长生生物调整了原有的自营与经销商结合的销售模式，继而采取与推广服务商合作的方式开展销售工作，以适应新的监管要求。据中国裁判文书网显示，涉及长春长生的司法裁定书中，10余起均是通过回扣的方式行贿，所涉及的疫苗则包括狂犬、水痘、乙肝、流感等多种。其中，72元/支的冻干狂犬病疫苗回扣额高达20元/支。这样的销售政策无视国家的法律法规，以牺牲广大人民的生命安全为代价，销售业务在源头上就已经失控了。

4. 信息与沟通缺陷

对外：违规披露信息，存在虚假记载。自2015年借壳上市至2017年疫苗事件案发，无论是财务报告还是管理报告，长春长生在信息披露过程中都存在重大违法违规行为。2015年长春长生借壳黄海机械上市成功。长春长生在财务报告中进行虚假记载，用“阴阳合同”虚增收入，营造高销售、高利润的假象，以达到顺利上市、获得投资的目的。

对内：未形成规范系统的沟通体系。良好的沟通是信息充分发挥作用的有效途径。长春长生内部信息传递主要依靠口头、邮件等非正式方式来实现，且信息接收对象单一，使得公司即使获知重要信息也不能及时做出正面反应。此外，长春长生的独立董事表示对问题疫苗毫不知情。虽然以上情况的出现主要是因为董事和高级管理人员没有勤勉尽责，但也反映了长春长生内部信息沟通与传递体系的不健全。

5. 控制活动缺陷

在公司的控制活动方面，长春长生存在董事会和管理层交叉任职的情况，使得董事会对管理层的监督失效。长春长生的董事会和管理层人员违背了不相容职务分离的原则。董事长高俊芳担任了总经理、财务总监。张洺豪副董事长兼任副总经理。监事会对董事会、管理层以及公司业务活动的监督失效。长春长生监事会成员仅三人且全部由公司职工担任。公司职工本身就受到管理层的制约，被管理者难以对管理者及业务活动进行监督。

监督层级成员重叠，被管理者监督管理者，层级之间失去独立性，是导致监督失效的主要原因。

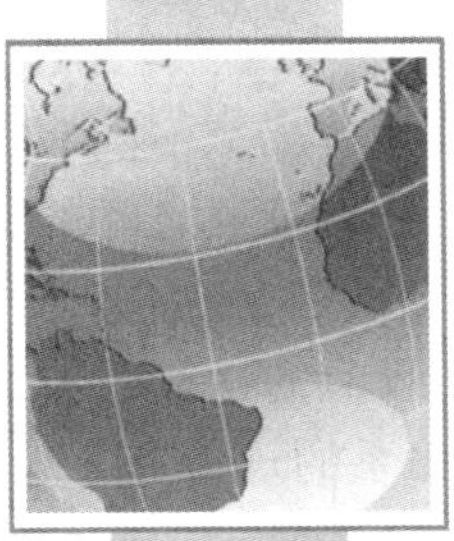

第七章 会计职业道德

第一节 会计职业道德概述

道德一词,如孔子所言:志于道、据以德、依于仁、游于艺。“道”即规则,本义为人行之路,后逐步引申为事物运行规律和人们在行动中要遵守的规则。“德”即素质,本义有二:一为上升、攀登;二为有所得,后逐步引申为努力提升自己,使本人的素质不断提高,且有益于他人和社会。“道德”的现代含义为:人们按照一定的规范对各自的行为和彼此与社会的关系进行调节,从而产生和谐有序关系效果的总称。道德包括社会公德、家庭美德和职业道德。社会公德倡导文明礼貌,家庭美德倡导尊老爱幼,职业道德倡导爱岗敬业、诚实守信、办事公道、服务群众和奉献社会等。

社会对职业行为的道德要求表现为职业道德,它带有一定的特征,比如护理人员的职业道德是忠于职守、患者第一、遵守制度、安全操作等;教师的职业道德是为人师表、教书育人等。职业道德指导和约束职业行为,用来保证职业活动的正常进行。一个社会职业道德水平的高低,是衡量其文明程度的显著标志。加强职业道德建设对于发挥伦理道德的调节作用,维护正常的职业生活秩序,激发劳动者的积极性和创造性,促使社会生产力和国民经济的健康发展,提高全民族的思想道德素质都具有非常重要的意义。职业道德的社会作用主要表现为:加强职业道德建设,有利于促进社会经济的健康发展;加强职业道德建设,是提高国民思想道德素质的主要途径;加强职业道德建设,益于社会良好风气的形成。

一、会计职业道德的含义与功能

(一)会计职业道德的含义

会计职业道德,是指在会计职业活动中应当遵循的、体现会计职业特征的、调整会计职业关系的职业行为准则和规范,它既吸收了爱岗敬业、诚实守信、办事公道、服务群众和奉献社会等社会职业道德规范的一般要求,同时又突出了会计职业特有的客观公正、坚持准则等特征。会计职业道德含义可从以下几个方面来理解:

第一,它是从事会计职业活动者所必须遵循的。会计职业道德是对会计职业行为的客观要求。经济越发展,会计越重要,会计的服务对象直接影响着社会经济的发展和市场经济秩序的健康运行。因此,从事会计职业活动必须遵循会计职业道德。

第二,它体现了会计职业的特征。会计的职业特征是为会计信息使用者提供包括财务状况、经营成果和现金流量在内的决策信息。会计准则规定了会计核算的一般原则，提出了对会计信息质量的要求。会计职业道德要求会计人员坚持准则，以规范会计核算行为，保证会计信息质量。

第三，它用于调整会计职业关系。恩格斯说："每个行业都有自己的职业道德。"不同职业的人员在特定的职业活动中形成了特殊的职业关系，包括职业主体与职业服务对象之间的关系、职业团体之间的关系、同一职业团体内部人与人之间的关系，以及职业劳动者、职业团体与国家之间的关系，等等。为了协调这些复杂的、特殊的社会关系，除了需要政治的、行政的、法律的、经济的规范和手段之外，还需要一种适应职业特点的调节职业社会关系的规范和手段，由此形成了不同职业人员的道德规范，即职业道德。一定的职业道德规范只适用于一定的职业活动领域。会计职业道德用于调整会计职业关系中的经济利益关系。

(二)会计职业道德的功能

会计职业道德的功能，主要表现为以下三个方面：

1. 指导功能

会计职业道德的指导功能，是指会计职业道德通过对会计的行为动机提出相应的要求，引导、规范、约束会计人员树立正确的职业观念，遵循职业道德要求，从而达到规范会计行为的目的。会计职业道德是会计人员共同遵守的行为准则和规范，属于社会意识形态范畴，而会计行为是由会计人员的内心信念来支配的，信念的善与恶将导致行为的是与非。会计人员的工作与钱物相关，稍有杂念，就容易走上贪赃枉法的道路，所以需要有职业道德来对会计的行为动机提出相应的要求。会计职业道德作为一种劝诫或指引，表达了社会对会计人员行为的期望和要求。这种期许和要求如果被会计人员认同就会转变为会计人员的行为，即使不被认同，由于职业道德产生的社会舆论，也往往会被会计人员接受和遵循。会计人员只有在会计职业道德规范的指导下才能开展好会计工作。

2. 评价功能

会计职业道德的评价功能，是指根据一定的道德标准对会计人员的行为给予的褒扬和谴责。褒扬功能通过引起主体的自豪感和光荣感，对主体的动机和行为起到鼓舞和激励作用；谴责功能则是通过引起人们的羞耻感和内疚感等情感，对人们的动机和行为起到抑制和纠错的作用。因此，道德评价是一种巨大的社会力量和人们内在的意志力量。通过倡导、赞扬、鼓励自觉遵守会计职业道德规范的行为，贬抑、鞭挞、谴责、查处会计造假等不良行为，有助于人们分清是非，形成良好的社会风气，从而进一步促进会计职业道德的发展。

3. 教化功能

会计职业道德的教化功能是指道德对人的行为的引导。这一功能通过劝善戒恶，并辅之以社会舆论的赞誉或谴责，进而作用于人的道德良心和道德情感。教化功能能够影响会计人员当下的动机和行为，还能够改造会计人员的道德品质，提升会计人员的道德境界。社会的进步和发展对会计执业者的素质要求越来越高。会计职业道德的高低是会计人员素质的重要体现。一个高素质的会计人员应当做到爱岗敬业、坚持准则、提高专业胜任能力，遵循会计职业道德，加强会计职业道德教育，并结合会计职业活动，教导会计执业者进一步加强自我修养，提高专业胜任能力，这有利于会计执业者整体素质的不断提高。

会计职业道德的功能及其所产生的良性作用是行政命令和会计法律法规所不能达到的。会计人员在提供会计信息或者鉴证服务的过程中，既要将本职工作置于法律法规的约束和规范之下，又要具备与其职能相适应的职业道德水准。会计职业道德建设不仅是社会主义思想道德体系建设的重要组成部分，而且是社会主义市场经济健康发展的根本要求。

二、会计职业道德与会计法律制度的联系与区别

（一）会计职业道德与会计法律制度的联系

会计职业道德与会计法律制度有着密切的联系，两者都是上层建筑的组成部分，都是维护社会秩序、规范会计人员思想和行为的重要手段，它们相互联系、相互补充。会计人员职业行为的规范化，不仅要以会计法律法规作保证，还要通过会计人员的道德信念、道德品质来实现。会计职业道德是对会计法律制度的重要补充，会计法律制度是对会计职业道德的最低要求。在现实生活中，人们的很多行为很难由法律做出规定。例如，会计法律只能对会计人员不得违法的行为做出规定，而无法对他们如何爱岗敬业、诚实守信、提高技能等提出具体要求。但是，如果会计人员缺乏爱岗敬业的热情和态度，缺乏诚实守信的做人准则，不具备必要的职业技能，则很难保证会计信息的真实性和公允性。显然，会计职业道德与会计法律制度有着共同目标、相同的调整对象、承担同样责任，两者的联系具体表现在以下四个方面：

1. 会计职业道德与会计法律制度在作用上相互协调、相互补充

在规范会计行为中，会计法律制度的强制功能和会计职业道德的教化功能是相互补充的。会计行为不可能都由会计法律制度进行规范，不需要或不宜由会计法律制度进行规范的行为，可通过会计职业道德规范来实现。

2. 会计职业道德与会计法律在内容上相互渗透、相互重叠

在会计法律制度中含有会计职业道德的内容，在会计职业道德中也包含会计法律制度的某些条款。会计法律制度中的许多具体规定，直接或间接地反映了会计职业道德的内容。例如，会计制度中的账实相符规定体现了会计职业道德规范要求中的诚实、客观要求。凡是会计法律制度不允许的会计行为，都是会计职业道德要谴责的行为；凡是会计法律制度所规定的行为，都是会计职业道德所倡导的行为。

3. 会计职业道德与会计法律制度在地位上相互转化、相互吸收

最初的会计职业道德规范就是对会计职业行为约定俗成的基本要求，而后制定的会计法律制度吸收了这些基本要求，便形成了会计法律制度。可以说，会计法律制度是会计职业道德的最低要求。

4. 会计职业道德与会计法律制度在实施上相互作用、相互促进

会计职业道德是会计法律制度得以正常运行的社会基础和思想基础，而会计法律是促进会计职业道德规范形成和遵守的重要保障。会计法律规范的制定和施行的过程，也是会计工作主体自我道德教育、培养的过程，通过对违反《会计法》行为的法律制裁，对依法、守法、执法、护法行为的表扬、奖励，使会计法律制度在培养会计职业道德上发挥重要作用。

（二）会计职业道德与会计法律制度的区别

会计职业道德与会计法律制度的区别具体表现在以下四个方面：

1. 会计职业道德与会计法律制度的性质不同

会计法律制度是国家会计政策法制化的表现形式，反映了统治者的意志和愿望，因而在同一社会内，只允许存在一种会计法律制度，并通过国家机器强制执行。凡违法者，轻者被罚款，重者则被判刑，失去人身自由乃至失去生命。会计法律具有很强的他律性。而会计职业道德并不都代表统治者的意志，很多来自于职业习惯和约定俗成。会计职业道德并不是唯一的，它依靠会计从业人员的自觉性，自愿地执行，并依靠社会舆论和良心来实现，基本上是非强制执

行的，具有很强的自律性。

2. 会计职业道德与会计法律制度的作用范围不同

会计法律制度侧重于调整会计人员的外在行为和结果的合法化，具有较强的客观性。会计职业道德不仅要求调整会计人员的外在行为，还要求调整会计人员内在的精神世界，其调节范围远比法律广泛，而且，会计职业道德着重要求会计人员动机的善良、高尚和纯洁，具有较强的主观性。会计法律制度的各种规定是会计职业关系得以维系的最基本条件，是对会计从业人员行为最低限度的要求，用以维持现有的会计职业关系和正常的会计工作秩序。会计人员某些错误的行为，只要它还不到触犯会计法律的地步，法律可以不予追究、制裁，但从道德方面来说，却要受到社会舆论的批评、谴责。可以这么说，受到会计职业道德谴责的，不一定受到会计法律的制裁；而受到会计法律制裁的，一般都会受到道德的谴责。例如，会计人员安于现状，不思进取，对工作敷衍，不钻研业务，不学习新知识。这种现象并没有违反会计法律制度，但是它却违背了爱岗敬业、提高技能等会计职业道德的要求。

3. 会计职业道德与会计法律制度的表现形式不同

会计法律制度是由国家立法机关和行政管理部门通过一定程序制定并颁布的，其表现形式是具体的、明确的成文规定，以国家强制力作为实施的保障，带有明显的强制性，一般表现为禁止性规范和命令性规范，对违反会计法律制度的行为视其后果进行禁止性追究，并视情节轻重实施经济制裁、行政制裁直至追究刑事责任。而会计职业道德出自会计人员的职业生活和职业实践，日积月累，约定俗成，其表现形式既有明确的成文规定，也有不成文的规范，尤其是那些较高层次的会计职业道德，存在于人们的意识和信念之中，并无具体的表现形式，它依靠社会舆论和道德教育以及传统习俗和道德评价来实现。要注意的是，即使是成文的会计职业道德与会计法律制度相比，在表现形式上也缺乏准确性和具体性，通常只是指导人们应该做或者不应该做某种行为的一般原则和要求。会计法律制度要求的是“必须”，会计职业道德要求的则是“应该”。

4. 会计职业道德与会计法律制度的实施保障机制不同

会计法律制度不仅仅是一种权利和义务的规定，为了达到有法必依、执法必严、违法必究的目的，还需要一套实施保障机制。这种保障机制不仅体现在法律规范的内容中明确规定了制裁和处罚条款，而且体现在设有与之相配合的权威的制裁和审判机构并由国家强制力保障实施。会计职业道德不仅有国家法律的相应要求，还要求会计人员的自觉遵守。当人们对会计职业道德上的权利与义务发生争议时，人们常说的“道德审判”往往没有权威机构对其中的是非曲直明确作出裁定，即使有裁定，也是舆论监督性质的，往往因缺乏权威机构保障而使对裁定的执行流于形式。

5. 会计职业道德与会计法律制度的评价标准不同

会计法律制度以法律规定为评价标准，会计职业道德以道德评价为标准。法律规定的标准确定，有肯定明确的行为模式和法律后果，而且法律具有稳定性、一般性和明确性的特征，因而具体确切，可操作性强。而道德评价是指社会生活中人们按照一定社会或阶级的道德原则和规范对他人或自己的行为进行的善恶褒贬活动。道德评价具有很强的主观性，常常没有客观普遍和明确的标准。

（三）会计行为的法治与德治

法律和道德作为维护社会秩序、规范人们思想和行为的主要手段，同属上层建筑，两者相互联系、相互补充。现代社会的法制构成了覆盖全社会的主导作用，对构建和维护社会政治、经济秩序具有重大意义。但是，我们绝不能忽视道德的作用，要把法制建设和道德建设紧密结合，把依法治国和以德治国紧密结合。

会计法律制度所规定的行为规范是最低要求，会计职业道德则规定了会计人员的最高行为标准和一些基本原则以及行为规范。会计法律制度所规定的行为规范包括在会计职业道德要求之中，会计职业道德的行为规范标准比会计法律制度高，内容和范围也更加广泛，它贯穿于社会经济活动的各个领域、各个方面。违反会计法律制度的行为必定违反会计职业道德，而违反会计职业道德的行为则不一定违反会计法律制度。例如，会计造假案件既是严重的违法行为，也是会计职业道德丧失的表现。要从根本上有效治理假账问题，规范会计人员职业行为，必须把依法治理与以德治理紧密结合起来，会计职业道德准则只有转化为会计人员的内在信念和内在品质，才能在会计人员职业行为中真正扎下根，达到治本的目的。为此，我们在规范会计人员职业行为、维护社会主义市场经济秩序中，不仅需要会计法律制度作为基本保证，而且依赖于会计人员的道德来实现，既要坚持不懈地加强会计法律建设，依法规范会计人员职业行为，同时也要坚持不懈地加强会计职业道德建设，以德治理会计人员职业行为。

第二节　会计职业道德主要内容

会计职业道德规范是指在一定社会经济条件下，对会计职业行为及职业活动的系统要求或明确规定。《中华人民共和国会计法》《会计基础工作规范》，以及我国注册会计师协会颁布的《中国注册会计师职业道德基本准则》《中国注册会计师职业道德指导意见》等，都对会计职业道德提出了明确要求。根据上述法律法规的规定，我国会计职业道德规范的主要内容可以概括为爱岗敬业、诚实守信、廉洁自律、客观公正、坚持准则、提高技能、参与管理和强化服务。

一、爱岗敬业

（一）爱岗敬业的含义

爱岗就是会计人员要热爱本职工作，安心本职岗位，在任何时候、任何场合都要做到忠于职守、尽职尽责。敬业就是会计人员要充分认识到会计工作在国民经济中的地位和作用，以从事会计工作为荣，敬重会计工作，认真对待本职工作，将身心和本职工作融为一体，具有献身会计工作的决心。

爱岗敬业是爱岗与敬业的总称。爱岗和敬业互为前提，相互支持，相辅相成。“爱岗”是“敬业”的基石，“敬业”是“爱岗”的升华。如果会计人员对所从事的会计工作不热爱，工作中就难以做到兢兢业业，不会珍惜会计这份工作，就无法具备与其职务相适应的业务素质和能力，更谈不上坚持准则、客观公正，为国家和企业承担责任。反之，会计人员虽有热爱会计职业的一腔热情，但如果没有勤奋踏实的工作作风和忠于职守的实际行动，爱岗也就成为一句空话。

（二）爱岗敬业的基本要求

1. 热爱会计工作，敬重会计职业

只有正确认识会计工作本质和明确会计工作在经济管理中的重要性，爱岗敬业才有坚实的思想基础。要树立“干一行，爱一行”的思想，刻苦钻研会计业务技能，努力学习会计业务知识，创造性地开展会计工作。无论是主动还是被动选择了会计岗位，都要以从事会计工作为"荣"、为"乐"。有了对本职工作的热爱，才会激发出敬业精神，自觉自愿地执行会计职业道德的各种规范，不断改进自己的工作，在平凡的岗位上作出不平凡的贡献。

2. 严肃认真，一丝不苟

光有爱岗敬业的意识还远远不够，必须还要有严肃认真的工作态度和一丝不苟的工作作风。会计工作是一项严肃细致的工作，对一些凭证、账簿和报表的填制与审核，必须严肃认真，把好关、守好口，不仅数字计算要准确，手续清楚完备，而且绝对不能有"都是熟人不会有错"的麻痹思想和"马马虎虎、敷衍塞责"的工作作风。严肃认真、一丝不苟的工作作风要贯穿于会计工作始终。

3. 忠于职守，尽职尽责

主要表现为忠实于服务主体、社会公众和国家。单位内部人员不仅要尽职尽责地履行会计职能，如加强会计核算、向管理决策者提供真实的会计信息，而且应抵制不当的开支，防止不法分子侵占单位资产。在单位利益与国家和社会公众的利益发生冲突时，会计人员应该忠于国家、忠于社会公众，承担起维护国家和社会公众利益的责任。能否对社会整体利益负责，是衡量会计人员是否称职的基本标准。

二、诚实守信

（一）诚实守信的含义

诚实守信就是忠诚老实，信守诺言。诚实就是指言行与内心思想一致，不弄虚作假、不欺上瞒下，做老实人、说老实话、办老实事；守信就是遵守承诺，讲信用、重信用、守诺保密。

市场经济越发达，信用越重要，作为通用商业语言的会计在整个经济运行和经济管理中发挥着巨大的作用，其工作人员的诚实与守信是决定会计职业生存与发展的一个重要道德标准，有着极其重要的作用。2001 年，朱镕基同志视察北京国家会计学院时，题词"诚信为本，操守为重，坚持准则，不做假账"。这是对广大会计人员的最基本的要求。

（二）诚实守信的基本要求

1. 做老实人，说老实话，办老实事，不搞虚假

做老实人要求会计人员言行一致，表里如一，光明正大。说老实话要求会计人员说话诚实，有一说一，有二说二，不夸大，不隐瞒，不歪曲，不虚假，如实反映和披露单位经济事项。办老实事要求会计人员工作踏踏实实，不欺上瞒下，不弄虚作假。总之，会计人员要言行一致，实事求是，正确核算，尽量减少和避免各种失误，不为个人和小集团利益弄虚作假、伪造账目，损害国家和社会公众的利益。

2. 实事求是，如实反映

会计人员能否做到实事求是、如实反映，将直接影响到会计信息的真实性和可靠性。这就要求会计人员根据实际发生的经济业务事项进行会计核算，正确地记录、如实地反映单位经济活动的情况，保证会计资料的真实性和完整性。我国《会计法》规定，各单位必须根据实际发生的经济业务事项进行会计核算，填制会计凭证，登记会计账簿，编制财务会计报告；任何单位不得以虚假的经济业务事项或者资料进行会计核算。所以，会计人员无论是记账、算账还是报账，都应当做到内容真实、数字准确、手续完备、账目清楚，不为他人左右，更不为谋取个人私利而歪曲事实、弄虚作假。

3. 保守秘密，不为利益所诱惑

在市场经济中，秘密可以带来经济利益，而会计人员因职业特点经常会接触到单位和客户的一些秘密。因而，会计人员应依法保守单位秘密，这也是诚实守信的具体体现。泄密，不仅是一种不道德的行为，也是违法行为，是会计职业的大忌。秘密主要分为国家秘密、商业秘密和个人隐私。秘密一旦泄露，就会对国家、单位或个人造成损失。保守秘密是会计职业道德的一项重要内容。我国有关法律对会计人员保守秘密做了相关的规定。如《中华人民共和国注册会计师法》第十九条规定“注册会计师对执行业务中知悉的商业秘密，负有保密义务”。财政部印发的《会计基础工作规范》第二十三条规定，“会计人员应当保守本单位的商业秘密。除法律规定和单位领导人同意外，不能私自向外界提供或者泄露单位的会计信息”。保守秘密，要求会计人员在主观上树立保密观念，在客观上采取保密措施，保证商业秘密和国家秘密不被他人所获悉。会计人员要做到保密守信，就要注意不在工作岗位以外的场所谈论、评价企业的经营状况和财务数据。此外，在日常生活中会计人员也应保持必要的警惕，防止无意泄密。俗话说：说者无意，听者有心。人们在日常交流中经常会对熟知的事情脱口而出，而没有想到后果。为了防止这种情况的发生，会计人员要了解自己所知的信息中哪些是商业秘密，哪些是无关紧要的事项，以防止无意泄密的情况发生，而且要抵制住各种各样的利益诱惑，绝对不能用商业秘密作为谋利的手段。

4. 职业谨慎，信誉至上

注册会计师在执业过程中要保持应有的谨慎，根据自己的能力承担委托业务，不能为个人私利接受违背职业道德的附加条件，迎合客户的不正当要求，而要严格按照独立审计准则和职业规范、程序实施审计，对审计过程中发现的违法违规事项要按照规定在审计报告中予以充分反映，维护个人声誉和职业信誉，保护社会公众的合法利益。

三、廉洁自律

（一）廉洁自律的含义

“不受曰廉，不污曰洁”，不收受贿赂、不贪污钱财，就是廉洁。自律是指行为主体能够自我约束、自我规范。由于会计职业是直接与钱财物打交道的职业，具有职业特殊性，因此廉洁自律对会计职业而言具有特定含义。廉洁自律是会计职业道德的内在要求，是会计人员的行为准则。自律的核心是自觉抵制内心不良欲望。廉洁要求会计人员经得起各种诱惑，坚守道德底线。自律有两层含义：一是行业自律；二是人员自律，即会计人员的自我约束。廉洁是自律的基础，而自律是廉洁的保证。

（二）廉洁自律的基本要求

1. 树立正确的人生观和价值观

正确的人生观和价值观是廉洁自律的思想基础。人生观是指人们对人生的目的和意义的根本看法与态度。价值观是指人们对价值的根本观点和看法，是世界观的一个重要组成部分。有什么样的人生观和价值观就有什么样的言语和行动。会计人员必须加强自身世界观的改造，树立科学正确的人生观和价值观，加强道德修养，自觉抵制享乐主义、拜金主义、个人主义等错误的思想，绝不能以权谋私。

2. 公私分明，不贪不占

公私分明，是指严格划分公私界限，公是公，私是私；不贪不占就是会计人员不贪、不占、不收礼、不同流合污。会计人员需要同钱财物打交道，要做到“常在河边走，就是不湿鞋”，不属于自己的，分毫不占，属于自己的，合法占有。会计人员要正确认识自己手中的管理权，不仅要做到自律，还要做到绝不让任何其他人浪费、侵吞单位财产。

四、客观公正

（一）客观公正的含义

客观是指按照事物的本来面目去认识和反映事物，不夸张、不缩小。对于会计职业和会计工作而言，客观主要包括两层含义：一是真实性，就是以实际发生的经济活动为依据，对会计事项进行确认、计量、记录和报告；二是可靠性，就是指会计核算要准确，记录要可靠，凭证要合法。公平就是公平正直，不偏不倚，不掺杂个人的主观意愿，也不为他人的意见所左右。对于会计职业和会计工作而言，公正主要包括：一是国家的会计准则、制度要公正；二是执行会计准则、制度的人要公正；三是注册会计师在进行审计鉴证业务时要以超然独立的姿态，进行公平公正的判断和评价，出具客观、适当的审计意见。客观是公正的基础，公正是客观的反映。客观公正要求会计人员对会计业务的处理，对会计政策和会计方法的选择，以及对财务会计报告的编制、披露和评价必须独立进行职业判断，做到客观、公正、理智和诚实；它是会计工作和会计人员追求的目标，也是会计工作人员的一种工作态度。

（二）客观公正的基本要求

1. 依法办事

依法办事，认真遵循法律法规和国家统一的会计制度，是会计工作保证客观公正的前提。会计人员具备端正的态度和专业知识技能是不够的，还必须依据《中华人民共和国会计法》《企业会计准则》《企业会计制度》等法律、法规和制度的规定进行会计业务处理。注册会计师开展独立审计时，必须依据《会计法》《注册会计师法》《中国注册会计师独立审计准则》等法律法规的规定开展工作。总之，会计人员在工作过程中必须熟练掌握和严格遵守各种法律、法规、准则和制度，依照法律规定进行核算，才能做出客观的会计职业判断。会计人员要做到客观公正，就要坚持原则、不畏权势，不因关系亲疏而异，坚持法不容情的原则。

2. 实事求是，不偏不倚

客观公正贯穿于会计活动的整个过程。一是会计核算过程的客观公正，即会计工作人员在具体进行职业判断或进行业务处理时，应保持客观公正的态度，实事求是、不偏不倚，既不违背事实，也不夸大或者缩小事实，不能为了个人或者小团体的利益而损害国家利益。二是最终结果的公正，即会计人员对经济业务的处理结果是公正的。例如，某人因公出差丢失了报销用的车票，业务处理时，如果仅仅因为无报销凭证就不报销，就有违结果公正的要求；而如果随意报销，也有违业务操作过程的客观公正的要求。只有要求出差人员办理合法合理的证明手续后才能报销，这才是会计核算过程的客观公正和最终结果客观公正的有机统一。这两者缺一不可，没有客观公正的会计核算过程作为前提，结果的客观公正性就难以保证；没有客观公正的结果，业务操作过程的客观公正就失去了意义。

3. 保持独立性

独立性既包括形式上的独立，也包括实质上的独立。实质上的独立也称精神上的独立，指会计人员执行业务时应当不受个人或者外界因素的约束、影响和干扰，保持客观无私的精神和意志。它包括：一是会计核算环节的独立性，即会计人员在进行凭证、账簿、报表处理的过程中，是按照会计准则进行的，不受控制和干扰；二是会计监督环节的独立性，即对凭证受理、审核、钱财物的监管等，是按照会计法规独立操作的，不受控制和干扰。形式上的独立，即会计人员表现出适时的独立身份。形式上的独立包括：一是财务利益上的独立；二是回避亲属关系；

三是不相容职务互相分离，如出纳和会计岗位不能由同一人担任；四是部门独立。独立是客观公正的基础，也是注册会计师行业存在和发展的基础。注册会计师保持独立性应该做到：一是回避可能影响独立性的审计事项，实现形式上的独立，注册会计师必须与被审计单位没有特殊利益关系；二是恪守职业道德，保持实质上的独立。形式上的独立是实质上独立的必要条件，形式上不独立，就不能保证实质上独立，而形式上独立也不一定能够保证实质上独立。注册会计师更重要的是保持实质上的独立。实质上独立就是要求注册会计师能在审计过程中始终保持不偏不倚的态度。注册会计师应当遵循职业道德，一方面要避免形式上不独立带来的实质上不独立，另一方面还要避免因为职业道德的丧失而引起独立性实质上的丧失。

五、坚持准则

（一）坚持准则的含义

准则，指会计人员进行会计工作的标准和依据，包括会计法律法规、会计准则、国家统一的会计制度以及和会计工作相关的法律制度。会计法律是指《会计法》《注册会计师法》；会计行政法规是指由国务院颁布的《企业财务会计报告条例》《总会计师条例》，以及经国务院批准、财政部颁布的《企业会计准则》；国家统一的会计制度是指由国务院财政部门根据《会计法》制定的关于会计核算、会计监督、会计机构和会计人员以及会计管理的制度，包括规章和规范性文件，如《财政部门实施会计监督办法》《企业会计制度》《会计基础工作规范》《会计从业资格管理办法》等。与会计工作相关的法律制度是指金融证券、税收等法律制度，如《票据法》《个人所得税法》等。坚持准则，要求会计人员在处理业务过程中，严格按照会计法律制度办事，不为主观或他人意志左右，以会计准则为自己的行动指南，以会计法律法规为准绳，正确处理国家、集体和个人三者之间的利益关系，把好财务收支合法性、合理性的关口，依法理财。同时，要以会计准则作为与违纪违法现象作斗争的有力武器，通过树立会计准则的权威性来维护会计行业的信誉和会计人员的地位，确保经济活动的正常进行。

（二）坚持准则的基本要求

1. 熟悉准则

熟悉准则是指会计人员应了解和掌握《会计法》和国家统一的会计制度及与会计相关的法律制度，这是遵循准则、坚持准则的前提。市场经济是法治经济，市场经济条件下的政府、企业和单位是在法律法规的约束下进行经济活动的。会计工作不单单是进行记账、算账和报账，在记账、算账和报账的过程中会时时、事事、处处涉及政策界限、利益关系的处理，需要遵循准则、执行准则和坚持准则。只有熟悉准则，才能按照准则办事，才能遵纪守法，才能保证会计信息的真实性和完整性。会计人员不仅要熟练掌握、正确领会会计法律法规、会计准则、会计制度，而且应根据自己的实际需要，了解和熟悉与会计法律相关的经济法律制度，如税收、金融、证券、票据、合同等法律制度。此外，还要熟悉本部门、本单位内部制定的管理制度，如内部控制制度、财务管理制度等。只有熟悉准则，才有可能提高会计人员的守法能力，这是做好会计工作的前提。

2. 遵循准则

遵循准则就是执行准则。准则是会计人员开展会计工作的外在标准和参照物。会计人员不仅自己要自觉地严格遵循各项准则，自律在先，同时也要敢于要求他人遵循准则，保证单位具体的经济业务事项和经济行为符合会计法律和国家统一的会计制度，避免违法违纪行为的发生。会计人员更要及时学习和掌握准则的最新变化，了解本部门、本单位的实际情况，对实际经济生活中出现的新情况、新问题以及准则未涉及的经济业务或事项，能够运用所掌握的会计专业理论和技能，做出客观的职业判断，准确地理解和执行准则。

3. 坚持准则

在企业的经营活动中，当国家利益、集体利益与单位、部门以及个人利益发生冲突时，会计人员要以国家法律法规、制度准则为准绳。坚持准则，是会计信息能否保持真实性和完整性的重要条件。为了切实维护会计人员的合法权益，《会计法》强化了单位负责人对本单位会计工作和会计资料真实、完整的责任，改善了会计人员的执法环境。《会计法》规定：会计人员必须按照国家统一的会计制度的规定对原始凭证进行审核，对不真实、不合法的原始凭证有权不予接受，并向单位负责人报告；对记载不正确、不完整的原始凭证予以退回，并要求按照国家统一会计制度的规定更正。会计人员对违反《会计法》和国家统一的会计制度规定的会计事项，有权拒绝办理或者按照职权予以纠正。会计人员应认真执行国家统一的会计制度，依法履行会计监督职责，发生道德冲突时，应坚持准则，对法律负责，对国家和社会公众负责，敢于同违反会计法律法规和财务制度的现象作斗争。

六、提高技能

（一）提高技能的含义

提高技能，就是会计人员通过学习、培训和实践等途径，持续提高会计职业技能，以达到和维持足够的专业胜任能力的活动。会计工作是一项专业性和技术性很强的工作，从业人员必须具备一定的会计专业知识和技能，才能胜任会计工作。职业技能，又称职业能力，是会计人员进行职业活动、承担职业责任的能力和手段；就会计职业而言，它包括会计理论水平、会计实务能力、职业判断能力、自动更新知识能力、提供会计信息的能力、沟通交流能力以及职业经验等。会计工作质量的好坏，一方面受到会计人员职业技能水平的影响，另一方面也受到会计人员道德品行的影响。会计人员的道德品行是会计职业道德的根本和核心，会计人员只有通过不断学习、培训和实践，持续提高职业技能，才能一直保持足够的专业胜任能力，保证会计人员的职业道德水平。

（二）提高技能的基本要求

1. 要有不断提高会计专业技能的意识和愿望

会计人员要适应时代发展的步伐，要有危机感、紧迫感，要有不断提高专业技能的愿望和要求，要不断进取，主动地求知、求学、勤学苦练、精益求精。经济越发展，会计越重要，同时对会计的要求也越来越高，会计人才的竞争也越来越激烈。会计人员要想生存和发展，就必须时刻保持紧迫感和危机意识，树立强烈的求知欲望和提高技能的意识，使自己的知识不断得到更新，才能保持持续的专业胜任能力、职业判断能力和交流沟通能力，提高会计专业技能，使自己立于不败之地。

2. 要有勤学苦练的精神和科学的学习方法

经济发展、社会进步同会计理论创新、新会计分支的出现是紧密联系的，如衍生金融工具会计、知识产权会计等，会计人员必须不断地学习和探索新的会计理论和新的准则制度，“活到老，学到老”，不断提高自己的业务水平、理论水平、操作技能和职业判断能力，适应不断变化的新形势和新情况。会计是一门兼具理论性和实践操作性的学科，如何将学到的专业技术理论转换为技能技巧，关键在于理论联系实际；同时，要掌握科学的学习方法，必须积极参加社会实践活动，在实践中锤炼提高职业技能。

七、参与管理

(一)参与管理的含义

参与管理,就是指间接参加管理活动,为管理者当参谋,为管理活动服务。会计工作的本质是一种管理活动,它以商品价值运动为管理对象,以货币计量为主要形式,以核算、监督为基本职能,通过收集、处理和利用经济信息,对经济运行过程进行组织、调节和指导工作,促进人们权衡利弊,比较得失,讲求经济效益。会计人员在管理活动中扮演着参谋员的角色,并不直接从事管理活动,只是间接参与管理活动,为管理活动服务。会计人员在做好本职工作的同时,要积极主动地向上级领导反映本单位的财务、经营活动情况和存在的问题,提出合理化建议,积极参与市场调研和预测,参与决策方案的制定、执行和监督,为领导决策当好参谋和助手。

(二)参与管理的基本要求

1. 钻研业务,熟悉财经法规和相关制度,提高业务技能

娴熟的业务和精湛的技能是会计人员参与管理的前提。首先,会计人员要熟悉并深刻领会财经法律、法规、规章和国家统一的会计制度,掌握会计基本理论、基本方法、基本技能,做好会计核算等各项基础性工作,确保会计信息的真实性和完整性;其次,要充分利用掌握的会计信息去分析单位的管理,找出问题的薄弱环节,为单位管理决策提供专业支持。

2. 熟悉服务对象的经营活动和业务流程

会计人员应当熟悉本单位的生产经营、业务流程和管理情况,掌握单位的生产经营能力、技术设备条件、产品市场及资源状况等情况,结合财会工作的综合信息优势,积极参与预测。根据预测情况,运用专门的财务会计方法,从生产、销售、成本、利润等方面有针对性地拟订可行性方案,参与优化决策。对计划、预算的执行,要充分利用会计工作的优势,积极协助,参与监控,为改善单位内部管理、提高经济效益服务。

八、强化服务

(一)强化服务的含义

强化服务,就是要求会计人员具有文明的服务态度、强烈的服务意识和优良的服务质量,努力维护和提升会计职业的良好社会形象。强化服务的关键是提高会计人员的服务质量、服务效果和服务水平。

(二)强化服务的基本要求

1. 强化服务意识

会计职业既为经济主体服务,客观真实地记录经济活动,为管理者提供管理服务;也为社会公众服务,真实、客观和公正地为社会信息使用者提供会计信息。因此,会计人员要树立强烈的服务意识,摆正服务的位置,管好钱和账,更好地参与管理,不断提高会计职业的声誉。

2. 提高服务质量

要求会计人员提高服务质量,并不是要会计人员无原则地满足服务主体的需要,而是在坚持原则和坚持会计准则的基础上尽量满足用户或者服务主体的需要。服务不仅要文明,还要讲质量,更要不断创新,利用会计数据、会计信息,满足不同对象的需要。不同的会计岗位,掌握的会计信息不同,服务的对象也不尽相同,这就需要广大会计人员充分运用会计理论、会计方法、会计数据,为单位决策层、政府部门、投资人、债权人以及社会公众提供真实、可靠、相关的会计信息,积极主动地当好领导的财经参谋,提供优质科学的经营决策方案。

第三节　会计职业道德教育与修养

人的道德品质并不是先天就存在的，要靠自我修养和督促教育相结合而生成。会计职业道德教育是一种教育性道德影响活动，它通过一定的教育方式和方法，把会计职业道德观念灌输到会计人员的头脑中，逐渐培养其职业道德情感。会计职业道德修养靠自我教育、自我修养、自我提高形成，它将职业道德原则和规范逐步转化为会计人员的内在品质，将职业实践中对职业道德的意识情感和信念上升为职业道德习惯，使其贯穿于职业活动的始终。

一、会计职业道德教育形式、内容与途径

(一)会计职业道德教育形式

会计职业道德教育是为了促进会计人员正确履行会计职能，而对其施行有目的、有计划、有组织、有系统的道德教育活动。会计职业道德教育主要包括接受教育和自我教育两种形式。

1. 接受教育

接受教育是一种外在教育，即通过学校或培训单位对会计人员进行以职业责任、职业义务为内容的正面灌输，以规范其职业行为，维护国家和社会公众利益的教育。接受教育具有导向作用，对职业道德教育的组织而言，接受教育是一种主动开展的正面教育和灌输活动；而对会计人员来说则是被动学习、被动接受教育。

2. 自我教育

自我教育是相对于接受教育而言的，是会计人员的一种自我学习、提高自身道德修养的行为活动。接受教育是外在教育，自我教育是内在教育。把外在的会计职业道德的内容要求，逐步转变为会计人员内在的会计职业道德认识、会计职业道德情感、会计职业道德意志和会计职业道德信念，要通过内在的自我教育才能实现。要大力提倡和引导会计人员进行自我教育，在社会实践中不断地加强职业道德修养，养成良好的道德行为习惯，从而实现道德境界的升华。

(二)会计职业道德教育内容

会计职业道德的主要任务是帮助和引导会计人员培养会计职业道德情感，树立会计职业道德信念，遵守会计职业道德规范，使会计人员懂得什么可以为、什么不能为、什么必须为和什么必须不为。会计职业道德教育的内容包括以下三个方面：

1. 职业道德观念教育

会计职业道德观念教育是会计职业道德教育的基础，主要是普及会计职业道德基础知识，使广大会计人员在思想上牢固树立会计职业道德观念，懂得什么是会计职业道德，懂得违反会计职业道德将受到的惩戒和处罚，它对社会经济秩序、会计信息质量都有重大的影响。要利用广播电视、报纸杂志等多种媒介，把会计职业道德教育同社会教育、学校教育、家庭教育相结合，使会计职业道德知识深入人心，表彰坚持原则、德才兼备的会计人员，鞭笞违法违纪的会计行为，形成遵守职业道德光荣、违反职业道德可耻的社会氛围。

2. 会计职业道德规范教育

职业道德规范教育是指对会计人员开展以会计职业道德规范为核心内容的教育，使广大会计人员了解并掌握爱岗敬业、诚实守信、廉洁自律、客观公正、坚持准则、提高技能、参与管理

和强化服务八方面的内容，并在自己的会计职业活动中，时刻以会计职业道德来规范自己的行为，检验自己在职业实践中的一言一行，树立起正确的会计职业道德观。

3. 职业道德警示教育

职业道德警示教育是通过开展对违反会计职业行为的典型案例进行讨论和剖析，从中得到启发和警示，从而增强法律意识、会计职业道德观念和辨别是非的能力。

(三)会计职业道德教育途径

1. 岗前职业道德教育

(1)会计学历教育的职业道德教育。《公民道德建设实施纲要》中指出:“学校是进行系统道德教育的重要阵地。各级各类学校必须认真贯彻党的教育方针，全面推进素质教育。”在我国，大专院校是培养各类专门人才的基地，其会计类专业就读的学生，是会计队伍的预备人员，他们当中大部分将走入会计队伍，从事会计工作。会计学历教育阶段是他们的会计职业情感、道德观念和是非善恶判断标准初步形成的时期，因此，会计专业类大专院校是会计职业道德教育的重要阵地，是会计人员岗前道德教育的主要场所，在会计职业道德教育中具有基础性地位。为保证进入会计队伍的新鲜血液具有良好的职业道德观念，会计职业道德教育必须从会计学历教育抓起。

(2)获取会计专业能力的职业道德教育。根据 2017 年 11 月修改后的《会计法》第三十八条，“会计人员应当具备从事会计工作所需要的专业能力”。想要从事会计工作的人员必须具有一定的专业胜任能力。对从事会计职业的人员在进入会计职业前进行职业道德教育，可以使他们熟悉并认知会计职业道德规范，形成良好的道德品质，以指引和约束自身行为。2019 年 1 月 1 日开始施行的《会计人员管理办法》(以下简称《管理办法》)中也明确了会计人员的范围和专业能力，强化会计人员的管理工作。因此，对于相关财经法规的学习，职业道德教育是必不可少的。

2. 岗位职业道德继续教育

岗位职业道德继续教育是对已从业的会计人员进行的继续教育。继续教育是强化会计职业道德教育的有效形式。我国《会计法》规定，“会计人员应当遵守职业道德，提高业务素质”，“对会计人员的教育和培训工作应当加强”。财政部印发的《会计人员继续教育规定》规定了有关会计人员继续教育的任务、内容、方式、时间、组织管理和实施要求等。中国注册会计师协会也印发了《中国注册会计师继续教育制度》。这些规定为会计人员继续教育创造了条件。会计职业道德教育贯穿于整个会计人员继续教育的始终。就现阶段而言，会计人员继续教育中的会计职业道德教育目标是适应新的市场经济形势的发展变化，在不断更新、补充、拓展会计人员业务能力的同时，使其政治素质、职业道德水平不断提高。通过会计人员继续教育，持续不断地对会计从业人员进行会计职业道德观念的灌输，帮助会计人员正确把握会计职业将遇到的道德冲突的各种情形及其解决途径，增强广大会计人员遵守会计职业道德的自觉性。继续教育是终身教育，通过会计诚信教育与继续教育的结合，引导会计人员不断培养职业情感，让会计诚信成为会计人员的自觉行动。

二、会计职业道德修养的含义、环节和方法

(一)会计职业道德修养的含义

会计职业道德修养是指人们依照职业道德原则进行的自我教育、自我改造、自我锻炼和自我提高的活动。会计职业道德品质的形成过程，最终是在会计人员自我修养中得到升华。职

业道德规范和职业道德教育都表现为客观的、外在的、强制性的道德要求,它往往以政府行政监管、行业自律性监管和社会舆论监督作为后盾,体现的是道德作用的他律性。这种他律教育灌输是职业道德形成的不可逾越的首要阶段。但是,教育他律并不必然使这种外在要求转化为从业人员的内在要求,它应该要向以职业良心为特征的自律型职业道德发展。职业良心是对职业责任的自觉意识,是认识和情感、意志和信念的统一,在从业人员的行为过程中起主导作用。实施这种转换的途径,就是开展会计人员的职业道德修养。职业道德修养的最终目的,在于把职业道德原则和规范逐步转化为自己的职业道德品质,从而将职业实践中对职业道德的意识情感和信念上升为职业道德习惯,使其贯穿于职业活动的始终。职业道德习惯是一个人职业道德高度自觉性的表现,是职业道德教育所达到的最高成就。

(二)会计职业道德修养的环节

1. 形成正确的会计职业道德认知

会计职业道德认知是指对会计职业道德行为、准则及意义的理解和掌握。它包括:第一,使人们掌握会计职业道德的概念和规范,了解职业道德的有关知识,掌握会计职业道德的要求;第二,对会计职业道德评价,即运用已知的职业道德知识对已发生的会计职业行为作出是非对错等道德评价。

2. 培养高尚的会计职业道德情感

会计职业道德情感是指会计人员在职业生活中对职业行为进行善恶评判所引起的内心体验,比如职业义务感、责任感、正义感、荣誉感和自尊心等。高尚的会计职业道德情感是完善会计人员精神世界的必要因素,它来自长期的工作实践,要通过不间断的职业道德陶冶和修养逐渐形成。

3. 树立坚定的会计职业道德信念

会计职业道德信念是会计人员对会计职业道德义务具有的坚定信心和强烈的道德责任感,是深刻的会计职业道德认知,具有综合性、稳定性和持久性的特点。它形成于自我教育与修养过程中,会计人员应正确而充分地认识会计职业道德义务并坚持不懈地付诸实践。会计人员一旦树立起坚定的会计职业道德信念,就能坚持正义的行为,取得好的社会效果。

4. 养成良好的会计职业习惯

会计职业道德行为是指会计人员在会计职业道德规范的调解下所采取的行为,当这些行为不断反复,就会形成职业习惯。职业习惯是一种不需要监督的自觉行为,但它不是自发形成的,需要通过职业道德修养才能养成。所以,会计人员要注意培养自己良好的职业习惯。

(三)会计职业道德修养的方法

1. 不断进行“内省”

内省就是指内心的自我审查和自我批评。古人云:“吾日三省吾身”,就是内省的修养法则。会计工作细致、复杂、涉及面广,需要经常和钱财物打交道,因此,在会计职业道德修养方法上,尤应提倡内省。会计人员在处理每一笔业务时,对是否符合国家政策,是否有利于生产经营,是否勤俭节约,是否真实准确等,都需要进行自我反省。这样,日积月累,优点得到发扬,缺点逐步克服,才会养成细致的工作作风、良好的职业习惯,同时,也会不断增强职业责任感。

2. 提倡“慎独”

提倡慎独,就是要求会计人员自我约束、自我监督,不论在何种情况下,都坚持自己的道德信念,严格要求自己,自律谨慎,即使存在不利因素,也应该按照职业道德要求去办,依据一定的道德原则行事。

3. 虚心向先进人物学习

因为会计职业道德在先进会计工作者身上得到了较为完善的体现，榜样的力量是无穷的，他们具有强大的示范带动作用，特别是对树立良好的职业道德风尚、陶冶优良的职业道德品质，具有“熔炉”般的巨大作用。向先进人物学习，首先，要熟悉了解他们的动人事迹和美好形象，从感情上受到感染、引起共鸣，激发起向他们学习的决心和力量；其次，要以他们的言行为镜子，见贤思齐，激励自己向更高的思想境界攀登；最后，要把学习先进人物的事迹落实到自己的具体行动中，树立起新时期会计工作者的良好形象。

第四节 会计职业道德检查与奖惩

一、会计职业道德检查与奖惩概述

道德规范主要是依靠传统习俗、社会舆论和内心信念来维持，其落实和实施往往需要政府部门的行政监管、职业团体自律性监管、企事业单位内部纪律和社会舆论监督作为后盾，这样才能充分发挥出道德规范潜在的裁判和激励效应。因此，会计职业道德的建设不能仅依靠道德进行“软约束”，还应该强调会计职业道德的他律机制，通过对会计行为的检查，综合利用奖惩机制来引导会计人员的行为，以更好地发挥会计职业道德的效用。应在建立会计职业道德规范和加强会计职业道德教育的基础上，强化对会计人员职业道德规范遵循情况的检查，并根据检查的结果进行相应的表彰和惩罚，建立起会计职业道德的奖罚机制。

奖惩的主要功能在于对人的行为加以控制和引导。以奖惩机制调整、控制人的行为就是利用对个人行为选择具有客观决定意义的社会资源来引导个人行为的选择，通过社会性的干预来改变各种可能的行为对个人的意义，从而使行为主体选择社会道德所赞同和接受的行为，放弃、修正为社会道德所反对和禁止的行为。奖惩机制的运用方式是：对遵守道德规范者，奖给他们所渴望获得的、对满足自身需要有重大意义的东西；对违反道德规范者，剥夺他们不愿失去的、能满足他们自身需要的东西。不同行为得到不同的实际效果，这对于行为的导向作用是巨大的。正因为人们愿意选择最能满足自身需要的行为，这就使得利用奖惩机制，控制和引导人的行为的走向成为可能。因此，在建立会计职业道德体系时，不能仅仅依靠人们的觉悟、境界，还必须建立相应的奖惩机制，使会计人员认识到丧失道德的成本大于获得的收益，从而使其出于利害关系考虑，为获得奖赏，或为避免受到惩罚而不得不遵循道德原则和规范。这是道德规范付诸实施的必要方式，也是促进道德力量发挥作用的必要手段。开展会计职业道德检查与奖惩，对督促会计人员遵循职业道德规范和净化社会环境具有重大的现实意义。同时，将会计职业道德奖惩与会计职业道德教育相结合，有益于会计人员自觉提高自身的职业道德修养。

二、财政部门的监督检查

（一）《中华人民共和国会计法》执法检查与会计职业道德检查相结合

财政部门是《中华人民共和国会计法》规定的会计行业的主管部门和执法主体，可以依法对社会各单位执行法律制度情况及会计信息质量进行不同形式的检查或者抽查。通过检查，可以督促各单位严格执行会计法律法规，同时也可以监督会计人员遵守会计职业道德规范。

对检查出的违法违规行为，《中华人民共和国会计法》等法律法规中做出了详细的处理规定。对违反会计职业道德要求的行为，相关会计人员必须受到相应的道德制裁，比如在行业内部的公开刊物曝光，接受一定学时的继续教育等。

（二）会计人员管理与会计职业道德检查相结合

会计从业资格证书被取消后，并不意味着财政部取消了会计行业的门槛。《会计基础工作规范》第十条规定，各单位应当根据会计业务需要，配备持有会计证的会计人员。未取得会计证的人员，不得从事会计工作。2019 年 1 月 1 日开始实施的《会计人员管理办法》，要求会计人员从事会计工作，应当遵守《中华人民共和国会计法》和国家统一的会计制度等法律法规；具备良好的职业道德。单位应当对任用（聘用）的会计人员及其从业行为加强监督和管理。依法成立的会计人员自律组织，应当依据有关法律法规和其章程规定，指导督促会计人员依法从事会计工作，对违反有关法律法规、会计职业道德和其章程的会计人员进行惩戒。将会计人员管理与会计职业道德检查相结合，有利于强化对会计人员行为的约束，督促会计人员遵守会计职业道德。

（三）会计专业技术资格考评、聘用与会计职业道德检查相结合

我国会计专业技术资格分为高级会计师、会计师、助理会计师和会计员，其中，会计员、助理会计师为初级资格，会计师为中级资格，高级会计师为高级资格。根据财政部、人事部联合印发的《会计专业技术资格考试暂行规定》及其实施办法，报考初级资格、中级资格的人员，应“坚持原则，具备良好的职业道德品质”等，会计专业技术资格考试管理机构在组织报名时，应对参加报名的会计人员的职业道德情况进行检查，对有不遵循会计职业道德记录的，应取消其报名资格。由于高级会计师通常处于一个较高的管理层次，他们的工作职责是对一个行业、一个大中型企业的财务会计工作进行管理，因此高级会计师必须具备较高的素质。高级会计师资格的取得采取考试和评审相结合的方式。考试就是对会计人员胜任能力这一道德的具体要求。评审工作则是由各省市财政部门制定具体的评审标准，并负责组织高级会计师评审委员会进行测试。虽然各省市规定的高级会计师评审标准的具体条款有所不同，但基本上是从德、能、勤、绩、廉等各方面全方位进行考察，而不是仅仅关注学历条件、工作绩效及专业水平，会计职业道德也是高级会计师资格测试评审的一项重要内容。只有“德才兼备”的人，才能成为一名合格的高级会计师。

三、会计行业组织的自律管理与约束

会计行业自律是一个群体含义，是会计行业组织对整个会计职业的会计行为进行自我约束和自我控制。在经济生活中，经常发生没有违法违纪但是却违反会计职业道德规范的行为，比如，会计人员对新颁布的会计准则和会计制度置之不理，缺乏必要的专业胜任能力等。在会计行业组织比较健全的情况下，可以由会计职业团体通过自律性监管，对发现违反会计职业道德规范的行为，视其情节轻重采取通报批评、罚款、支付费用、取消其会计资格、警告、退回收取的费用和参加后续教育等方式进行相应的惩罚。

在我国，注册会计师协会作为注册会计师行业自律组织，先后发布了《中国注册会计师职业道德准则》《中国注册会计师职业道德规范指导意见》等，提出了行业诚信建设七个方面的任务：大力加强职业道德和专业素质教育，提升执业人员的职业道德水平和专业胜任能力；强化行业制度建设，提升行业专业服务的独立性；研究和完善执业机构的组织形式和内部运行机制，构造行业发展的微观基础；强化行业自律性监管体系，加强执业质量的监督检查；加强协会建设，提高协会服务水平；积极营造有利于行业诚信建设的社会氛围；大力培育行业诚信文化。

同时，还研究建立调查委员会、技术鉴定委员会、惩戒委员会等行业自律性决策组织，对违反执业规则和职业道德规范的注册会计师，依照行规行约进行道德谴责和惩戒；关注接任前任注册会计师的审计业务以及同行诋毁、恶性压价等不正当竞争行为，对有关当事人或者执业机构采取谈话提醒制度，对其面临的审计风险及时作出警示和指导，并且将有关执业机构或执业人员的不良记录记入诚信档案，逐步使行业自律和惩戒规范化、制度化。我国注册会计师协会为提高我国注册会计师职业道德水平做出了积极努力。

四、会计职业道德激励机制

《中华人民共和国会计法》第六条规定："对认真执行本法，忠于职守，坚持原则，做出显著成绩的会计人员给予精神的或者物质的奖励 。"对于符合会计职业道德规范的行为予以奖赏、表彰，可以使受奖者感到对遵守道德规范的回报和社会的肯定，从而促使其强化道德行为；又可以使受奖者周围的人得到鞭策和鼓励，使他们学有榜样、赶有目标，形成学、赶、帮、超的良好氛围。同时，我们还应看到，奖赏是积极的，是对一个人的肯定，它利用人的上进心，调动人的荣誉感，使其遵纪守法、尽职尽责，并发挥内在的潜能。因此，对于那些自觉遵守会计职业道德规范的优秀会计人员，应当通过建立激励机制，给予精神的或物质的奖励。

五、违反会计职业道德的惩罚

《会计基础工作规范》第二十四条规定："财政部门、业务主管部门和各单位应当定期检查会计人员遵守职业道德的情况，并作为会计人员晋升、晋级、聘任专业职务、表彰奖励的重要考核依据。会计人员违反职业道德的，由所在单位进行处罚；情节严重的，由会计发证机关吊销其会计证。"这是对违反会计职业道德的会计人员进行处罚的规定。即会计人员违反会计职业道德的，由其所在单位进行相应的处罚，但情节严重的，由财政部门吊销其会计证，剥夺其从事会计职业的资格。

第五节　会计职业道德建设

会计职业道德建设是一项复杂的系统工程，需要各方面通力合作、齐抓共管。会计职业道德的建设途径，应当实行自我修养与外部监督相结合，宣传教育与检查惩戒相结合，行业自律与舆论监督、政府监管相结合，以德规范会计职业与依法监管会计职业相结合。加强会计职业道德建设的关键在于加强和改善会计职业道德建设的组织和领导，并切实贯彻和实施。

一、财政部门的组织推动

（一）采用多种形式开展会计职业道德宣传教育

会计职业道德建设是会计管理工作的重要组成部分，具有紧迫性、艰巨性和长期性。财政部门作为会计工作的主管部门，应当将会计职业道德建设列入财政部门管理会计工作的重要议事日程。要实事求是，因地制宜，常抓不懈，不断创新会计职业道德建设的有效实现形式，加大宣传力度，制定切实可行的宣传方案，采取灵活多样的宣传形式，比如举办演讲、论坛、竞赛、有奖征文等活动，积极发挥思想文化阵地在职业道德建设中的作用，牢牢把握正确的理论宣传导向，唱响主旋律，弘扬正气，营造会计职业道德建设的良好氛围。

（二）会计职业道德建设与会计人员信息登记管理、会计专业技术资格考评和聘用相结合

会计人员是维护社会主义市场经济秩序的重要力量。深化会计人员职称制度改革，完善符合会计工作职业特点的评价机制，对于提高会计人员专业能力，加强会计人员队伍建设，更好地服务经济高质量发展具有重要意义。信息采集实行属地化原则，在岗在职会计人员在工作所在地进行信息采集，在校学生在其学籍所在地进行信息采集，其他人员在户籍所在地或居住地进行信息采集。为了贯彻落实财政部《会计人员管理办法》以及财政部《关于加强会计人员诚信建设的指导意见》，各省财政厅积极响应，推出会计人员信息管理平台，更好地服务会计专业技术资格考试、高级（正高级）会计师评审、继续教育学习、会计类培训报名、会计人才选拔等工作。

《会计基础工作规范》第二十四条规定："财政部门、业务主管部门和各单位应当定期检查会计人员遵守职业道德的情况，并作为会计人员晋升、晋级、聘任专业职务、表彰奖励的重要考核依据。会计人员违反职业道德的，由所在单位进行处罚；情节严重的，由会计证发证机关吊销其会计证。"因此，将会计资格证书注册登记制度与会计职业道德建设结合起来，有利于强化对会计人员行为的约束，强制引导会计人员遵守会计职业道德。如果会计人员不遵守会计职业道德，不按照要求完成规定的继续教育，不遵守财经法规，情节严重的，还将由财政部门依法吊销其会计资格证书。

考试管理机构在组织报名时，应对参加报名的会计人员职业道德情况进行检查，对有不遵守会计职业道德记录的，应取消其报名资格。各单位在聘用会计人员时，除考察其专业胜任能力之外，更应将遵守职业道德情况作为一项重要的考核内容。将会计职业道德奖惩与会计专业技术资格的考核聘用相结合，必将使广大会计人员更加重视自己的职业道德形象，在日常学习工作中不断提高自身的职业道德形象。

（三）会计职业道德建设与会计执法检查相结合

财政部门作为《会计法》的执法主体，可以依法对社会各单位执行《会计法》及国家统一的会计制度的情况进行检查或者抽查。检查既包括各单位执行会计法律法规的情况，也包括会计人员遵守职业道德的情况。在检查中发现的会计人员违反《会计法》的行为，同时也一定是违反会计职业道德的行为，会计人员不仅要承担《会计法》所规定的法律责任，受到相关的行政处罚或刑事处罚，同时还必须接受相应的道德制裁，比如暂停会计从业资格、在会计行业内通报批评等。道德惩罚和法律惩罚是并行不悖、不可替代的，应当并举。

（四）会计职业道德建设与会计人员表彰奖励制度相结合

我国会计人员表彰制度早在1963年就已建立。目前会计人员表彰主要包括会计人员荣誉证书制度和先进会计工作者评选表彰制度等。1963年1月，国务院颁布了《会计人员职权试行条例》，确立了会计人员奖惩制度，规定"凡是工作积极负责，奉公守法，厉行节约，保护国家财产，如实反映情况，完成任务有显著成绩的，给予表扬或奖励"。1985年1月，新中国第一部《会计法》规定："对认真执行本法，忠于职守，坚持原则，做出显著成绩的会计人员，给予精神的或者物质的奖励。"1988年6月，财政部印发《颁发会计人员荣誉证书试行规定》，为在全民所有制企业、事业单位、国家机关、军队、社会团体、县以上集体所有制企业、事业单位，以及中外合资、合作和外资经营企业从事财务会计工作满30年的会计人员颁发"会计人员荣誉证书"。这一措施有利于稳定会计队伍，调动并充分发挥会计人员的积极性。为了鼓励会计人员热爱和做好本职工作，增强会计人员的职业荣誉感，表彰他们献身会计事业，为社会主义建设所作的贡献，财政部先后于1990年、1995年、2005年、2008年组织了全国先进财会工作集体

(1990年和1995年组织了两次)和先进会计工作者表彰活动,共评选出全国先进会计工作者995名。对先进集体授予"全国先进财会工作集体"荣誉称号,颁发奖牌;对先进个人授予"全国先进会计工作者"荣誉称号,颁发奖章和证书。从我国会计人员表彰制度的形成和发展看,始终突出对会计职业道德的弘扬。可以说,受到表彰的会计人员都有很高的职业道德素养和精神境界,表彰是社会各界对他们的职业道德风尚的高度评价和充分肯定。通过表彰奖励,充分调动了广大会计人员的积极性和开拓创新精神,树立了可学、可信的楷模,推动了会计人员职业道德建设活动。

二、会计职业组织的行业自律

会计职业组织起着联系会员与政府的桥梁作用,应充分发挥协会等会计职业组织的作用,改革和完善会计职业组织自律机制,有效发挥自律机制在会计职业道德建设中的促进作用。我国的会计行业自律组织有中国会计学会、中国注册会计师协会。中国会计学会制定了《中国会计学会个人会员分级管理办法(试行)》,加强对会员的服务和管理,包括对会员学术规范、职业操守的管理和培训,不断提升中国会计学会会员的职业道德水平。中国注册会计师协会作为注册会计师行业自律组织,为提高我国注册会计师职业道德水平作出了积极努力,先后发布了《中国注册会计师职业道德基本准则》《中国注册会计师职业道德规范指导意见》以及《注册会计师、注册资产评估师行业诚信建设实施纲要》等,并研究建立调查委员会、技术鉴定委员会、惩戒委员会等行业自律性决策组织。但是,由于我国会计职业组织建立时间较晚,自律性监管较为薄弱,未来需要会计师职业组织从行业整体利益和社会责任出发,切实改进管理和服务,加强对职业道德规范的实施与管理惩戒,把行业建设得更好。

三、单位内部的自我监管

单位负责人要切实抓好会计职业道德建设。会计人员职业道德表现好坏,其所在单位是最直接的受益者或受害者。《会计法》第四条规定:"单位负责人对本单位的会计工作和会计资料的真实性、完整性负责。"因此,单位负责人必须重视和加强本单位会计人员的职业道德建设,在任用会计人员时,应当查其会计证、职业记录和诚信档案,选择业务素质高、职业道德好、无不良记录的会计人员从事会计工作;在日常工作中,应注意开展对会计人员的道德和纪律教育,并加强检查,督促会计人员诚实守信,坚持原则;在制度建设上,要重视内部控制制度建设,完善内部约束机制,有效防范舞弊和经营风险。同时,单位负责人要做遵纪守法的表率,支持会计人员依法开展工作。各有关部门和机构要重视会计职业道德建设。要根据会计职业道德规范要求,结合本系统、本行业(单位)特点,有针对性地制定具体职业道德规范,开展多种形式的宣传教育,抓好督促落实。

四、社会舆论监督

舆论监督具有相当大的震慑作用,曝光面广,具有广泛的影响力和约束力,它能够影响到一般监督达不到的空白地带和死角,所以舆论监督可以算是最行之有效、成本低廉的监督体系,它具有强大的监督功能。良好的会计职业道德风尚的建立和在全社会范围内形成诚实守信的氛围,离不开社会舆论的支持和监督。要以新闻媒体为阵地,广泛开展会计职业道德的宣传教育,使社会各界了解会计职业道德规范的内容,让良好的会计职业道德深入人心。要在全社会会计人员中倡导诚信为荣、失信为耻的职业道德意识,引导会计人员加强职业修养。通过会计职业道德建设中正反典型的宣传，弘扬正义正气，打击歪风邪气，营造良好的会计职业道德环境。

总之，全面加强会计职业道德建设，提高会计人员道德素质，是一项重大而紧迫的任务。各部门、各行业、会计职业组织和社会各界应积极行动起来，共同把会计职业道德建设好，在依法治国和以德治国相结合的思想指导下，有政府部门的组织推动、会计职业组织的行业自律、单位的支持督促以及社会舆论监督所形成的良好社会氛围，会计职业道德建设一定会开创新的局面，会计职业一定能以崭新的姿态、高尚的精神风貌、优良的社会公信力，为建设中国特色社会主义事业作出新的贡献。

案例分析

天火科技实业公司的会计小赵和出纳小王，关系很好。小赵的丈夫个人开办了一个经销电脑配件的公司，最近因个人账面资金不足，无法进货，于是小赵的丈夫让小赵想办法借些款项，小赵想到了单位账户存款，于是自己填了票面金额为 24 000 元的现金支票一张，在小王上班离开办公室的时候，私自将小王保管的印鉴加盖在现金支票上，从银行提取了现金。一个月后，小赵又将 24 000 元现金存入单位的银行账户。同时，有相关人士揭露，赵某经常看人办事，“官大办得快，官小办得慢，无官拖着办”，并且赵某自认为“站得住的顶不住，顶得住的站不住”，领导怎么说就怎么做，只要领导高兴，“原则”可以变成“圆则”，我整天与钱物打交道，“常在河边走，哪有不湿鞋的”，只要坚持不犯罪这条底线就行了。因此公司认为赵某不宜继续担任会计工作。

根据以上材料，试回答下列问题：

1. 分析赵某的现象，分别写出上述材料中赵某违背了哪几项会计职业道德规范，为什么？

简析：赵某违反了诚实守信、廉洁自律、强化服务、坚持准则的会计职业道德要求。

(1)诚实守信，是指会计人员应当做老实人，说老实话，办老实事，执业谨慎，信誉至上，不为利益所诱惑，不弄虚作假，不泄露秘密。廉洁自律的基本要求是：其一，树立正确的人生观和价值观；其二，公私分明，不贪不占；其三，遵纪守法，尽职尽责。赵某的行为属于挪用公款、公私不分，违背了诚实守信、廉洁自律的会计职业道德要求。而会计人员整天与钱物打交道，抱着“常在河边走，哪有不湿鞋”的态度对待会计工作，放松自我约束就难免误入歧途。

(2)强化服务，是要求会计人员具有文明的服务态度、强烈的服务意识和优良的服务质量。强化会计职业服务的基本要求就是会计人员要有强烈的服务意识，服务要文明，质量要上乘。“官大办得快，官小办得慢，无官拖着办”，就违背了“强化服务”的基本要求。

(3)坚持准则的会计职业道德规范，要求会计人员在处理财务的过程中，严格按照法律制度办事，不为主观或他人意志所左右。坚持准则的基本要求：一是熟悉准则；二是遵循准则；三是坚持原则。而会计人员在办理会计业务时，将“原则”变成“圆则”，就违背了“坚持准则”的基本要求。

2. 哪些单位或部门可以对赵某违反会计职业道德行为进行处理？并说明理由。

简析：财政部门、会计职业团体、本单位对赵某违反会计职业道德的行为，都可以在各自的职权范围内进行处理。

(1)《中华人民共和国会计法》规定，会计人员应当遵守会计职业道德。《会计人员管理办法》《会计专业技术资格考试暂行办法》等都把遵守会计职业道德作为会计人员取得会计证、参加会计资格考试的前提条件。所以，财政部门可以对会计职业道德进行监督检查，对违反职业道德行为进行记载，情节严重的，将依法吊销其会计资格证书。

(2)如果会计职业组织会员违反了会计职业道德要求，会计职业组织可以根据行业自律性监管的有关规定，对其会员采取公开谴责，直至取消其会员资格等惩戒措施。

(3)根据《中华人民共和国会计法》的规定，单位负责人对本单位的会计工作和会计资料的真实性、完整性负责。单位负责人有责任建立和完善内部控制制度，开展会计职业道德教育，检查和考查本单位会计人员会计职业道德遵守情况，对违反会计职业道德的行为，可以按照单位内部有关制度进行直接除名处理。

（案例来源：《财经法规与会计职业道德》，人民邮电出版社 2013 年版。）

参考文献

1.《财经法规与会计职业道德》编写组:《财经法规与会计职业道德》,中国财政经济出版社2005年版。

2. 财政部会计资格评价中心:《经济法基础》,中国财政经济出版社2011年版。

3. 崔洁、野聪雅、舒丹:《财经法规与会计职业道德》,立信会计出版社2012年版。

4. 陈义雅:《财经法规与会计职业道德》,南京大学出版社2013年版。

5. 方红星、持国华:《内部控制》,东北财经大学出版社2010年版。

6.《中华人民共和国税收征收管理法》,法律出版社2013年版。

7. 范从来、姜宁、赵宇伟:《货币银行学》,南京大学出版社2013年版。

8. 国务院法制办公室:《中华人民共和国个人所得税法》,中国法制出版社2010年版。

9. 广西会计学会编写组:《财经法规与会计职业道德》,广西人民出版社2012年版。

10. 胡幼桃:《财经法规与会计职业道德》,中国财政经济出版社2009年版。

11. 郝福锦、赵礼红:《财经法规与会计职业道德》,人民邮电出版社2011年版。

12. 湖南省会计从业资格考试学习丛书编委会:《财经法规与会计职业道德》,中国人民大学出版社2012年版。

13. 华国庆:《经济法学》,法律出版社2013年版。

14. 江苏省会计从业资格考试专家编写组:《财经法规与会计职业道德》,江苏人民出版社2009年版。

15. 江苏省会计从业资格考试研究编审组:《财经法规与会计职业道德》,经济科学出版社2010年版。

16. 会计从业资格考试辅导教材编写组:《财经法规与会计职业道德》,清华大学出版社2009年版。

17. 会计从业资格考试辅导教材编写组:《财经法规与会计职业道德》,中国财政经济出版社2009年版。

18. 会计从业资格考试辅导教材编写组:《财经法规与会计职业道德》,人民出版社2010年版。

19. 会计从业资格考试辅导教材编写组:《会计基础》,人民出版社2010年版。

20. 刘佐:《中国税制改革三十年》,中国财政经济出版社2008年版。

21. 李海波、刘学华:《新编预算会计》,立信会计出版社2007年版。

22. 梁文涛:《纳税筹划实务》,北京交通大学出版社、清华大学出版社2014年版。

23. 马正兵、黄蕾:《金融学》,立信会计出版社2012年版。

24. 全国会计从业资格考试研究中心:《财经法规与会计职业道德》,人民邮电出版社2013年版。

25. 施锦明:《政府采购》,经济科学出版社2009年版。

26. 赵庆江:《会计基础工作规范》,民主与建设出版社 2003 年版。
27. 赵建辉:《财经法规与会计职业道德》,中国财政经济出版社 2010 年版。
28. 吴伶:《财经法规与会计职业道德》,西南财经大学出版社 2012 年版。
29. 赵延召、胡云鹏、夏幽兰:《税法》,南京大学出版社 2014 年版。
30. 许秀敏:《财经法规与会计职业道德》,厦门大学出版社 2010 年版。
31. 向兆礼、黄若男:《财经法规与会计职业道德》,北京交通大学出版社 2013 年版。
32. 营业税改增值税课题研究组:《营业税改增值税实用手册》,立信会计出版社 2013 年版。
33. 张守文:《财税法》,中国政法大学出版社 2004 年版。
34. 宗淑娟:《税法实务》,北京交通大学出版社 2009 年版。
35. 中国会计学会编写组:《财经法规与会计职业道德》,经济科学出版社 2009 年版。
36. 周益群:"浅析国库集中支付制度",《财经界(学术版)》,2010 年第 5 期。
37. 朱青、庄毓敏:《财政金融学教程》,中国人民大学出版社 2012 年版。
38. 中国注册会计师协会:《税法》,经济科学出版社 2015 年版。
39. Fisher, Rodney, *Minimize Your Tax: Keys to Effective Tax Planning*, Australia Limited, 2013.
40. John Joseph Rahill, *Corporation Accounting and Corporation Law*, RareBooks Club. com, 2012.
41. Robert W. McGee, Galina G. Preobragenskaya, *Accounting and Financial System Reform in Eastern Europe and Asia*, Springer-Verlag New York Inc., 2010.
42. Stephen Utz, *Inside Tax Law: What Matters & Why*, Aspen, 2011.
43. Victor Thuronyi, *Comparative Tax Law*, Kluwer Law International, 2003.